INTRODUCTION TO CLINICAL COLLABORATION
FOR PSYCHOLOGICAL SUPPORT

心理支援のための
臨床コラボレーション入門

システムズアプローチ、
ナラティヴ・セラピー、
ブリーフセラピーの基礎

田中　究　著
TANAKA KIWAMU

tomi shobo
遠見書房

はじめに

コラボレーション、あるいは「コラボ」は近年、すっかり世の中に定着しています。ちびまる子ちゃんとハローキティーの夢のコラボ、ロックバンドと演歌歌手の奇跡のコラボと、世の中、コラボだらけです。

対人援助の分野でコラボレーションというと、「多職種間連携」を指すこともありますし、セラピストとクライアントの協力関係を表すこともあります。

ちびまる子ちゃんであれハローキティーであれ、セラピストであれクライアントであれ、特定のキャラクターだけが目立っているようでは、それはコラボレーションとは言えません。相手の立場を十分に活かすことが、結局は互いの力を活かすことにつながり、単独ではなしえない成果が得られる、それがコラボレーションのエッセンスでしょう。

それでは、セラピストがクライアントとコラボレーションを行うには、どうすればいいでしょうか？

「良い仕事をしたい」「事態を改善したい」、善意にあふれ、熱意に満ちたそのようなセラピストの想いは、支援におけるエネルギーの源になります。その一方で、それはあくまでセラピスト側のものであって、クライアントのものではありません。また、セラピストが拠って立つ理論、技法、アプローチの方法といった専門知識も、やはりセラピスト側のものです。このような当たり前の前提から、次の３ステップが導き出されます。

ステップ１：セラピストの立場、知識、経験等をいったん脇に置くこと
ステップ２：クライアントの主張を知ること
ステップ３：セラピスト自身を変えること

専門性に基づいて、セラピストが先導するのではありません。あくまでも、クライアントの主張、価値観、態度、考え方等を活かしきること、そして何より大事なのは、クライアントを変えようとするのではなく、セラピスト自身を変えること。「え？ セラピストを変えるの？」そうなのです、その結果として、クライアントにクライアントの望む変化が訪れることを期待します。

そんなふうに心がけていると、まるでクライアントに導かれているかのように支援が展開するようになります。臨床現場では、「そうそう！ そういう感じ！」といったクライアントの反応をたびたび耳にするようになるでしょう。

コラボレーションがひとつ目のキーワードだとすると、もうひとつ本書のキーワードとなるのが「システム」です。システムという視点を持つと、ものごとをセットでとらえるのが上手になります。システム論的なアプローチは、臨床実践に登場する人と人とをひとつのセットとして考え、関係者同士がどうしたらより良く関われるようになるのか、研究を重ねてきました。コラボレーションも関係者相互の協力を意味する言

葉ですから、「コラボレーション」と「システム」は、相性が良いのです。

さて、コラボレーションの仕方は様々です。本書では、家族システムにアプローチしてきた家族療法、諸システムへとアプローチを拡大したシステムズアプローチ、言語システムにアプローチするナラティヴ・セラピーにブリーフセラピーを加え、こうしたアプローチをクライアントとのコラボレーションに活かす方法について、お話ししていきたいと思います。


本書は「基礎編」「応用編」「理論編」によって構成されています。基礎編ではコラボレーションを実践する上での基本について述べます。基礎編は「パート1　フレーム」と「パート2　パターン」に分かれます。臨床実践に必要なことは、基礎編をご覧いただければ一通りおさえることができるでしょう。

続く応用編では、家族療法の知見をコラボレイティヴに活用するための考え方、また複数面接などやや高度な実践を取り上げます。

最後の理論編は、コラボレーションに関わる重要なポイントを厳選しました。多少難しいパートかもしれませんが、理論はセラピストの「体質」を決める、いわば基礎の基礎。ご一読いただけますと幸いです。

目　次

凡　例

・対人援助に関わる援助者、治療者等を本書では「セラピスト」と表記します。また、Thはセラピストの略記です。

・対人援助に関わる患者、利用者等を本書では「クライアント」と表記します。また、Clはクライアントの略記です。

・セラピストの発言は〈　〉で表します。

・クライアントのフレームは、【　】で表します。

なお、本書に登場する事例はすべて、加工や合成によって作成された架空の事例であり登場人物名も仮名です。

第Ⅰ部　基礎編

序章　インターパーソナルなアプローチ

ポイント
・家族療法、システムズアプローチ、ブリーフセラピー、ナラティヴ・セラピーは個人間の関係、コミュニケーションに関心を持つ。
・こうしたアプローチにおいて、支援対象のコントロールから支援対象とのコラボレーションへとパラダイムシフトが起きた。
・これまで蓄積されてきた所産は、クライアントとのコラボレーションという観点から活用することができる。

心理療法といえば通常、人間が心理というものを備えており、その性状を知り必要な手当てを行う、そんなイメージがあります。人間の「内面」を想定しアプローチするそのような方法を、イントラサイキック(intra psychic)なアプローチと呼びます。精神分析、認知行動療法、来談者中心療法など、主として個人内の事象を取り扱う流派はすべて、イントラサイキックなアプローチを行っていることになります。

一方、個人と個人の間、関係、コミュニケーション、対話に焦点を当てるのがインターパーソナル(inter

personal）なアプローチです。家族療法、システムズアプローチ、ブリーフセラピー、ナラティヴ・セラピーはインターパーソナルなアプローチに相当します。

家族療法

家族療法は、家族とワイワイ面接を行いながら問題解決を目指します。目の前に親子がいます。

子：学校に行きたくない。
親：行かなかったら卒業できないんだぞ！

そんなやりとりが面接内で起きる。個人面接では生じえない光景です。すると、否が応でも親子の「関係」に目が向きます。

親が考え方を変え、「あんな学校、行かなくていい！」などと言い出すと、子は「そうはいっても、少しは行かないと卒業できないよ」と態度を変化させるかもしれません。家族は互いに、良くも悪くも影響を与え合う存在です。そ

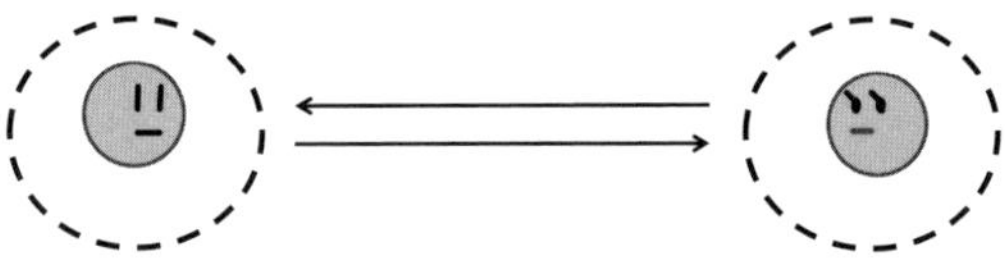

個を出発点にしてコミュニケーションに注目するイントラサイキックなアプローチ

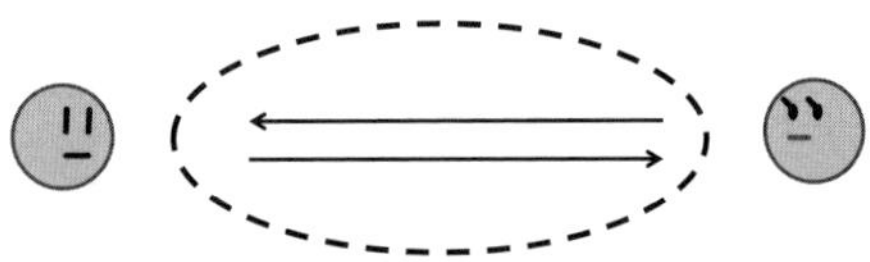

コミュニケーションを出発点にして個に注目するインターパーソナルなアプローチ。対人援助で「人間の心理」にアクセスするには、コミュニケーションが欠かせない。したがって、インターパーソナルなアプローチでは、人間の心理をコミュニケーションを経た後の事後的な構築物と考える。このように考えることのメリットは、コミュニケーションが変わる、すなわちセラピストの言動を変えることを通じてクライアントが多様な一面を示す可能性が出てくる点にある

図1

の一部が変われば家族全体に影響が波及すると考えます。ですから家族療法では、家族全員が面接に参加してもいいですし、しなくてもいい。問題解決に向けたモチベーションの高い家族メンバーが面接に参加すれば、たとえ形式は個人面接であったとしても、家族関係や問題を変えることができる、と考えたのです（Fisch et al., 1982）。

システムズアプローチ

システムズアプローチでは、家族だけでなく、学校や会社などの組織を含め、様々な関係者をシステムとしてとらえます。システムとは、ものごとをセットでとらえる視点のことです。システムはマトリョーシカのように、入れ子状の階層構造になっています（図2）。家族システムの中には個人システムが入りこんでおり、個人システムの中には認知システムや神経システムが入りこんでいます。また、家族システムは地域システムの中に包摂され、地域システムは国家システ

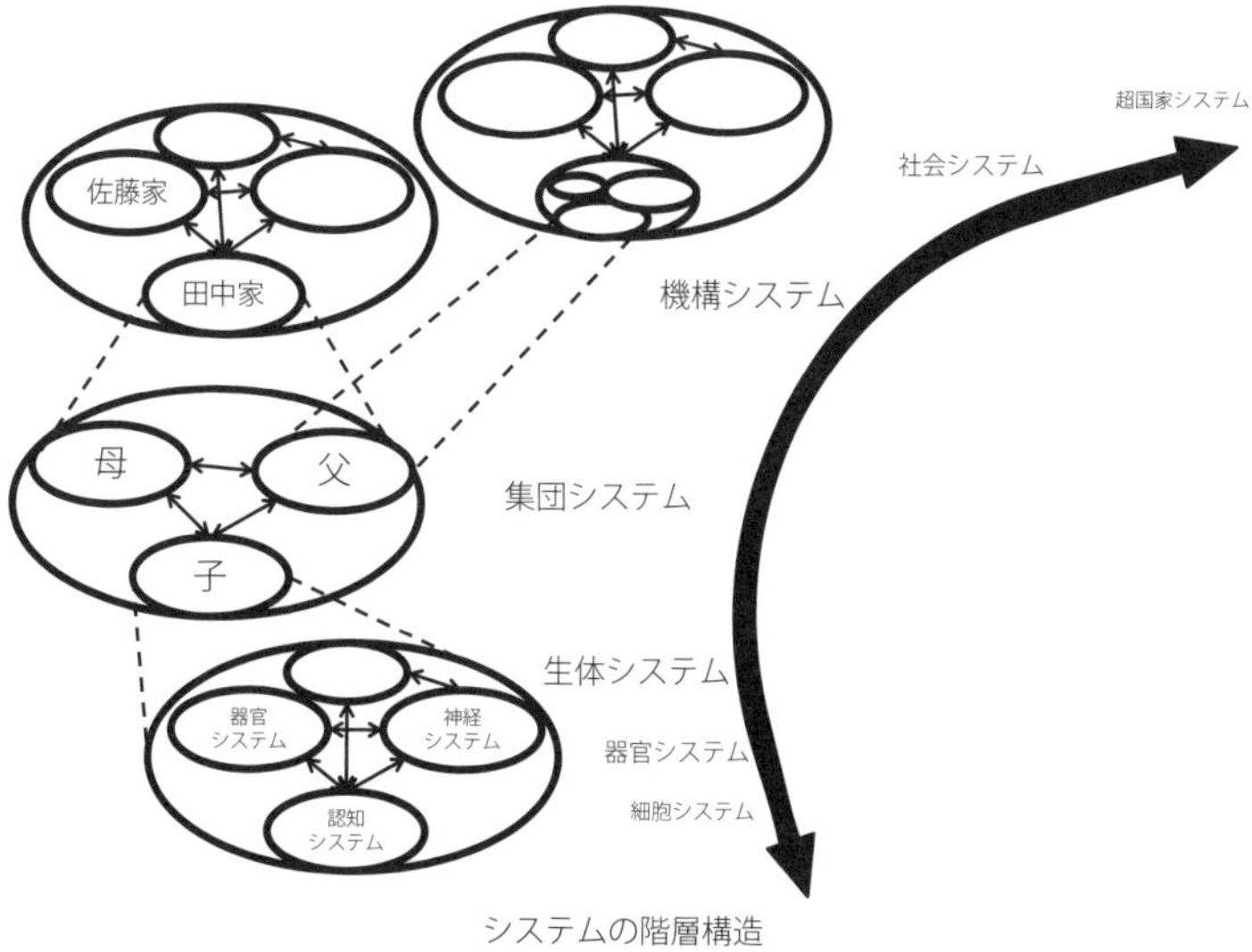

図２

ムに内包されています。すると、個人への働きかけ（例えば個人面接）はより上位の家族システムにも、より下位の神経システムにも影響を与えることになります。神経システムへの働きかけ（例えば薬物療法）はより上位の個人システムを安定させ、個人システムの安定はさらに上位の家族システムの変化に寄与するかもしれません。ですから、システムに働きかけるという意識があれば、「個人面接や薬物療法によるシステムズアプローチ」が可能になります。

システムの中には、セラピストも含めます。そうすることによって、セラピスト自身を変えることがシステムに波及する、というアイディアを取り入れることができるのです。

このようにして、システムズアプローチは個人の神経システムや認知システム、家族システムからさらに大きなシステムまで、セラピストもそこに加えつつ、あらゆるシステムへと視野を拡げ、アプローチする方法となりました（東、1993；東、1997；吉川、1993；中野&吉川、2017）。

ブリーフセラピー

ブリーフセラピーは、何年もの間実施する重厚長大なセラピーが当然だった時代に、短期の面接であっても長期の面接と同等の成果を上げることができる、という仮説から発展しました（宮田、1994; Zeig, 1985; O'Hanlon, 1987）。問題状況はどうすれば変わるのか、ブリーフセラピーは様々な方法論を展開させました。

中でも特徴的なのは、クライアントの症状や欠点でさえも活用する姿勢です。これは利用アプローチ（utilization）と呼ばれます。このあたり、ブリーフセラピーは精神科医ミルトン・エリクソンの実践から大きな影響を受けています。ブリーフセラピーはポジティヴであってもネガティヴであっても、どんなコミュニケーションや対話も無駄なものとせず、活用しようと考えたのです。

なお、ブリーフセラピーとよく似た、ブリーフサイコセラピーという流派があります。ブリーフセラピーとは短期という共通点がありますが、ブリーフサイコセラピーは精神分析に立脚している点が異なります。

ナラティヴ・セラピー

ナラティヴ・セラピーは家族療法を母胎として、家族療法を批判的に継承しつつ独自の発展を遂げました（White & Epston, 1990; Andersen, 1991; McNamee & Gergen, 1992; 高橋&吉川，2001；高橋&八巻，2011など）。ナラティヴ・セラピーでは、問題を「問題というストーリー」ととらえます。その際、クライアントや家族の中に問題を見出しません。通常彼らの「中」に位置づけられている問題を「外」に再配置します。これを問題の外在化と言います。問題の外在化は、問題や病理を擬人化するなどして、言語的にクライアントから「切り離す」方法です。

例えば、「自分は無能だ」と自責感に苛まれている抑うつ状態のクライアントに対して、〈どんな時に落ちこむのですか？〉と尋ねるのではなく、〈どんな時に「無能という考え」はやって来ますか？〉などと質問します。すると、「外部から来る問題に困らされているクライアント」という新しい視点が得られる。クライアントを苦しめている「自分は無能だ」というストーリーは、問題の外在化によって揺さぶりがかけられ、その結果、他のストーリーへと改訂される可能性が出てくる。問題がたどってきた歴史を踏まえつつ、問題含みのストーリーが自分らしく好ましいストーリーへと書き換わることが支援の目標とされます。「人が問題なのではなく、問題が問題である」。ナラティヴ・セラピーのスタンスは、この印象的な表現に集約されるでしよう。

家族療法、システムズアプローチ、ブリーフセラピー、ナラティヴ・セラピーは互いに影響を与えつつ、発展してゆきました。

コラボレイティヴ・アプローチ

ここで本書と関連の深いアプローチに触れておく必要があります。ハリー・グーリシャンとハーレーン・アンダーソンによる、コラボレイティヴ・アプローチです（Anderson, 1997; Anderson, 2012ab; Anderson & Goolishian, 1988; Anderson & Goolishian, 1990; Anderson & Goolishian, 1992; Anderson et al., 1986 など）。コラボレイティヴ・アプローチは、ナラティヴ・セラピーの中にくくられることがあるようですが、推奨されるスタンスはあっても、特定の技法を持たないところがナラティヴ・セラピーとは異なります。

コラボレイティヴ・アプローチで支援の対象となるシステムは、セラピストとクライアントによる対話の連なり、言語的なシステムであるとされます。セラピストは専門的な知識や経験をひとまず横に置き、クライアントとより水平的な関係を築こうとします。そして、会話のパートナーとして、これまでとは別の語り方をクライアントができるよう意を砕きます。語り方が変わるということが、すなわちシステムの変化を意味するのであり、そのようにして問題が解消することを目指します。

本書はグーリシャンとアンダーソンのアプローチをなぞろうとするものではありません。しかし、専門家の有する知識が支援にもたらすマイナスの影響に対して十分に留意しようとする点からは、学ぶところが多いと感じています。

以上、家族療法の出現時期を20世紀中葉とすると、インターパーソナルなアプローチはすでに60年以上の歴史を刻んでいることになります。その間に、支援対象を制御するという考え方から、言語的なやりとりを通じて支援対象と協力し、新たな意味を産み出していく方向へと基本スタンスがシフトしました。ですから、理論や技法、これまでの資産はクライアントとコラボレーションする上で有用となるよう「仕立て直す」ことが必要になります。

というわけで、以後の各章でインターパーソナルなアプローチの根本をなす基本概念、フレームとパターンを、コラボレーションの観点から一元的に整理していきます。それでは、次章から具体的な内容に入っていきましょう。

第1章　フレーム

ポイント
・フレームとは「意味づけ」のこと。
・セラピストのフレームはひとまず保留する。
・セラピストはクライアントのフレームに突き動かされるように自分の発言や行動を決定する。

フレームとは何か。フレームとは「意味づけ」、あるいは考え方（framework）のことです。準拠枠（frame of reference, ものの見方を規定する構造）概念にも由来します。

インターパーソナルなアプローチにおける重要人物、人類学者のグレゴリー・ベイトソンは、フレームを額縁にたとえています（Bateson, 1972）。「モナリザ展」に行ってきたあなたの友人が開口一番、「いやあ、すごい額縁だったなあ！」という感想を述べたら、おそらくあなたはギョッとするでしょう。額縁は、額縁自体を鑑賞するために作られているのではないからです。一部のマニアや、額縁を集めた「額縁展」でもない限り、美術館で額縁の出来だけを楽しむということは、まずありません。

通常額縁は、額縁の内と外、つまり絵とその他を区別し、「額縁の中が作品ですよ」ということを指し示す役割を担っています。私たちは、額縁によって、額縁から視線を移しかえ、額縁が指し示す絵に意識を向けることができます。これがフレーム（額縁）の機能です。

では、フレームは対人援助に、どのように持ちこめるでしょうか。例えば、クライアントが「悲しい」と言った。これをフレームになぞらえてみましょう。額縁と同様、「悲しい」という言葉は「悲しい」という言葉によって囲いこまれている「絵」とその他を区別していると考えます。例えば、「恋人に振られた」「食べ物が喉を通らない」「セラピストに慰めて欲しい」という「絵」かもしれません。

「それぞれの絵」もまた、そのそれぞれがフレームです。例えば、「恋人に振られた」の「恋人」は、「友達

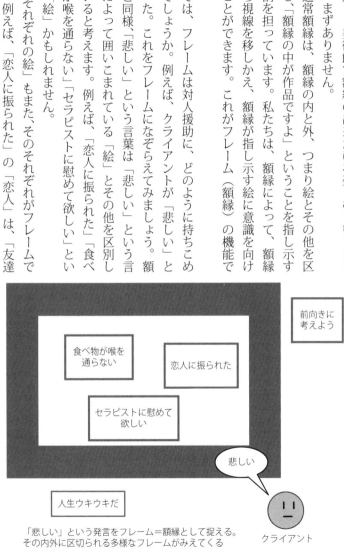

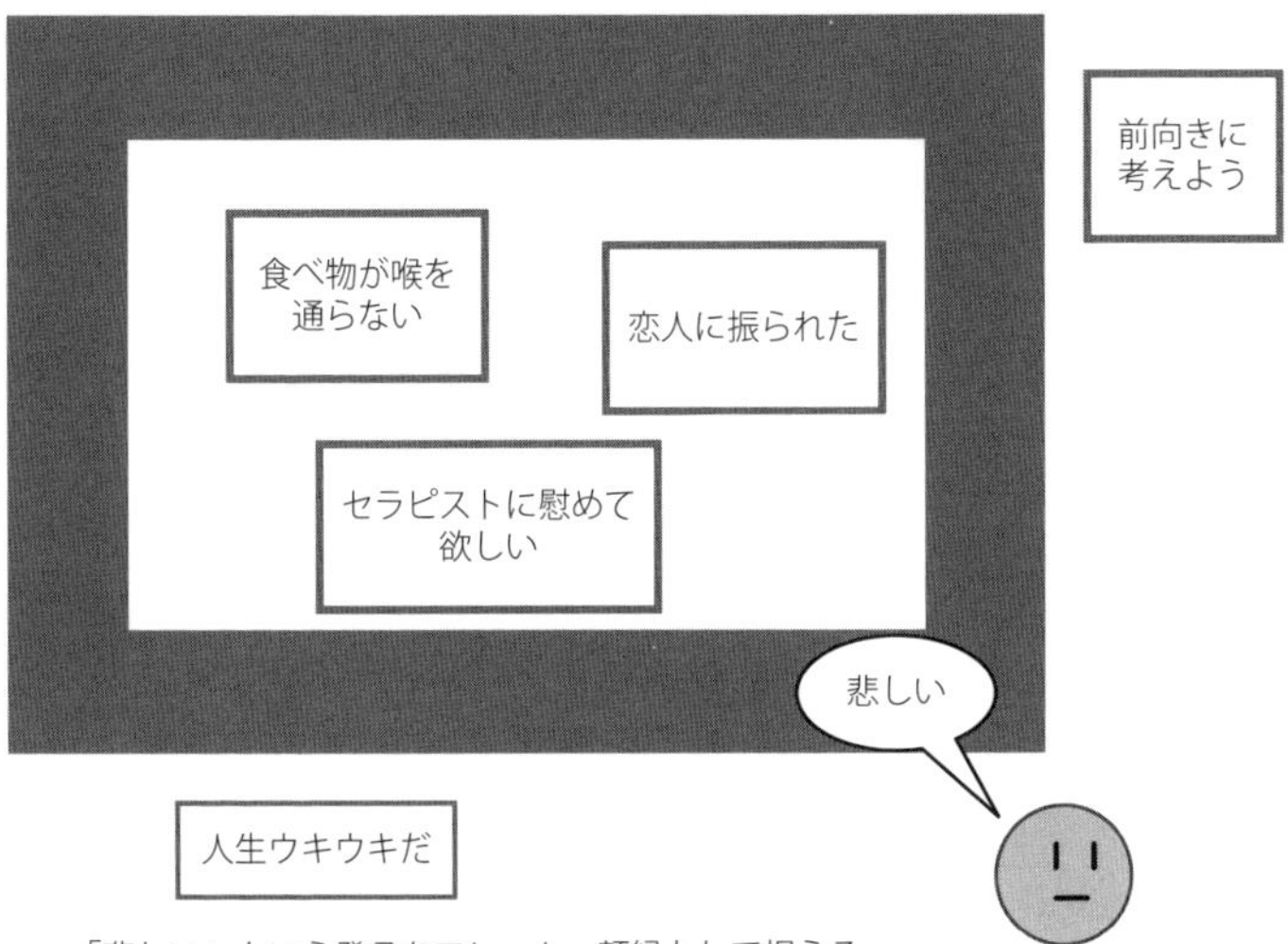

「悲しい」という発言をフレーム＝額縁として捉える。
その内外に区切られる多様なフレームがみえてくる

図3

以上恋人未満の微妙な関係の人」かもしれませんし、「何年もの間パートナーシップを築いてきたすでに家族のような関係の人」なのかもしれません。「振られた」は「素っ気ない態度をとられた」かもしれませんし、「きっぱりと文面で『さようなら』と伝えられた」かもしれません。このように、フレームは幾重にも渡って入れ子構造をなしています。

「悲しい」という言葉が「恋人に振られた」を囲いこむということは、同時に、囲いこまない意味もあるということです。「前向きに考えよう」とか、「私の人生はウキウキだ」という意味はこの時、フレームの外に弾き出されています。

言葉だけでなく、表情などのノンバーバル・コミュニケーションについても同様です。

とある母子面接。母親が子の不登校について言及し始めると、子は途端にうつむいた。この時、うつむきを額縁、フレームとしてとらえてみます。額縁としてのうつむきは、何を囲いこんでいるでしょうか？【その話は勘弁して欲しい】かもしれないし、【この話を止めさせて！】というセラピストへの要請かもしれません。

このように、あらゆる言動を「それ自体ではなく何か他の意味を囲いこむもの」と考えるのが、フレームに基づく考え方です。

フレームは「本音」ではない

言動をフレームとしてとらえるということは、本音を探ることなのかというと、そうではありません。フレームはあくまで、「フレームが何を意味するかについてのセラピストによる仮説」に過ぎません。先の母子面接の例でいえば、子のうつむきが【この話を止めさせて！】という要請とも受け取れる、というだけのことです。それが子の本音なのかどうかは、確かめようがありません。検証しようとして〈この話は止めたほうがいいかな？〉などと問うても、当の本人ですら、自分の本音などつかみかねているかもしれません。

フレームを想像し使うとは

場面はとあるグルメ・フェスティバルへと移ります。仕事中、たまたま近くを通りかかったサラリーマン風の２人連れ。出店で食べ物を買い求めようとはしたものの、あまりの人出と店の多さにキョロキョロするばかり。そんな彼らにとある店の店員がすっと近寄ってきて、言いました。「どの店も同じに見えるでしょう？」苦笑いを浮かべてうなずく２人。「お時間、大丈夫ですか？」店員が尋ねると、２人の顔に途端に焦りの色が浮かびます。「当店、今なら並ばずにご案内できますよ」。２人は「じゃあ、お願いしようか」と、店方面へと吸いこまれて行ったのでした。

この時、【どの店も同じに見える】【迷っている時間はない】は２人の服装やキョロキョロしている様子から店員が想像した２人の思考、フレームです。２人が本当にそう思っているかどうか、もちろん店員には分かりません。２人の行動の仕方をフレームとしてとらえ、多分こんなふうに思っているんだろうな、と推測したのでしょう。

そして、まずは、【どの店も同じに見える】という２人のフレームに合わせた。次いで、「お時間、大丈夫ですか？」と心配を示すことで【迷っている時間はない】にも合わせます。その上で「当店、今なら並ばずにご案内できますよ」と、ようやく店側のフレームを持ち出して、集客に結びつけました。

あまり上手ではない店員は、ただただ強引です。最初から「並ばずにご案内できますよ」では、２人連れが関心を持つことはなかったかもしれません。どんなに洗練された「勧誘マニュアル」を頭に叩きこんでいたとしても、客の状態や考え方を無視した一方的な働きかけにとどまっている限り、良い結果は生まれないでしょう。良い仕事をするには、お客さんのフレームと上手に付き合うことが必要です。

もうひとつ、今度は私の知人のエピソードです。

学生時代、所属研究室が学会の年次大会事務局を担当することになり、大会前日に準備を行おうとしていた時のこと。ところが時間になっても誰も来ない。知人は仕方なく、一人で準備を始めることにしたそうです。とはいっても、できることといえば、用務員室に置いてある看板だとかを運ぶ、力仕事くらい。知人はせっせと会場と用務員室を往復し、大汗をかきながら準備を進めました。「なんで誰も来ないいんだ」。腹立たしい思いはしたたる汗の量とともに募っていきます。何往復目だったでしょう、用務員室に入った時、用務員のおじさんが話しかけてきました。

おじさん：学会の準備？
知人：はい。
おじさん：あんたばっかりやっているじゃないか。
知人：！

知人がまさに腹立たしく思っていたこと、【自分ばかり仕事をしている】を、おじさんはズバリ言い表したのです。知人はとても救われた気がしたそうです。フレームを想像し扱うとは、グルメ・フェスティバルの店員や用務員のおじさんがやっていることに他なりません。

臨床実践でも同様です。闇雲にクライアントに共感を示そうとすることは、強引な客引きと紙一重です。クライアントにとって納得のいく共感とは何かを考えること、すなわちクライアントのフレームを想像し、活用することが、クライアントとのコラボレーションを可能にします。

言語は物語を運ばない

さて、面接において想定するフレームは、大別してクライアントのフレームとセラピストのフレームの2種類に分けられます。図4でクライアントは「子どもを愛せない」と言っています。この発言からどのようなフレームが想像できるでしょうか？

図の右上あたり、クライアントの頭上に「ギザギザ」

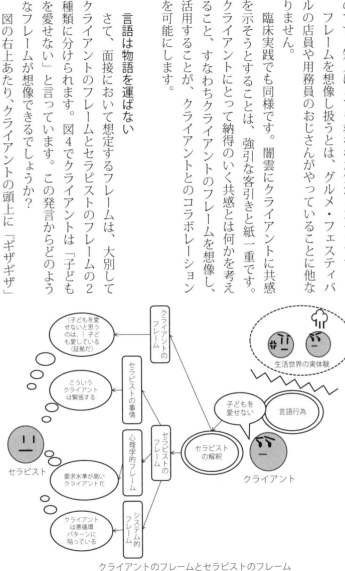

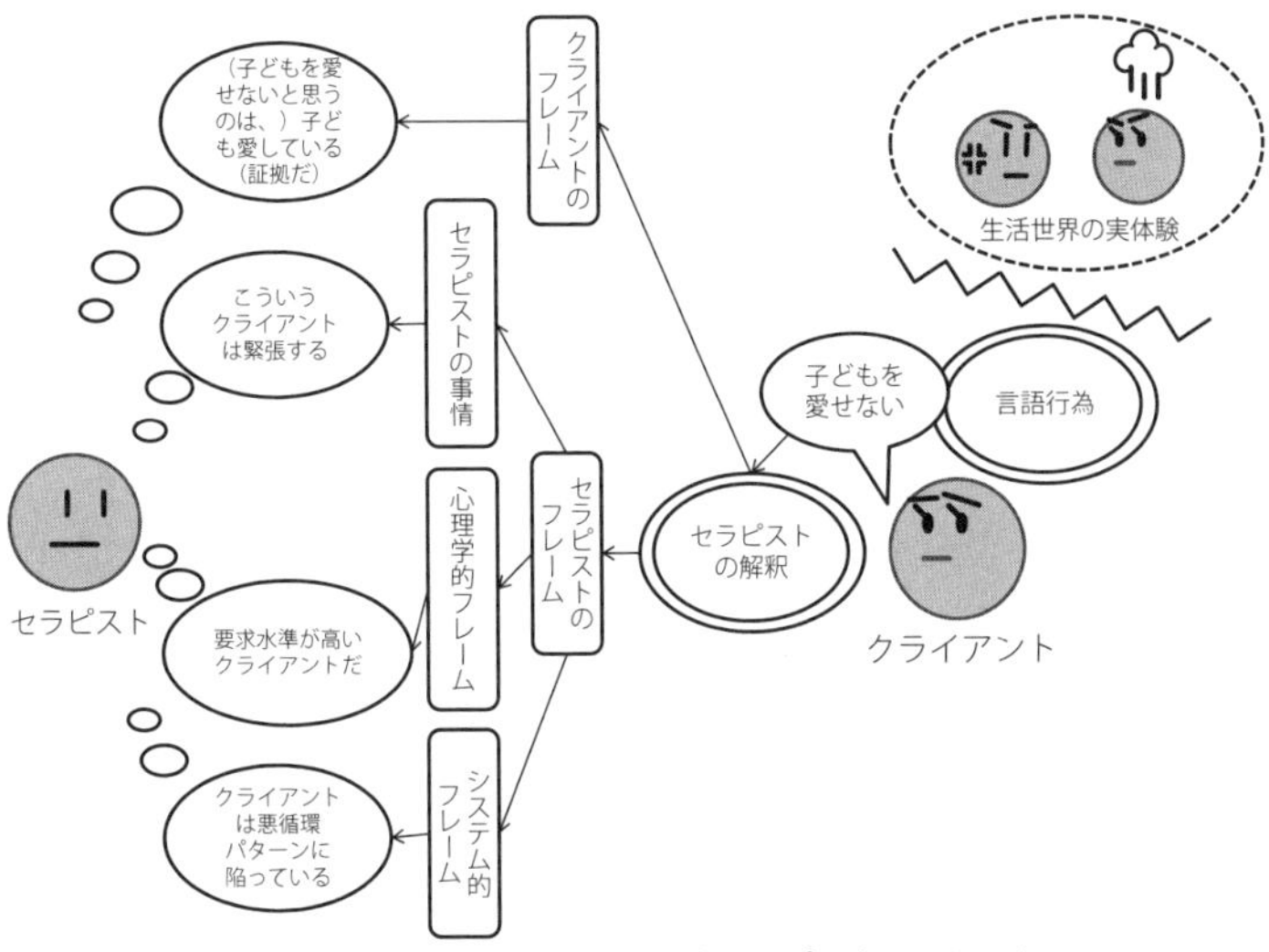

クライアントのフレームとセラピストのフレーム

図4

があります。このギザギザの意味について、少しだけ込み入った話をさせてください。

「子どもを愛せない」とクライアントが言う時、果たしてクライアントは心中に持ち合わせている「子どもを愛せない」の定義をまず参照し、それから発言をするのでしょうか。インターパーソナルなアプローチでは、まるで嚢から梅干しを取り出すかのごとく、クライアントがセラピストに向けて物語の完成形をひょいと持ち出す、のではないと考えます。

『子どもを愛せない』という発言は、クライアントの生活世界で現実に起きたことの模写であり、そのように固定した物語をクライアントがセラピストに運んでくる」、ととらえてしまうと、それ以上ストーリーが展開する余地がなくなります。そこで、言語が現実をそっくりそのまま写し出す鏡であり、だから生活世界で起きている現実をクライアントの言葉を通して探求できるという認識を、きわめて一般的な認識であることは重々承知しつつ、あえて一時停止してみます。その代わりに、セ、ラ、ピ、ス、ト、に対して、そ、の、現、場、で、そ、の、瞬、間、に使われている意味とは何かに注目してみます。

生活におけるクライアントの実感は、確かにそれとして存在するでしょう。その一方で、クライアントは「セラピストには、順序立てて話さないといけない」などと思うかもしれませんし、「セラピストにはここのところだけは分かって欲しい」「セラピストからこんなことを言われたら嬉しいな」という意向や期待をまじえて話をすることでしょう。セラピストの前で、クライアントが経験したことのある部分は強調され、ある部分は取り除かれる。つまり、クライアントの生活における言語行動のルールと、対人援助の現場における言語行動のルールは、異なるのです。

将棋とチェスは、「マス目の盤上で、一手ずつ交代で駒を動かし対戦するゲーム」という点で類似しています。しかし、チェスをする時に、将棋のルールをそのまま持ちこむことはできません。チェスをするには、新たにチェスのルールを学び直さなければなければなりません。

同様に、生活上の実体験と、対人援助という括りの中でクライアントが行う言語行為とは、よく似ているかもしれませんがイコールではありません。対人援助の現場にはセラピストが存在しているという点が、決定的に異なるからです。したがって、対人援助という状況下におけるクライアントの発話を、セラピストは単なる物語の陳述としてではなく、セラピストに対してそのような言葉遣いをすることでクライアントは何を求めているのか、という観点から理解しようとする、学ぶことが必要になります。[1]

先に本音について触れましたが、確かに、クライアントがセラピストに「本音で話せてスッキリした」、などと述べることはあります。しかし、そういうことが起きるには、セラピストという聞き手が必要です。もし「あらかじめ内蔵された本音」を表出するだけで「スッキリ」するのなら、マネキンに話しかけても同様の満足が得られるはずです。しかし、マネキンを相手にいくら独白を続けても、人間と話すのと同等のカタルシスは得られないでしょう。その意味で、ここでいうクライアントが本音で話すことと、セラピストの反応とは、分かちがたく結びついています。よき聞き手によってクライアントが「スッキリ」し、話が展開することもあれば、それほどではない聞き手にクライアントが呆れて、ストーリーが未成立のまま立ち消える

1　ケネス・ガーゲンは、「状況を超えた事実というものは存在しない」と言っています（Gergen, 1999）。それならば家庭訪問などのアウトリーチであれば、クライアントの実生活に関与できるのではないか、と考えたくなりますが、そういうわけにもいきません。アウトリーチは対人援助の枠内で行われている行為であり、やはりクライアントの「純粋な意味においての生(なま)の生活」に触れていることにはならないからです。

こともあるでしょう。

セラピストの話し方や問いかけ方、醸し出す雰囲気などと、クライアントがストーリーを話すこととは、河本（1995）の比喩を借りるなら、「スポンジとスポンジに含まれた水」のように、分かちがたく相互に浸透し合っているのです。ですから、支援に関わるストーリーやフレームは出来合いのものではなく、セラピストとクライアントの合作によるものである、ということが本書の重要なテーマになってきます。

こうして、セラピストは「対人援助のまさにその現場でセラピストに何を求めてクライアントが言葉を発するのか」、注意深く吟味することになります。[2]

以上、図のギザギザにまつわる込み入った話はこれで終わります。

セラピストの想像力

さて、そういうわけで、「子どもを愛せない」という発言が意味するものを、想像し思い描いてみます。すると、一例を挙げるなら、**【**（子どもを愛せないと思うのは）子どもを愛している（証拠だ）**】**というクラ

2　コラボレイティヴなアプローチでしばしば言及される、言語を現実を正確に描写する写像（つまり写真のようなもの）とせず、言語の定義はそれが使用される状況による、とするこのような言語観は、後期ヴィトゲンシュタイン（Wittgenstein, 1953）の「言語ゲーム」概念に影響を受けています。インターパーソナルなアプローチは、「コンテクスト」（「第4章　ダブルバインド」参照）、「システム」「語用論」（「第13章　諸理論をコラボレティヴに活用する」参照）などの術語に象徴されるように、言葉の内容だけでなく、それが用いられる状況、環境、条件などに関心を持ち続けてきたため、言語ゲーム概念とは馴染みやすいと考えることができます。

イアントのフレームが思い浮かびます。なぜなら、子どものことを大いに気にかけているからこそ、「子どもを愛せない」という発想になるわけで、子どものことがどうでもよければこの発言は生じえないからです。

このように、クライアントの言語行為はセラピストによって解釈されます。クライアントの経験を、パソコンのファイルをフォルダからフォルダに移すかのように、セラピストに直接送り届けることはできません。クライアントの言語行為とセラピストの解釈の重なりあいによって、セラピストは仮説を携えることになります。セラピストがクライアントの言葉の意味を解釈した結果が仮説にとどまることは、私たちが言語の世界に棲まう住人である以上、避けられない現実です。

クライアントのフレームはセラピストの仮説

以上を総合すると、【子どもを愛している】は、「セラピストが仮説的に考えるところの、クライアント側のフレーム」と表現できます。クライアント側のフレームというと、クライアントの内部に存在しているもの、というイメージを持ちたくなりますが、正確を期すなら「クライアントの中にあるとセラピストが考えるフレーム」です。

例えば、前回面接で出された課題を「まったくできなかった」と言ってうなだれるクライアントから、【正直に報告することは大事なことだ】というフレームが見てとれたとしましょう。それを受けて、セラピストが〈あなたはとても正直な方なのですね〉と言う。するとクライアントは、ほっとするかもしれません。こうしたセラピストの行為は、セラピストがどこからか技法を持ってきて駆使しているのではなく、元々クライアントが持ち合わせていた（とおぼしき）フレームをそのまま使っている分、無理の少ない関わりをセラピストに促すことになります。

このように、クライアントから「到来してくる」フレームがある、という視点を持ってみる。セラピストはクライアントの生きられた経験を想像し、クライアントのフレームに思いを馳せる。そのようにしてセラピストが想像するかりそめのフレームを、「クライアントのフレーム」と呼ぶことにしましょう。本書では、すでにそのようにしておりますが、クライアントのフレームは【　】で表すことにします。クライアントのフレームを十分活用できるかどうかが、コラボレーションを左右することになります。

クライアントのフレームからコラボレーションへ

クライアントのフレームに目を留めるのは、それがコラボレーションの出発点となるからです。コラボレーションの発想は、こうです。クライアントのフレームを可能な限り想像し活用する。セラピストのフレームが面接進行上、有用なら使うし、いかに真実のように見えたとしても、正確な見立てに思えたとしても、科学的な根拠があろうとも、目の前のクライアントとの関係で役に立たないのであれば、とりあえずは使わない。ですから、言語的なやりとりをベースとした支援をクライアントは望んでいないのに、○○アプローチで頻用されるから、などというセラピスト側の事情や好みから会話や対話を支援の中軸に据えようとするなら、それはコラボレーションの精神に反していることになります。

ということは、クライアントのフレームと合致するのであれば、専門的な手技やアプローチはいくらでも用いることができる、ということです。【○○療法を実施して欲しい】という、その期待に応えようとするのもまた、コラボレーションだからです。ですから、エヴィデンスのある手法をはじめとしたセラピスト側の知見は、蓄積があればあるほどコラボレーションに幅を持たせることになるでしょう。

コラボレーションを妨げる思考様式

経験のあるセラピストになると、クライアントと出会ってからさほど時間を要することなく「要求水準が高い」「白黒思考が強い」などというような見立てが頭の中をよぎるようです。しかし、これまで見てきたように、「要求水準が高いクライアント」がいるのではなく、セラピストが「要求水準が高いとクライアントに意味づけている」のです（再度図4をご覧ください）。専門家としてのアセスメントを否定するつもりは毛頭ありません。大切なのは、それがセラピスト側のフレームの枠内で行われているということをセラピストが認識しておくことです。この認識が不十分だと、セラピストが意味づけたというプロセスが脱落し、セラピストのフレームがクライアントの性質と一体化して、「要求水準の高いクライアント」ができあがります。名づけられ分類されれば、「要求水準の高さ」は、セラピストや関係者にとってクライアントの中にある動かしがたい性質となり、一人歩きしかねません。ともすると、変化が遠のいていく一因となるかもしれません。

第2章　フレームのバリエーション

ポイント

・クライアントの言動をセラピストへの期待に「翻訳」する。
・問題フレームによってセラピストの動き方が変わる。
・問題と解決は直結するとは限らない。
・原因の扱い方についてもクライアントのフレームを参照する。
・クライアントが重視するフレームを重視する。
・セラピストのフレームにも活用方法がある。

さて、クライアントのフレームとセラピストのフレーム、この区別をした上で、支援において参照される頻度が高いフレームを一通り見ておきます。以下の分類はあくまで参考程度にとどめてください。大切なのはクライアントのフレームを知ろうとする態度です。

期待フレームの３点セット①面接への期待フレーム

期待フレームの3点セット②セラピストとの関係への期待フレーム
期待フレームの3点セット③今日の面接に対する期待フレーム
問題フレーム
葛藤的なフレーム
解決フレーム
原因フレーム
変化の理論フレーム
大切な価値観フレーム

そして最後に「セラピスト自身のフレーム」の扱いについてお話しします。
さて、まずは「期待フレーム」から始めましょう。

期待フレームの3点セット①面接への期待フレーム

これは、クライアントが面接や支援に対してどのような期待を持っているのか、についてのフレームです。支援関係者以外の、家族や友人に対するクライアントの期待について知ろうとすることももちろん大事ですが、なぜここから説明を始めるのかと言えば、セラピストとクライアントを結びつける、面接のベースとなるフレームだからです。セラピストは繰り返し、このフレームに立ち返らなければなりません。

カウンセリングとは「気持ちよく話を聞いてもらえる場である」、これは一般的なイメージでしょう。「とにかく思いの丈を吐き出したくて来談した」というクライアントは少なくありません。

しかし、クライアントの期待は心情吐露であるとは限りません。「うつ病で休職中の夫に対する具体的対応」を求めているかもしれません。【自分と似たケースがあるか知りたい】【子どもをカウンセリングにつなげたい】【病気かどうか判断して欲しい】等々、それによってセラピストの仕事は変わってきます。傾聴に徹する時もあれば、事細かに助言をすることも、フーテンの寅さんよろしく涙涙の労いをすることだってあるでしょう。セラピストの仕事は事前に確定しておらず、クライアントのフレームによって決められることになります。

「面接への期待フレーム」はクライアントによって異なる可能性がある、そのことを理解していないと、セラピストが行うべきカウンセリングの目的や方法について、調整を不用意にスキップしてしまうかもしれません。

またセラピスト自身の、「カウンセリングとはこうあるべきだというスタンスや信念」を自覚し、「面接への期待フレーム」次第で変更できるよう普段から準備をしておかないと、ついつい「カウンセリングとはやはり傾聴が／認知の変更が／自由連想が大事なのだ」等々、セラピストの「素」のフレームが出てきてしまうでしょう。それらはセラピストにとっては馴染みのものかもしれませんが、クライアントのフレームに抵触しないか、留意する必要があります。

私は初回面接でよほどの事情がない限り〈面接でどんなことができるとよいとお考えになって本日はお出でになられましたか？〉と質問します。この確認プロセス抜きに、セラピストが勝手に「まずは共感的に話を聞けばＯＫ」と思いこんで話を聞き続けてしまうと、それが偶然クライアントの期待と合致していることもあるかもしれませんが、もしもそれがクライアントの期待とずれていた場合、いわゆる「話を聞くだけで何もしないセラピスト」の烙印を押されかねません。

他方、言語化に馴染まない期待フレームもあります。それが次の「セラピストとの関係への期待フレーム」です。

期待フレームの3点セット②セラピストとの関係への期待フレーム

これは、セラピストの動き方、振る舞い方、表情等をどのようにして欲しいかについてのフレームです。【小さな声で話して欲しい】【ハキハキと話して欲しい】【わざとらしい笑顔は止めて欲しい】【にこやかな笑顔で話して欲しい】といった要望が見え隠れすることがあります。【褒めて欲しい】【上司に感じている怒りをもっともなことだと認めて欲しい】といったフレームを想像したくなることもあるでしょう。

これらは明言されずに、しばしば「言外の期待」として現れます。そういう時こそ「額縁」の出番です。「もう私、疲れちゃいましたと言って泣くクライアント」という「額縁」は、何を示しているでしょうか？例えば、【私を労って欲しい】という「絵」が見えてくるかもしれません。

そうした仮説を確かめるには、セラピストの行動に対するクライアントの反応をチェックします。セラピストの労いに対してクライアントが大いにうなずけば、【私を労って欲しい】は結果的に的外れではなかったことになります。クライアントが首をひねるようなことがあれば外れと見てよさそうです。労うタイミングではなかったのでしょう。

【笑顔で話して欲しい】（あるいは、【私には先生は輝きすぎているからあまりニコニコと話さないようにして欲しい】との要望もあるでしょう）といったセラピストの非言語面についての要望や、【褒めて欲しい】といったセラピストの反応の仕方についての要望は、言語的に語られにくい内容です。セラピストはその分、仮説をたくさん打ち立て、小出しに行動し仮説が有効かどうかを検証しながら会話を進めることになります。

仮説検証は、楽器の音階練習やスポーツにおけるパスやシュートの練習に似ています。どれも、１回ずつ自分の感触を確かめてやり方を微調整する、「自問自答して自己修正する」プロセスをたどります。

期待フレームの３点セット③今日の面接に対する期待フレーム

これは、面接においてとりあえず今日すぐにテーマとしたいことについてのフレームです。あるクライアントと「気分の波を安定させること」をテーマとして、毎回面接が行われていたとします。今回もそう思って面接を始めたはいいものの、面接終了時間が近づいてきてから「実は来週の同窓会に参加するべきかどうか、今日話し合いたかった」という発言があった。そこから検討するのは時間的にほぼ無理なのに……。しかし、「面接終盤になってから相談したいことを言い出す無理な要求をするクライアントだ」などととらえるのは早計で、セラピストの行為を点検することのほうが先決です。

例えば、面接の開始時にセラピストが何の気なく、〈いかがお過ごしですか？〉と聞いていたかもしれません。経過を尋ねているわけですから、それをきっかけに近況報告が続いてしまう場合があるでしょう。その結果、終盤になってようやく今回の面接に対する要望が語られることになる。しかし、ここで近況報告を促しているのはセラピストですから、セラピストの責任が大なわけです。

私は、〈ところで、本日のテーマ／懸案事項など、ございますか？　それとも今の話の続きでよろしいですか？〉、頃合いを見計らってそう尋ねることがあります。60分の面接ですと、面接開始から20分～40分くらいの間が多いかと思います。どんなに有益そうに話が展開していたとしても、それはセラピストの思いこみかもしれません。面接冒頭から、なんとなく話が続いている時は、特に怪しい。そんな時はクライアントに確認してみます。

さて、期待に応えると言うが、それならクライアントに、「抱きしめて欲しい」と言われたら抱きしめるのか、といった疑問が湧いてくるかもしれません。もちろん、身体接触に関する倫理については、十分考慮しなければならないのは、言を俟ちません。

他方、こうした時に、「抱きしめる」の辞書的定義に囚われないようにする必要があります。そして、「抱きしめる」という言葉が指し示しているのはどのようなクライアントのフレームなのか、考えてみます。もしかすると、実際に抱きしめる＝身体的に抱擁することをせずとも、【即効性のある対処法を示して欲しい】

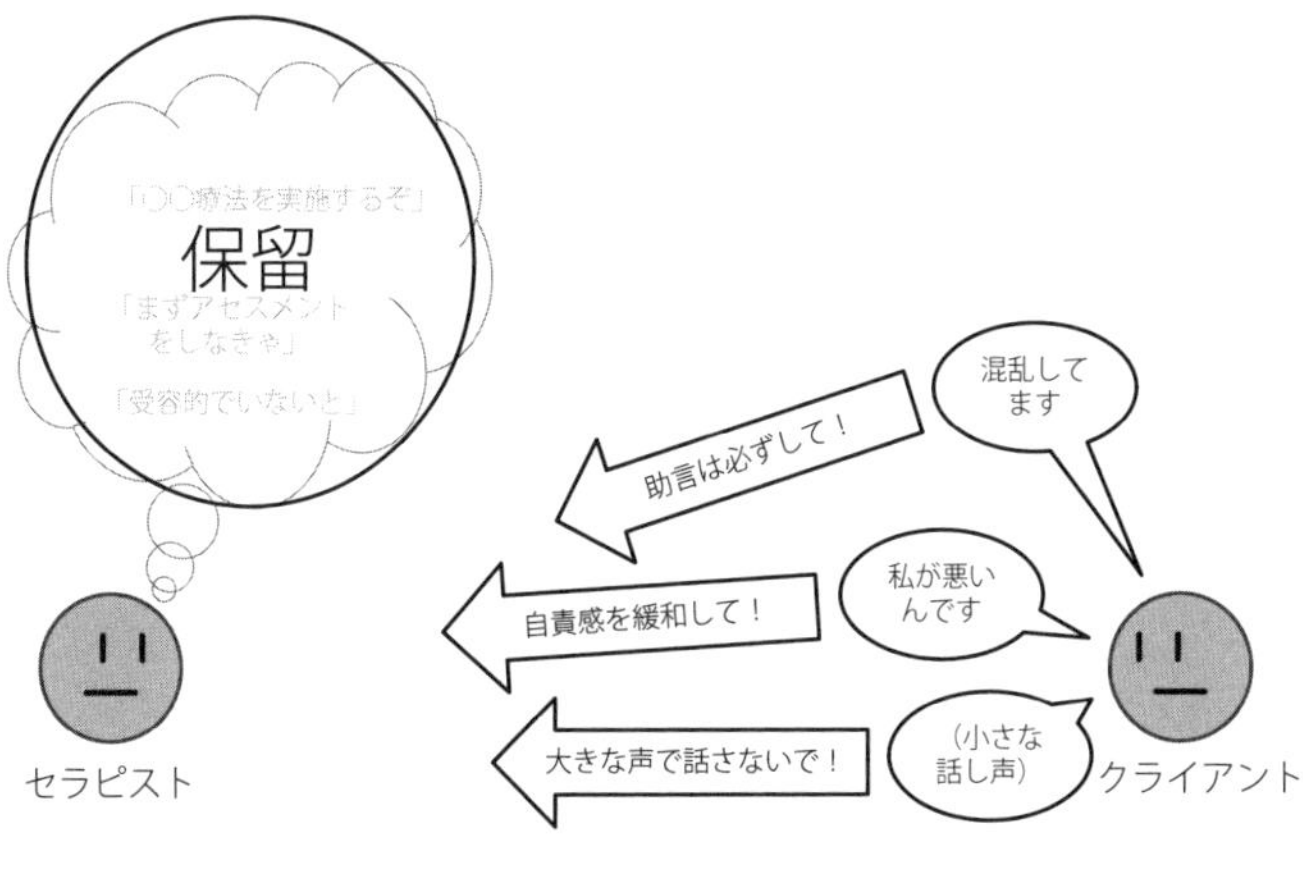

セラピストの志向、プランはとりあえず保留し、クライアントのメッセージをセラピストへの期待に翻訳。セラピストへの期待に応えることを第1に考える

図5

などといったフレームを、クライアントと共有できるかもしれません。

問題フレーム

これは問題についてのクライアントの定義です。「セラピストから見てクライアントにどのような問題があるか」ではありません。そのようなアセスメントはセラピストのフレームに属します。

問題フレームはクライアントの言動から推察することができます。しかし、問題が多岐に渡っていたり、話が茫漠としていてセラピストが問題フレームをつかみ損ねていたりする時には、〈あえておうかがいします。今おうかがいした中で「問題」というと、何を指すのでしょうか？〉などと尋ねることが必要になるかもしれません。

すると、多くの方はハタと立ち止まります。しばらく考えこむ方も珍しくありません。面接開始以来、ずっと話し続けていたことなのに、問題の定義に焦点化してみると、意外にも問題のアウトラインは定まっていない場合があります。

私がこの質問をするのは、【問題の所在は自分ではなく他者にある】というフレームがクライアントに見え隠れしている時が多いように思います。「会社の隣席にすごく嫌なやつがいて、だから仕事が捗らずイライラしているし、最近はうつっぽい」と訴えるクライアントに、不用意に「カウンセリング」を提案しません。もしクライアントがカウンセリングを【自分の気持ちを整理する場】などと意味づけていたとすると、「隣のやつのせいで私は迷惑しているだけなのに、なんで私が労力をかけて気持ちの整理をしなくてはならないんですか！」という展開になっても不思議ではないからです。

問題の所在が他者にあるのか、自分にあるのか、あるいは両方にあるのか。そのフレームの違いによって、コラボレーションの内容は変わります。【同僚の些細な言動を受け流せない自分が情けない。もっと大きな心を持ちたい】という見解をクライアントが持っているのならば、「問題、課題は自己にある」というフレームで合意ができるかもしれません。合意ができたなら〈それでは、どうすれば「大きな心」を持てるか、カウンセリングを継続して検討していきませんか？〉などと提案できます。

一方、クライアントのフレームが【同僚は許しがたい】ならば、「問題、課題は他者にある」というフレームでひとまず合意できそうです。〈カウンセリングは気持ちの整理をする場、などと言われますが、あなたの場合はすでに明確に整理されているようです。隣の同僚が問題なのであり、あなたの問題ではないわけですから、これ以上の気持ちの整理は不必要だと思います。仕事環境をどうしたら変えていけるか、考えていきましょう〉などと提案できます。

「問題は何かと改めて問われると、よく分からなくなってきた」というレスポンスがクライアントから返ってきたとしたら、〈カウンセリングで何をされたいか、お考えいただいてもいいかもしれませんね〉とするのが自然かもしれません。

いずれにしても、クライアントのフレーム次第でセラピストの動き方を変えることができると、コラボレーションの度合いを高めることができます。

葛藤的なフレーム

「夜中2時。夜更かししていたら小腹が減った。冷蔵庫にはケーキが入っている。すっかり目は覚めてしまった。食べると体に良くない。でも食べたい」という状況には、【食べたい↕食べてはいけない】という相反するフレームが共存している、と理解することができます。これが葛藤的なフレームです。【学校に行かせるべき↕様子を見るべき】【妻の態度を注意するべき↕やめておくべき】【息子をカウンセリングに連れていくべき↕医療機関を受診させるべき】、対人援助の現場では、葛藤的なフレームは頻出します。図6のように整理しておきます（この図式については「第3章　パンクチュエーションン」で詳述します）。

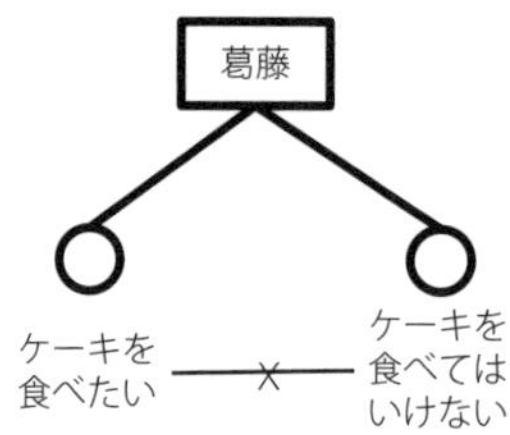

図6

葛藤的なフレームにおいて「どちらの選択肢を採るべきか」は、クライアントが取り組むべき課題です。にもかかわらず、セラピストがケーキを食べるべきかどうか悩み始めることがあります。これは、「巻きこまれ」と呼ばれる事態です。セラピストが扱うのは葛藤的なフレームであって、選択の是非ではありません。

葛藤的なフレームは、相反する複数のフレームがクライアントの中で共存しうるということを教えてくれます。【遊園地へ行って楽しかった】は【楽しい時間が終わって淋しい】と併存しているかもしれない。クライアントのフレームは多数の、時に矛盾するフレームの集合体です。

葛藤という言葉は、「かずら（葛）」と「ふじ（藤）」という2つのつる性植物に由来しています。藤棚の下でもつれるつるに、見覚えがあるでしょうか。あのつるがするっとほどける、ということは少々考えにくい。しかし、そんなふうにつるが巻きつく先に、藤は美しい花をさげる。絡みつくつるは藤にとって解決すべき問題ではなく、むしろ藤そのもの、アイデンティティなのです。

クライアントのフレームについても、同じことが言えます。葛藤を来しているフレームのいずれもが、クライアントにとっての大切なフレームです。矛盾しているように見えても、整合性がついていないようでも、セラピストはそれらを丸ごと受けとる必要があります。

葛藤的なフレームの取り扱い

一例を挙げます。境界性パーソナリティ障害と診断されたクライアントが、年余に渡りカウンセリングに通っておりました。ある時、「自分には見捨てられ不安をはじめ、ものごとを否定的にとらえてしまう傾向がある。自分の問題に取り組みたい、とは思うけれど、自分を見つめる作業は辛くて、こんなふうに育てた親のことを責めたくなってしまう」との葛藤を表明しました。

「どうしたら自分の問題に取り組めるようになるだろう」「親を責めなくなるための方法はあるのだろうか」とセラピストが考えすぎて、にっちもさっちもいかなくなってしまうようですと、これはクライアントの問題を肩代わりして

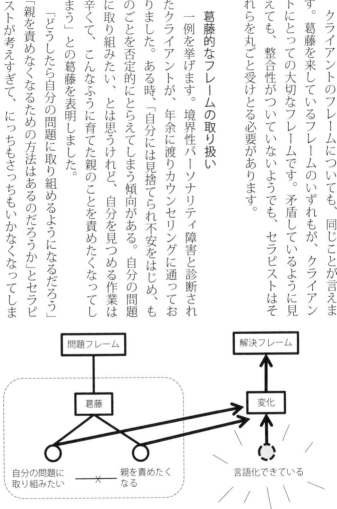

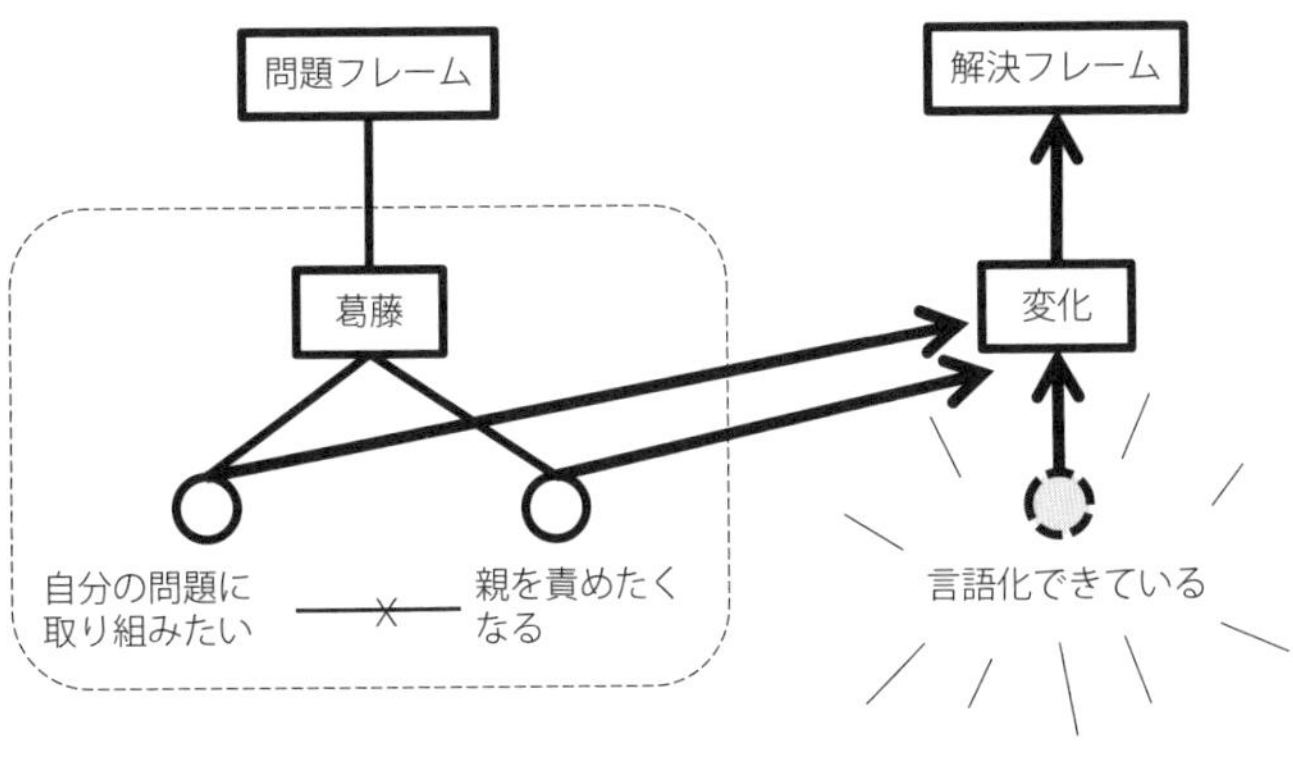

点線内、クライアントが葛藤を起こしているフレームだけがクライアントの全フレームではない。他のフレームに言及することでフレームが変わる、目先が変わることがある

図7

いる、巻きこまれ状態に突入していると見ていいでしょう。

例えばこの時、〈確かに悩ましいけれど、その葛藤を随分言葉でお話しいただけるようになりましたね。これは進展と言えるのではないでしょうか〉といった関わりをすることができます。ここでは、葛藤フレームを受けとった上で、言語化できているという事象を取り上げ、「変化」フレームに言及しています。少し先走って、リフレーミングについて論じてしまいました。詳しくは「第7章　リフレーミング」をご参照ください。

解決フレーム

問題が解決したらどうなるかについてのフレーム。ゴールです。

問題と解決は必ずしも一対一では対応しません。例えば、不登校のゴールは再登校とは限りません。「あんなに荒れた学校には行かなくていい、むしろ子どもが意欲を取り戻し、生き生きと毎日を過ごせるようになって欲しい」などと願う保護者は稀ではありません。一方、子どもは子どもで、保護者とは別のゴールを思い描いているかもしれません。

ですから、セラピストが勝手に解決フレームを定義づけてしてしまわないようにします。クライアントに確認をしないで、セラピストが思い描いたゴールに沿って支援を進めようとすると、「再登校に漕ぎ着けなきゃ」「会社に適応してもらわなきゃ」「パニック発作をなくさないと」などと、しばしばゴールが過大となり、セラピストはゴールにたどり着けない苛立ちに悩まされることになります。不登校に対する再登校は、一見好ましい未来像に見えますが、確認しないままではセラピストのフレーム止まりで、クライアントの解決フレームと一致するとは限りません。

解決フレームについて、私はしばしば、〈この問題がゴールにたどり着いて、ゴールテープを切った時、ゴールテープに相当するものは、何になりそうですか？〉などと尋ねます。

ブリーフセラピーでは解決像を描くこと自体が、問題に囚われているクライアントにとっては画期的なのだとされます。確かにそうした効果が得られる場合もあるでしょう。しかし、「解決像を描くことは効果的だ」という見解もまたセラピストのフレームであることに注意しましょう。

加えて、解決フレームを尋ねることに伴うマイナスの効果も考慮しておかねばなりません。〈問題が解決したらどうなっていそうですか？〉との質問に対して、「毎日明るい気持ちで過ごせて、休みの日はバーベキューに行っている」というイメージがクライアントの頭の中をよぎるかもしれません。しかしその直後、【でも、今の自分はそんな楽しい状態からかけ離れている……】と、辛い現在に引き戻されているかもしれません。解決フレームを尋ねることが肯定的な結果を引き起こすとは限らないのです。

解決フレームについて尋ねられたクライアントが苦しそうにゴールについて話す、などという事態は当然発生します。クライアントが、解決像について話すのが辛いので、現在の問題状況へと話題を戻したとします。その際、セラピストは「クライアントに負担をかけた」、ととらえねばなりません。クライアントの「抵抗」などと考えるのは、コラボレーションの視座からすると論外となります。

原因フレーム

現状の問題を引き起こしている原因は何かについてのフレームです。「え？ インターパーソナルなアプローチは未来志向のスタンスなのではないの？　原因について聞いてもいいの？」といぶかしく思われたでしょうか。

しかし、何か問題が起きた時に、原因について考えてみるというのは、ごく自然な営みでしょう。「原因探しはよくないことだ」とか「むしろ原因こそ探し当てるべきだ」という考えは、セラピストのフレームです。セラピストにその自覚がない場合は「原因探しはよくない」または「原因を探し当てるべきだ」という硬直した考え方に囚われていることになります。セラピストがこの囚われに無自覚でいると、セラピストの主義主張と反対のフレームを有するクライアントと良好な関係を形成するのが困難になるかもしれません。

次の場面は、生徒の忘れ物を教師が注意しているところです。

教師：原因はなんだと思う？
生徒：分かりません。
教師：謎めいている、と。
生徒：はい（笑）
教師：じゃあ、解決策は？
生徒：寝る前に確認する。
教師：オーケー、それでやってみますか。
生徒：分かりました。

原因が思い当たらないのであれば、それはそれで、よし。それ以上話題とし続けるのは非効率的でしょう。そして、原因を突き詰めてみたいということで方針を共有できるのであれば、それもまたよし、です。

教師：原因はなんだと思う？
生徒：分かりません。
教師：謎めいている、と。
生徒：はい、でも自分でも気になっていたんです。原因を探して対策を練りたいと思っていました。
教師：原因探し、してみる？
生徒：はい、先生。
教師：オーケー、ちょっと考えてみましょうか。
生徒：よろしくお願いします！

ほら、いいムードでしょう？

変化の理論フレーム

クライアントは「こういうことをすると変わっていくのだろうな」という、問題解決に向けてのアイディアを持っている場合があります。例えば、気に入らないことがあるとゴミ箱を蹴る上司、その荒々しい態度に緊張しているクライアント。セラピストは頭の中で「人事部に掛け合うべきでは？」「受診し服薬するべきでは？」「認知行動療法を行うべきでは？」等々と一生懸命考えます。

しかし、それらがクライアントの考えに抵触すれば、どんなに素晴らしい方法でも効果を発揮しづらくなるでしょう。そこで、〈こういうことをすると良い方向に行くだろう、という、オリジナル・アイディアがございましたら是非おうかがいしたいのですが〉などと尋ねることができます。「そうですね、ゴミ箱を蹴らないでください、と上司に直接依頼するしかないと思います」などという、意外やシンプルな「変化の理論」（Duncan & Miller, 2000）が示されることがあるものです。

大切な価値観フレーム

これは、クライアントにとっての重要なフレームのことです。【愚痴は言うべきではない】というような生活信条に近いものから、【上司の態度はパワーハラスメントである】といった現実認識に関わるもの、【私は霊感が強い】といったスピリチュアルなものまで、クライアントによって色々です。クライアントにとってみれば当たり前のことという認識なので、尊重する態度で臨みます。コラボレーション上、【愚痴は言うべきではない】と主張するクライアントに対し、〈ストレス・マネジメントの一環として、愚痴を言うことには意義がある〉などとセラピストが反論することはありません。いくら内容的に正しくても、クライアントのフレームに大幅に抵触するわけですから、有効性を発揮する可能性は低いでしょう。

クライアントの性質を表す表現で「固い人」という言い方が流通していますが、これは、フレームの変動幅が狭いことを言わんとしているのだと思われます。変動幅が狭くなるのには事情、歴史があるわけで、「固いフレーム」はクライアントにとって重要なフレームであると推測されます。にもかかわらず、研修でロールプレイを実施すると、そのフレームを変えようと「突撃」していく、そして上手くいかなくなるセラピスト役が不思議と続出します。セラピストがクライアントのフレームを無視して「白黒思考にはこうするべき」とか「強迫行為にはこうするべき」といった、マニュアル的な既存の知識で強行突破しようとした時に、そうした事態を呼びこんでしまうようです。

セラピスト自身のフレームをどうするか

以上のようなクライアントのフレームとは別に、面接には「セラピストのフレーム」が関わります。心理学、精神医学などの知識に基づく診断やアセスメントだけでなく、職業経験や個人史に由来する「親子は仲良くするべきだ」「離婚は不幸なことである」といった信念や価値観、あるいは「このクライアントは難しそうだ」といった印象まで、知らず知らず、各種フレームはセラピストの中で作動しています（ちなみに、システム的理解も本章の「フレームという考え方」もやはり、セラピストのフレームです）。面接展開の片棒を、こうしたセラピストのフレームが担いでいることになります。

さて、ここで大事なのは、セラピストのフレームを無くそうと努力することではありません。無くそうとしても、セラピストの思考、フレームは自然と滲み出てきてしまうものです。それを無理に押さえつけるのではなく、ここでもコラボレーションのために有効活用する、という姿勢をとることが肝要です。

とりあえずフレームを自覚してみる。セラピストが「あ、私は親子は仲良くするべきだと、力み過ぎていたかも」と気づけば、「少し私自身が余裕を持ってみよう」と思えるかもしれない。これは立派なフレームの利用です。

「離婚は不幸なことだ」。ああ、自分はそういう価値観を携えやすいのだな、と思っておきます。このフレームを、何も捨て去る必要はありません。このフレームは、例えば、【離婚したら絶対不幸になる】と訴えるクライアントと協調する上で、セラピストの強力な資源となるでしょう。

とはいえ、コラボレーションにおけるセラピストの基本姿勢は、セラピストの価値観、セラピストの方針、セラピストの思想を保留するところからスタートします。対人援助の基本とされる、いわゆる「受容、共感、傾聴」すらも一旦は保留の対象になります。この時、セラピストはいわば徒手空拳。クライアントに突き動かされるように支援を進める実践イメージを携えることにしましょう。

第3章　パンクチュエーション

ポイント
・フレームは事象の連続を区切ることで発生する。
・前後関係は、区切ることを介して因果関係へと変化する。
・因果関係は区切り方によって多様化する。「真の原因」「真の結果」ではなく、クライアントの区切り方、つまりクライアントのストーリー立ての仕方に焦点を当てる。

コラボレイティヴな臨床実践はクライアントのフレームを中心に展開します。本章では、フレームがどのように成立しているのかについてお話しします。

突然ですが、クイズです。

「中年は何歳から中年でしょうか?」

回答者によって、中年は35歳から始まることもあれば、50歳から始まることもあります。私たちは事象の連鎖を区切ることによって意味づけを行っているということを、図をもとに検討してみたいと思います。

事象をフレームづける

中年は40歳から60歳である、と考えている人がいるとしましょう。その人は、連綿と続く事象を40歳から60歳で区切ることで、「中年」というフレームを成り立たせていることになります（図8）。

このように意味づけは、「事象とフレーム」という階層性を用いて説明することができます。

私たちは誰もが、無限に続く事象をどこかで区切ることによって意味を得ています。区切ることができなければ、「中年」は意味を失います。

このことは、単語の定義にとどまりません。「彼女はひどい」という発言はどうでしょうか（図9）。

現実にはひどい面も、それほどひどくない一面も彼女にはあることでしょう。素晴らしいところもあるに違いない。その中から「時間にルーズ」「食べ物を粗末にする」「ポイ捨てをする」といったひどい面だけをかき集めているからこそ、「彼女はひどい」というフレームが成立するのです。もし、事象を区切ることがなければ、「彼女はひどくて、ひどくな

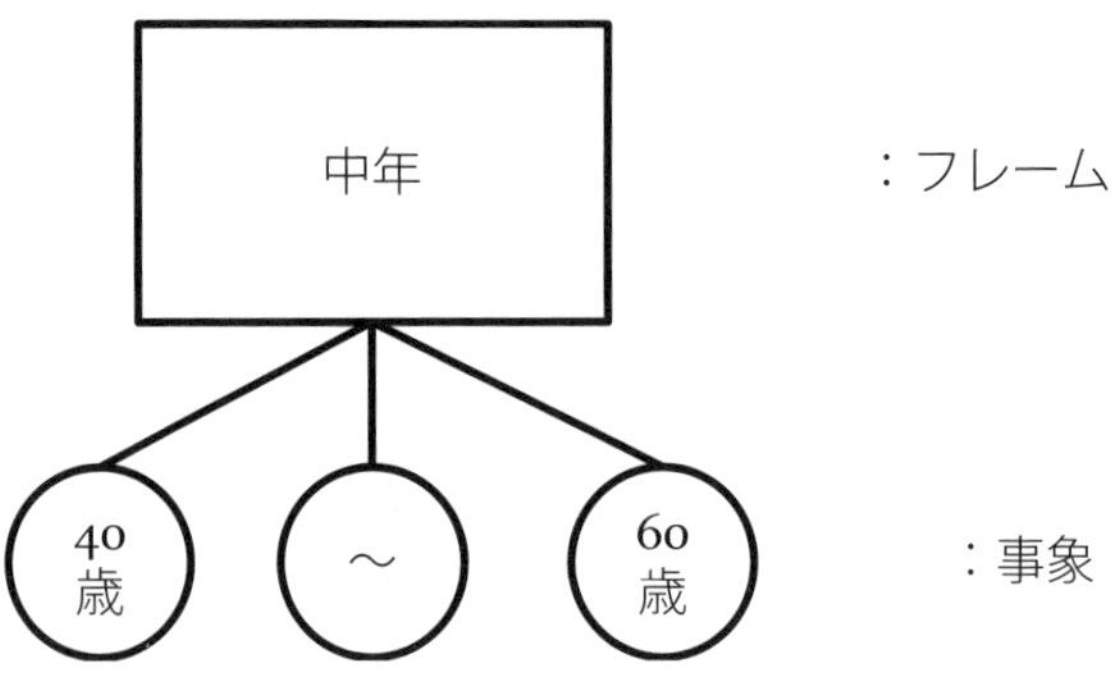

図8

くて、素晴らしくて……」と連続的に彼女のすべてを言い表していくしかなくなります。そうなると、ちょっとしたお喋りすらできなくなってしまいます。このように、暫定的に事象に区切り目を入れ、意味づけをしているからこそ、日常の言葉遣いが成立するのです。[1]

パンクチュエーションは「区切る」こと

さて、事象を区切ること、これをインターパーソナルなアプローチでは、「パンクチュエーション（punctuation）」と呼びます。パンクチュエーションは、「句読点を打つこと」とも訳されます。

とある夫婦面接を例に挙げましょう。「夫が無視するから怒るんです」と主張する妻。一方、「妻が怒るから何も言えなくなる

1　これまで何気なく「事象」という用語を使ってきましたが、事象とは何のことでしょうか？　誰にも共通の、ひとりひとりの認識から独立した世界を意味する「客観的事実」とよく似ていますが、本書ではそれとは区別し、「現実に生起していることとしてフレームづけられている出来事」を事象と呼ぶことにします。

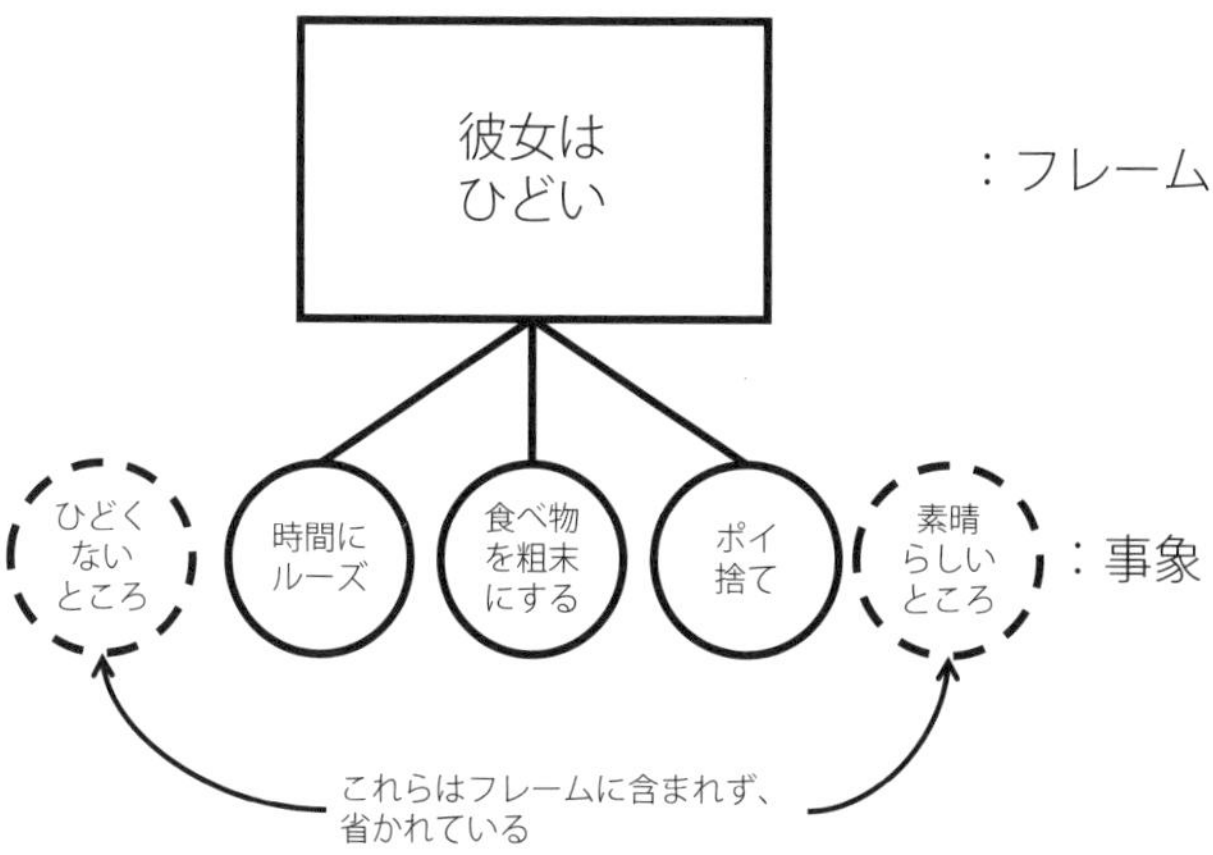

図9

んです」と反論する夫。このような時セラピストは、まず事象とフレームの図式で両者の訴えを整理します（図10）。

コミュニケーションは、左から右へと展開していきます。延々と続くワンパターンの、「どこで句点が打たれるか」によって、意味が変わります。

妻からすると、

夫が黙るから、私は怒る。↲

（ここに句点が打たれています）

すると、「妻である私が被害者で夫が加害者」という意味づけ、ストーリーが生じます（図11）。

夫からすると、

妻が怒るから、私は黙る。↲

（ここに句点が打たれています）

すると、「夫である私が被害者で妻が加害者」という意味づけ、ストーリーが生じます（図12）。

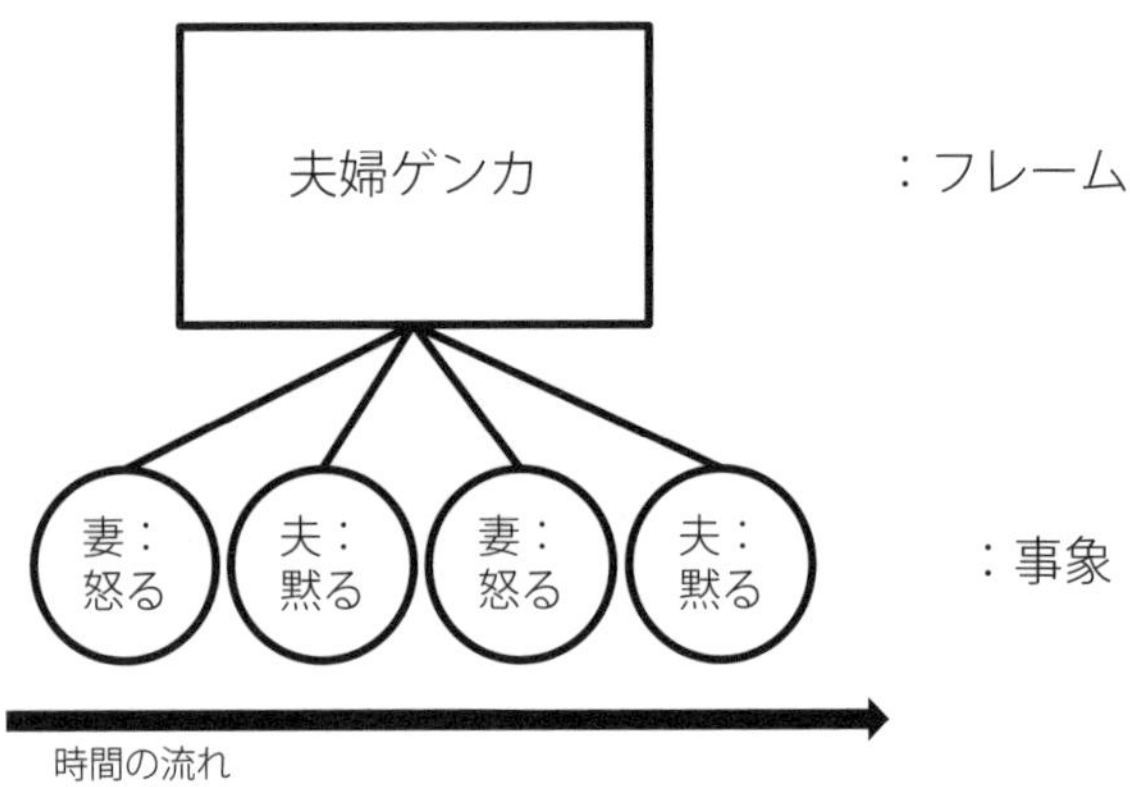

図10

連続する事象同士の関係は、もともと単なる前後関係に過ぎません。それをどこかで区切り、マルを打つこと、パンクチュエートすることで、個々人にとっての意味が生じます。こうして、前後関係は因果関係へと変化します。

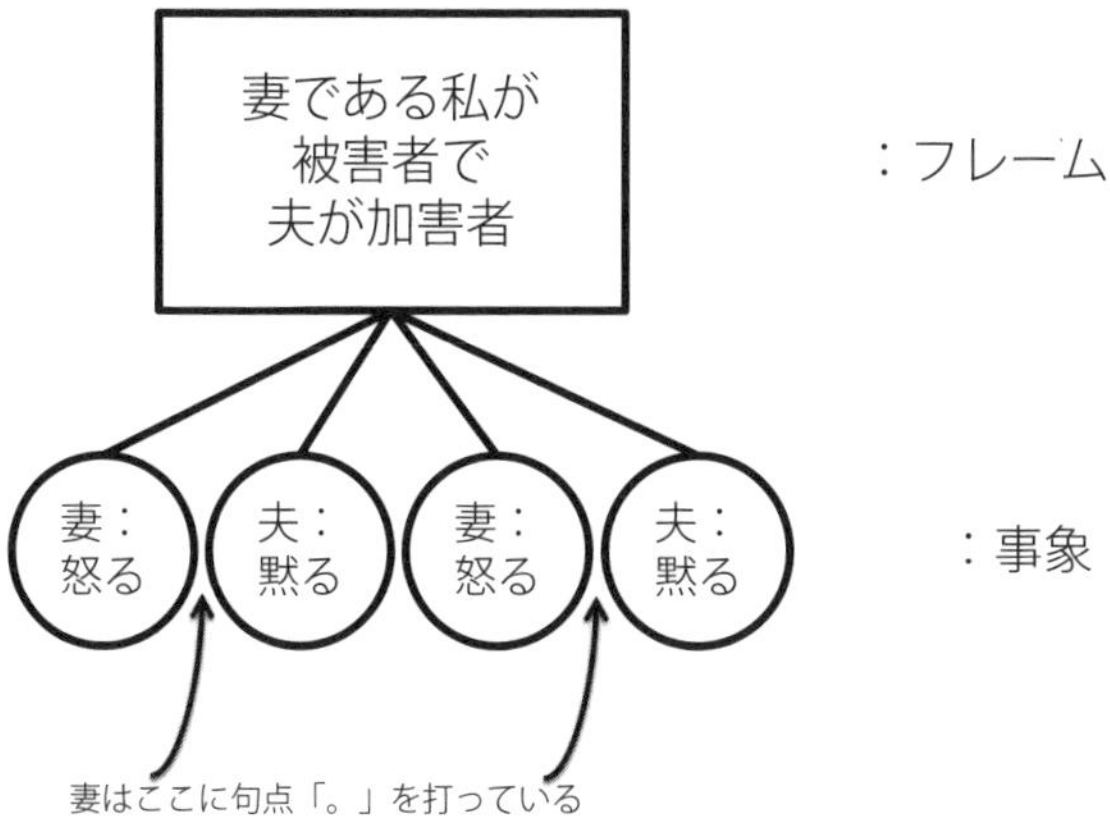

図11

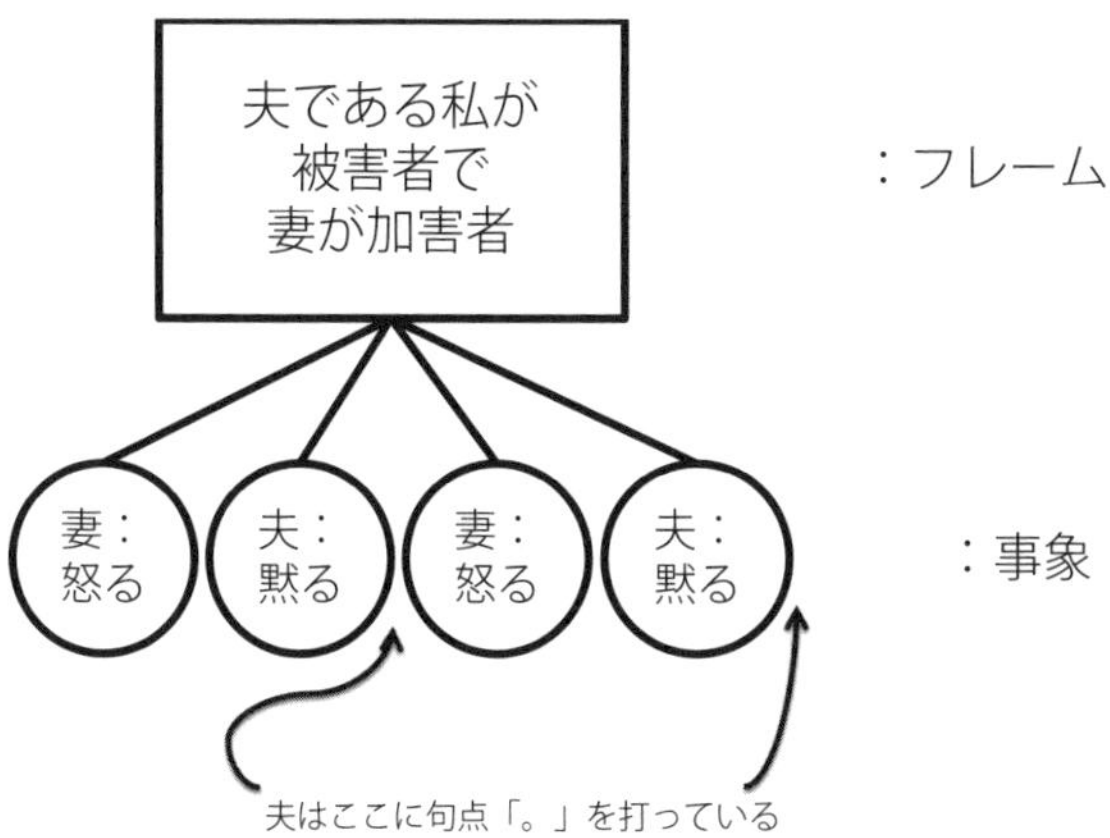

図12

浦島太郎外伝

もう少し規模を大きくして、「物語」ではどうでしょうか。亀を助けて竜宮城へ行った浦島太郎の物語は、玉手箱を開けて浦島が一気に老化する場面で終わります。その場面で区切られているから物語として成立するのであり、おじいさんになった浦島が、めげずに老いらくの恋に走る様子が描かれ始めたら、それはもはや浦島太郎ではありません（面白そうではありますが）（図13）。

単語のレベルでも、センテンスのレベルでも、物語のレベルになっても、事象に区切り目が入るからこそ、意味が発生するのです。

私たちが臨床場面で扱う問題についても同じことが言えます。要素を集め、区切る、そのことによって問題が問題として成り立つ。問題とは、「問題を問題とみなしている人が事象を区切った結果」です。

例えば、図14は、ある社員が「遅刻が多く、キレやすく、残業が多い」ことを問題視する課長の考えを表したものです。ここで、「問題」とは「遅刻が多い」「キレやすい」「残業が多い」という要素を課長が集め「問題」としてまとめあげているもの、と見るこ

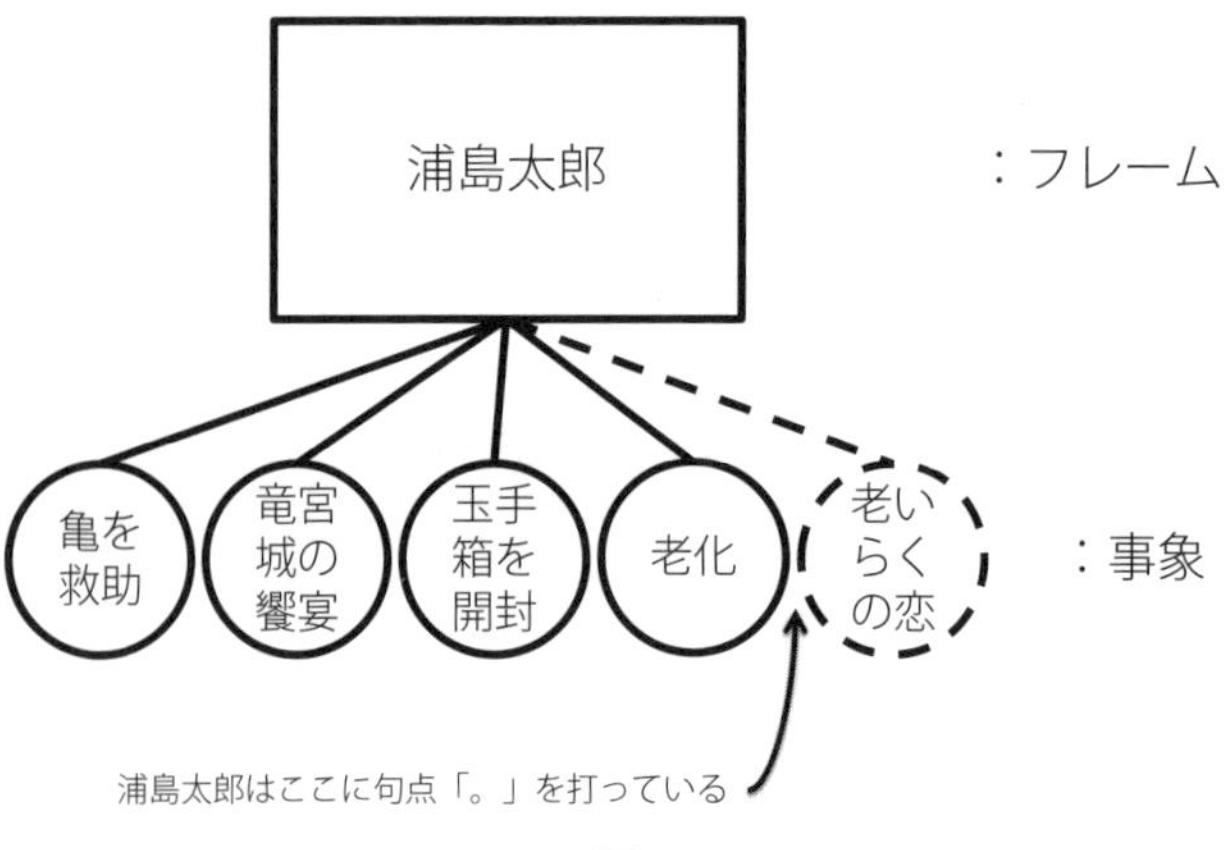

図13

とができます。

「社員に問題があるのではなく、課長の見方であるということ？　なんか問題が多そうだし、やっぱりこの社員の側の問題なんじゃないの？」と思われた方がいるでしょうか？

しかし、やはり問題の所在は問題だとみなしている人の側にあると見なければなりません。なぜなら他の人、例えば、部長はこの社員の抜群の営業力を買っており、それに比べたら遅刻もキレやすさも残業も些細なことだ、と見ているかもしれないからです。問題は問題に関わる人の間で局所的に取り沙汰されているのであり、この社員に固有の問題が存在しているのではありません。「いや、やっぱりこの部下の問題だ」と思われたそこのあなた、そうです、今、あなたがこの部下の諸行動を「問題だとフレームづけた」のです。

対人援助の現場では、時に多様な価値観が乱立します。価値観に個人差が出るのは、パンクチュエーションの仕方が人によって異なるからです。

パンクチュエーションいろいろ

パンクチュエーションの感覚がしっとりと身につくと、次のようにパ

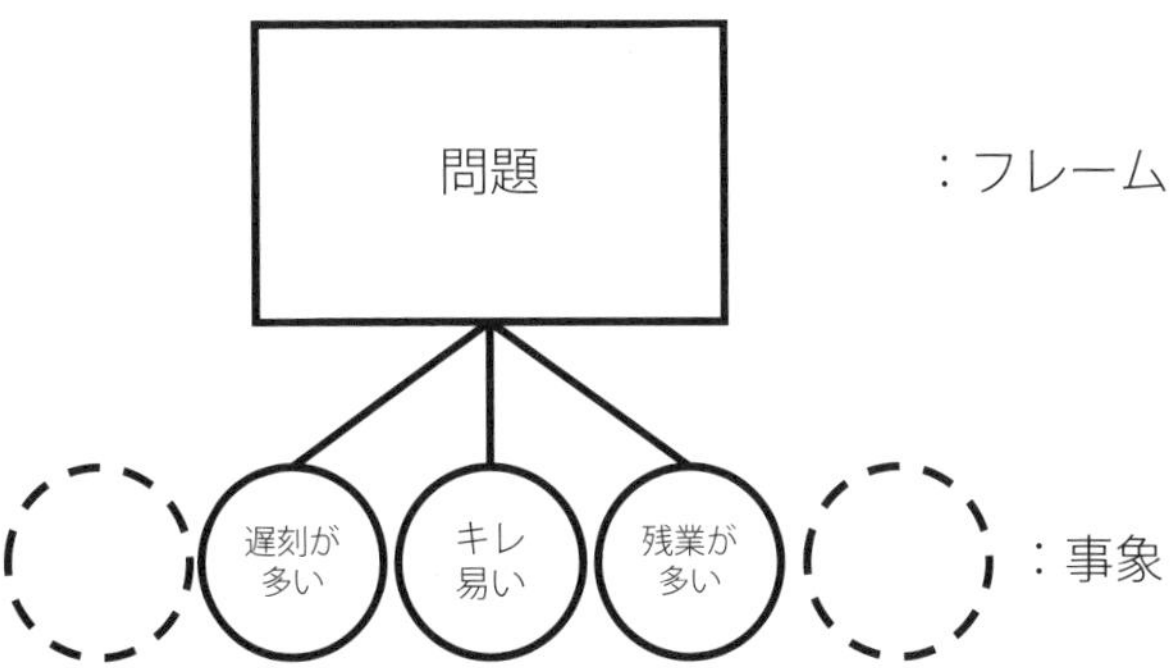

図 14

ンクチュエーションを打ちかえることができるようになります。

・過保護な母親が原因で不登校になった↓母親が本人に強い関心を持ち続けてきたので、今まで不登校にならずに済んだ

この母親を問題視する関係者は前者の、肯定する関係者は後者のパンクチュエーションを好むでしょう。

・自分が無能力だから希望する会社に入れなかった↓能力以上の仕事によって燃え尽きずに済んだ

希望通りに事が運ぶ、それが必ずしも幸せであるとは限りません。

・レバーを引く行動をネズミに条件づけた↓ネズミがレバーを引くことで餌を出す行動を人間に条件づけた

条件づけを行っている主体者は人間かもしれないし、ネズミかもしれません（東、1992)。原因と結果は逆転しうるし、パンクチュエートの仕方によって意味づけやストーリーは多様になりえる。このような認識の仕方は円環性（circularity）に基づいた認識と呼ばれています。家族療法の現場は様々な、時に対立する見解が持ちこまれる場所でした。そのような場で面接参加者それぞれの主張に耳を傾けつつ、

セラピストが臨床実践を柔軟に行うには、こうした認識の仕方が必要だったのです（円環性については「第11章　家族療法をコラボレイティヴに活用する①」で再度述べることにします）。

フレームの2方向

ここで、事象とフレームについてのトピックを小括します。

本章で説明してきたように、フレームには事象をまとめあげる側面があります。私たちは区切る作業によって事象に意味を持たせることができたのでした。

一方、「第1章　フレーム」で述べたように、言動は他のフレームを指し示す働きがありました。額縁が額縁そのものを鑑賞対象とせず、絵画を指し示す役割を果たしていたのと同じことです。

この2つをまとめると、下のような図になります。

このような認識の仕方をベースに支援を進めることになります。

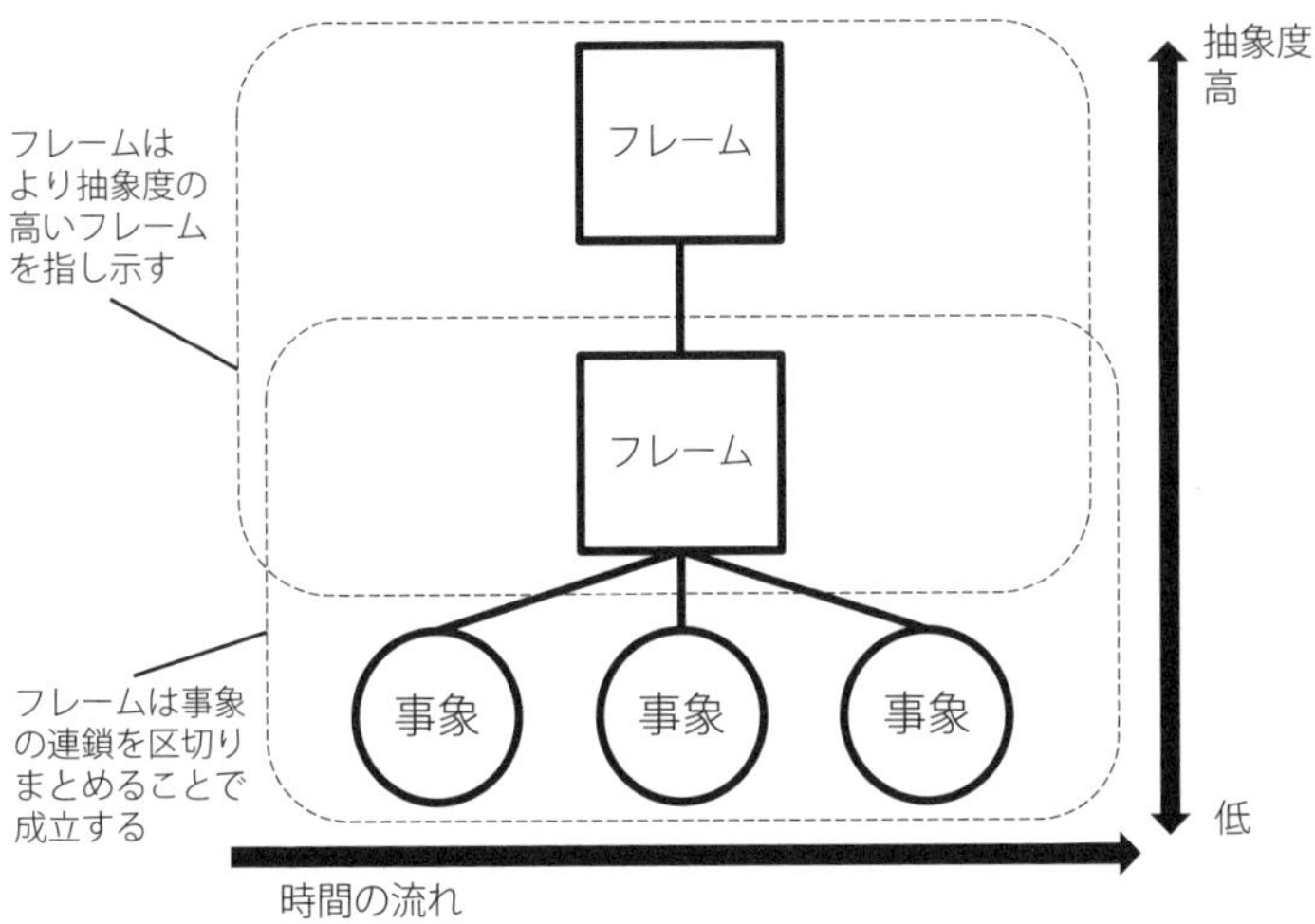

図15

第4章　ダブルバインド

ポイント
・ダブルバインドは言葉の内容と状況との不統一によって引き起こされる混乱を指す。
・ダブルバインドの仕組みを通じて、事象とフレームの区別についての理解を深めることができる。
・ダブルバインドから、クライアントが語っている「様子」、つまり非言語的部分を観察することの重要性が汲み取れる。

フレーム概念と切っても切れない間柄にあるベイトソンらによる論文「統合失調症の理論化に向けて」で提示された独自のアイディアが、ダブルバインド概念です。本論文を今日的視点で読む際、統合失調症の破瓜型、緊張型、妄想型にはそれぞれ原因となる家族コミュニケーションの様式があるとする病因論には留保が必要です。

一方で、コミュニケーションに事象とフレームの階層構造を想定するダブルバインドは、前章までの、フレームについての理解を助けてくれるはずです。

ダブルバインドは「曖昧なメッセージ」

さて、ダブルバインドとは何か。不登校状態の子どもは言いました。「父に、昨日は学校に行ったほうがいいと言われ、今日は無理して行かなくてもいいと言われた。どうすればいいのか、混乱します」。高名な専門家でさえ、ダブルバインドをこのような事態を表すために使うことがあります。ですが、これは父親の発話内容が「矛盾」している例であって、正確を期するなら、ダブルバインドではありません。

ダブルバインドは言葉の内容（これを「コンテンツ」と呼びます）が、それを取り巻く状況（これを「コンテクスト」と呼びます）によって修飾され、意味が不明瞭となる現象を指します。右記の例でいうなら、本人に負担をかけまいと父親が「学校には無理して行かなくてもいい」と言いつつ、ひきつった笑顔を浮かべている、という場合が該当します。メッセージの受け

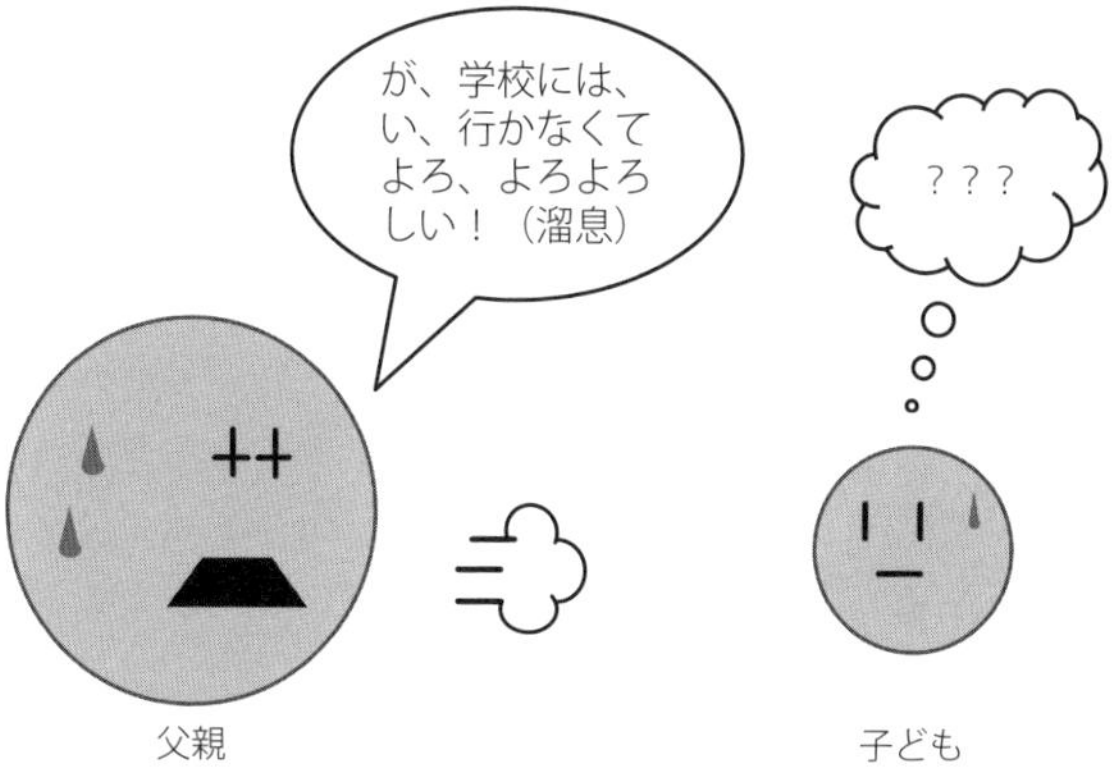
が、学校には、
い、行かなくて
よろ、よろよろ
しい！（溜息）
？？？
父親
子ども

ダブルバインド：父親の言語と非言語が相反するメッセージを含んでいるため、子どもはメッセージの意味を図りかねている。その上、「はい、学校には行きません」と言えば、口では行かなくていいと言いつつも学校に行って欲しそうな父親をがっかりさせるかもしれないし、「いいえ、学校に行きます」と言うと折角頑張って発している父親の提言を無下にすることになりかねず、どちらに転んでも良い結果にはならないので、子どもは混乱する

図16

手である子どもは「学校に行かなくてもいいと言っているけど、そうは思っていない感じもするし。いったいどっちなの？」と困惑するでしょう。父親としては、よかれと思って言ってはみたものの事態はさらなる混乱へと発展してしまうわけです。[1]

別の例を挙げます。飲食店がこんな看板を大々的に出していたとしましょう。

限定10食！　裏メニュー、あります！

「それ、本当に裏なの？　裏メニューならこんなふうに表に出さないのではないの？」、思わずそんなツッコミを入れたくなります。「裏メニューなんていって、いかにも魅力があるような体の看板だけど、きっと裏メニューじゃないよね、これ」なんて思ったり。「飲食店側が結託して自分をだまそうとしているのではないか」などと猜疑心まで生じることはないでしょうけれども、裏メニューが本当に「裏」なのか、疑わしい気持ちにはなるでしょう。

なぜこのようなことが起きるのかというと、裏メニューという看板のコンテンツが、「看板は表に置くものである」という、看板が果たす役割、前提、すなわちコンテクストの修飾を受け、メッセージに矛盾が生じるからです。こうして意味が曖昧になると、メッセージの受け手は穏やかならざる心持ちになるのです。

1　ベイトソン著『精神の生態学』の訳者、佐藤は次のように述べています。「ベイトソンのダブルバインド理論は、言語自体の『リンギスティック』な階層性ではなく、言語と場との『コミュニケーショナル』な階層性のもつれを扱ったもの」（『精神の生態学』「形式・実体・差異」訳注より（Bateson, 1972））

このように、「矛盾」が、「時間を前後して発せられるメッセージ同士の不統一」を指すのに対し、ダブルバインドは複数のメッセージが（ほぼ）一挙に到来することを意味します。

ダブルバインドが成立するには、他にいくつかの条件が揃っている必要がありますが[2]、ダブルバインドの核心は、以上のような同時的なメッセージの衝突にある、と言えるでしょう。

意味の階層的理解

ダブルバインド概念は、コミュニケーションの曖昧さをどのように理解するか、その方法を私たちに教えてくれます。その基礎が、「事象とフレーム」という異なる階層を用いてパンクチュエーションをするやり方でした。

もうひとつ例を挙げましょう。

彼が彼女に「愛している」と言った。次に彼女が微笑んだ。ここでパンクチュエートすると、「彼は彼女を愛している」というフレームが成立します。ところがその直後、彼はニヤリとほくそえんだ。

2　ダブルバインド状況の特徴（Weakland, 1993）
1．あるメッセージに、非言語などのレベルで衝突する他のメッセージが伴う。
2．ひとつのメッセージへの反応の仕方が他のメッセージには不適切となる。
3．二人以上の人間の間で繰り返し経験され、犠牲者は（家族や師弟関係のように）関係の場から逃れることを禁じられている。

「あなたのことを愛している」―単純なメッセージ
「あなたのことを愛している（ニヤリ）」―曖昧なメッセージ

ニヤリ、が入ると途端にメッセージの意味が曖昧になります。この時点までの事象とフレームをすべて含める形でパンクチュエートすると、「彼は彼女を愛していない？」という疑いを含んだフレームが発生することになります。「彼女のことを愛している」という彼の発言は、「彼女のことを愛していない」という、真逆の意味になりかねない。このことを、事象とフレームの階層図にして表してみましょう。

このように、クライアントの発言内容だけなく、コンテクスト、つまりそれがどんな表情で、どんなトーンで発せられているのかといった非言語面や、どんな流れの中で発せられているのかといった前後関係への注意抜きには、クライアントのフレームをきちんと想像することはできません。

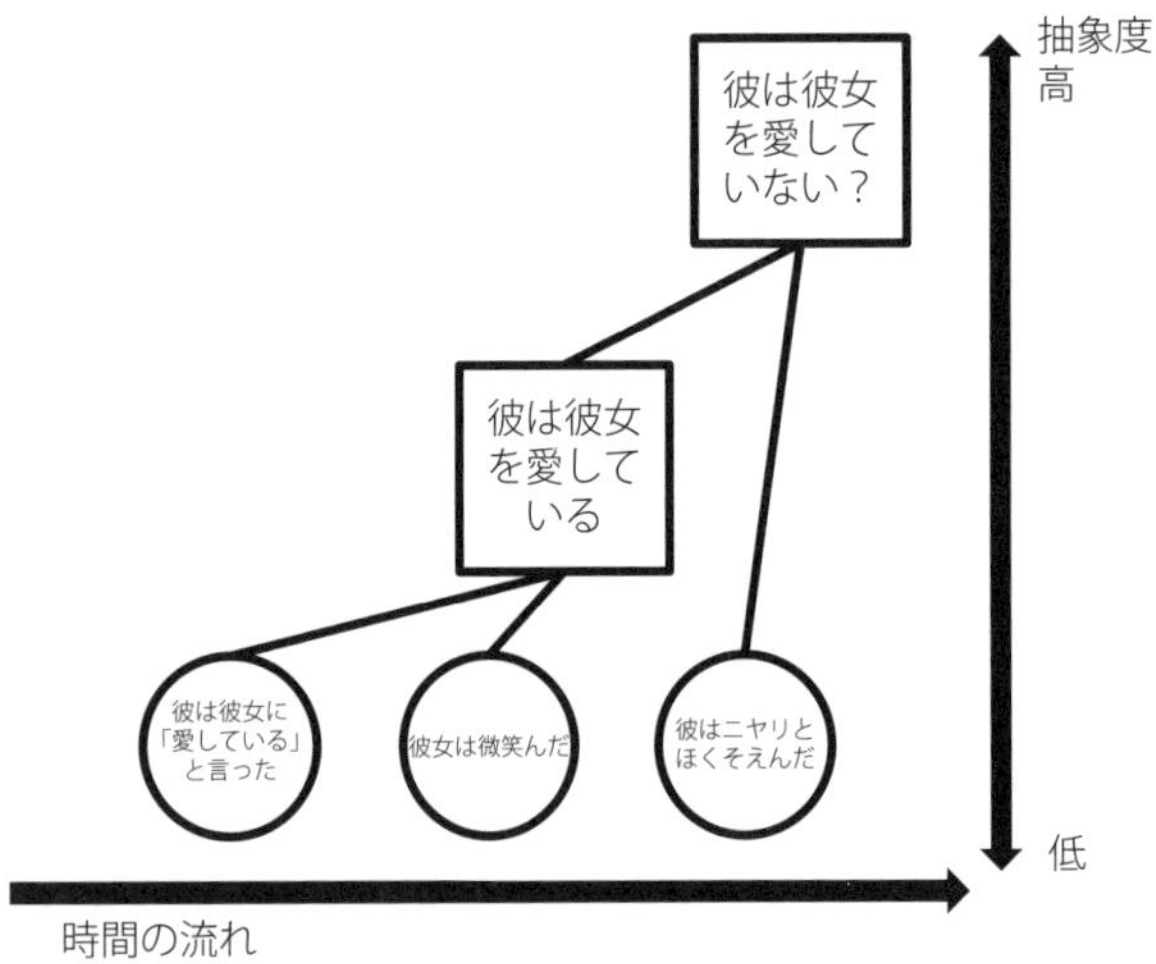

図17

「フレームは事象をパンクチュエートすることで成立する」は、図17のように図式化することができます。これが、インターパーソナルなアプローチの認識のベース、論理階型を用いたストーリー構成の仕方となります。

第５章　ストーリー構成

ポイント
・セラピストはクライアントが合意できる意味づけの仕方を模索する。
・とりわけ、階層の最上位にくる包括的なフレームをクライアントにとって納得のいくものにできるかどうかが、コラボレーション上の鍵となる。
・クライアントが最も伝えたいこと（＝包括的なフレーム）は、発話の中に文言として表現されるとは限らない。

クライアントが話すことをセラピストはどのように聞くのか、とらえるのかということが本章のテーマです。

一言では済まされない、時に百万言を費やしてでもセラピストに伝えたいことがクライアントにはありません。にもかかわらず、クライアントの言いたいことはクライアントの語るストーリーの中で、はっきりと示されるとは限りません。それが何なのか、セラピストの側で考えなければなりません。

事例の一場面を例にとってみましょう。

不登校生徒の母親面接

着席すると母親は険しい表情で次のように述べました。「中3の娘なのですが、6月に入ってから学校を休み始めました。朝起こそうとするのですが起きません。私がこれまで口うるさく言い過ぎてきたせいか、私の言うことを聞かないんです。夏休みも目前ですし、夏期講習に行けるのか、受験勉強はどうなるのか、そんなことを考えると頭が一杯でつらいです」。

図18を見てみましょう。

前章に引き続き、○が事象、□がフレームを表します。セラピストの頭の中には、クライアントの話が断片的に飛び交っています。クライアントの文言が事象レベルに近い形で頭の中を漂っていることもあれば、「焦り」「罪悪感」のように、クライアントから語られた言葉ではないのだけれども、セラピストの印象に基づく言葉が発生して、頭の片隅をウロウロしていることもあるでしょう。このような雑然とした状態が第1段階です。

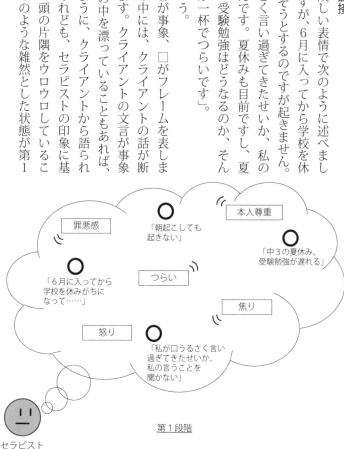

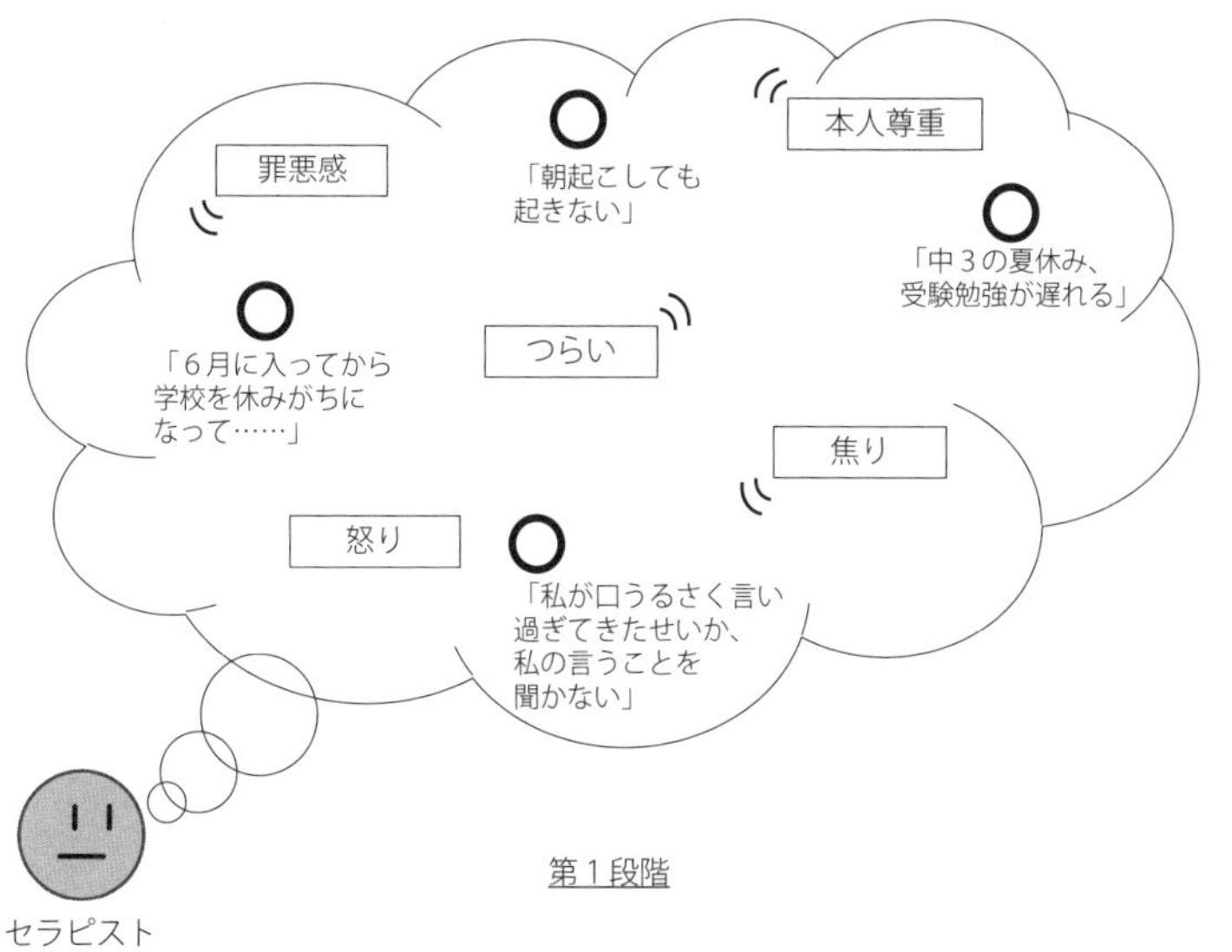

「朝起こしても起きない」
「中3の夏休み、受験勉強が遅れる」

図18

このカオティックな状態を整理しようとする、それが第２段階です。

図19の一番下、○は左から右の順に、時間の推移を表します。話の趣旨は最上位に位置している「つらい」。「つらい」にはいくつかの中身があって、「怒り」「罪悪感」「本人（の意思を）尊重（したい）」「焦り」というフレームで構成されています。

このように図式化すると、話の中身を整理整頓できます。ただし、この階層図はセラピストの仮説を表したものであることを忘れてはいけません。クライアントのストーリーは、セラピストの手による何らかの重みづけを免れません。

この図をもとに発話すると、〈怒りや罪悪感があって、でも本人の意思を尊重したいというお気持ちもある。でもその一方で早くしないと受験勉強ができなくなるという焦りもおありになる。おつらいですね〉などという要約になります。ここでいう要約とは、クライアントの発話をある階層構成へと整理し、セラピストの仮説的な理解として提示する行為を意味します。

それに対してクライアントが、「うーん」と芳しくない反応を示すこともあるでしょう。そのような時、セラピストの把握の

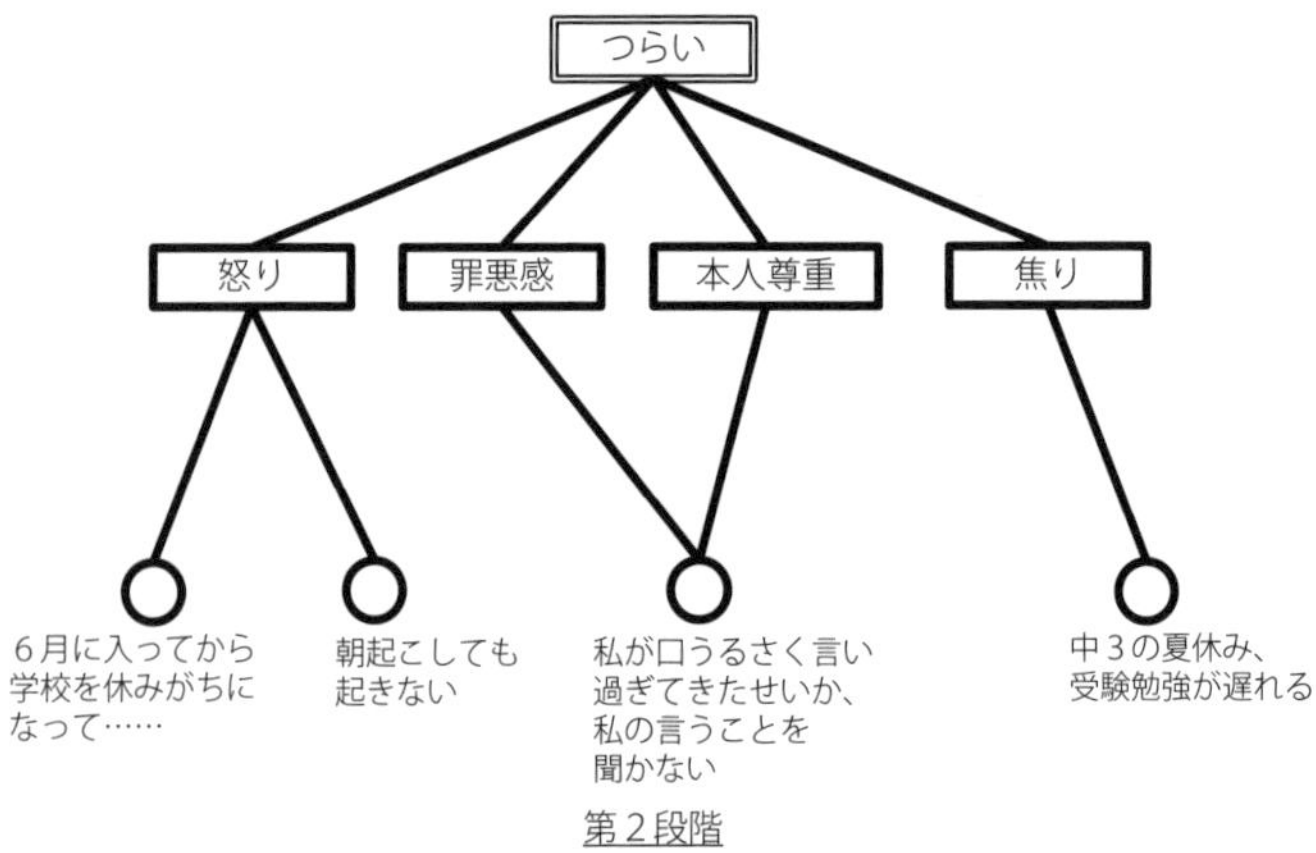
つらい
怒り
罪悪感
本人尊重
焦り
６月に入ってから
学校を休みがちに
なって……
朝起こしても
起きない
私が口うるさく言い
過ぎてきたせいか、
私の言うことを
聞かない
中３の夏休み、
受験勉強が遅れる
第２段階

図19

仕方、仮説の設定の仕方が不適切であると考えねばなりません。

第2段階で一応の整理ができたら、次の第3段階では、よりクライアントと共有が可能になるストーリー構成の仕方を模索します。慣れてくると、第2段階をとばして直接第3段階に進むことができるようになります。すると、よりスピーディに面接は進行するでしょう。

例えば、第3段階①のこの図20は、「つらい」を上位フレームとして採用するのではなく、罪悪感を最上位に位置づけています。フレームは上位になればなるほど、全体を包括しますので、この構成の仕方が表すクライアントのフレームは【怒りやつらさ、本人を尊重したい気持ちや焦りがあるが、特に私の育て方が悪かったという気持ちが強い】ということになります。

だとすると、今現在、【罪悪感を軽減して欲しい】が何よりも主張したいこと、そして同時に面接に期待することではないか、と予想することができます。

セラピストは、このように構成したクライアントのフ

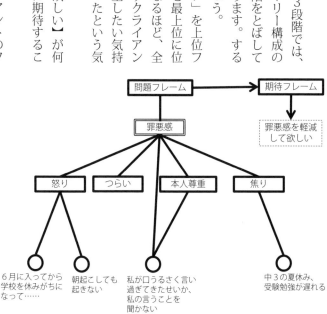

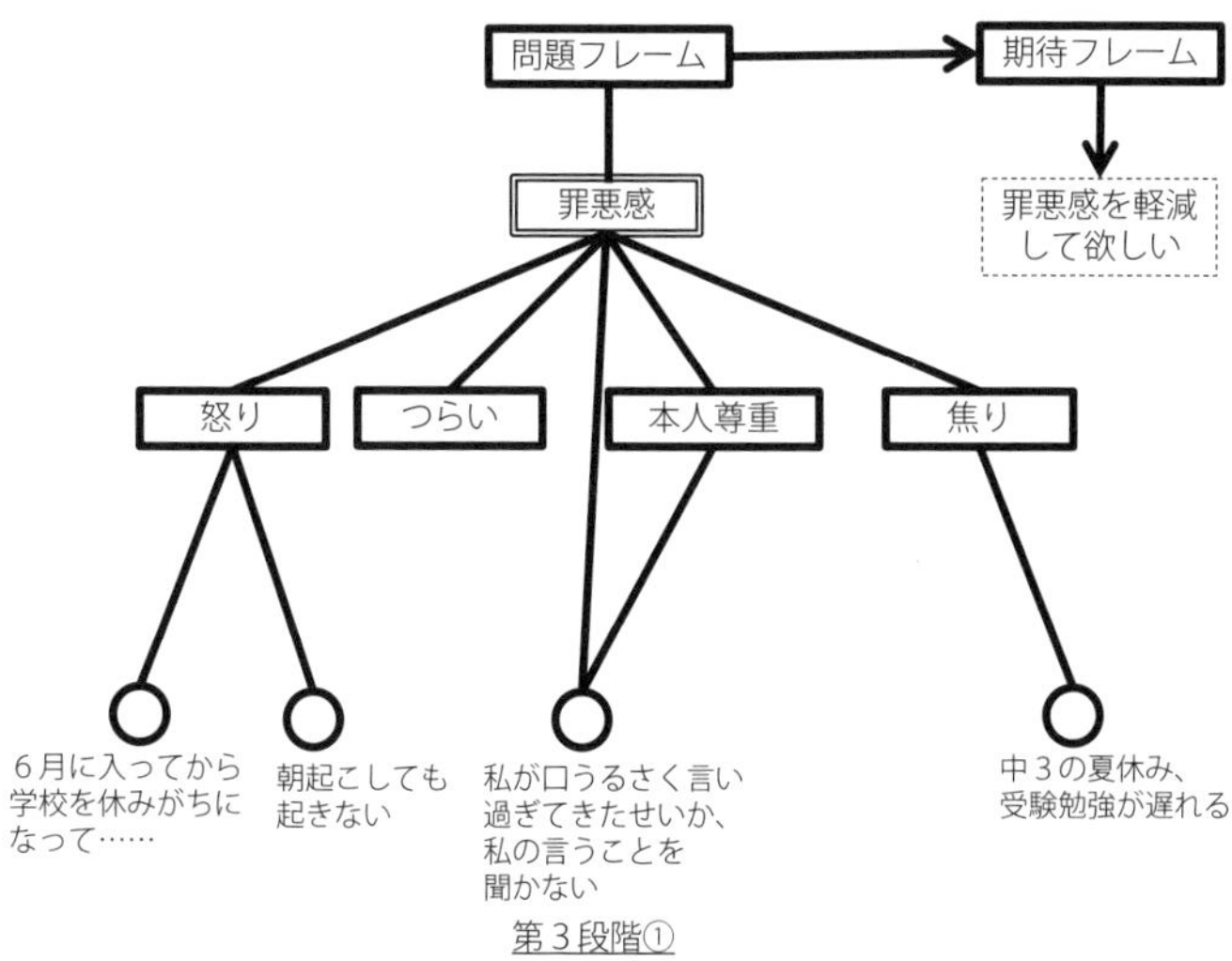

問題フレーム
期待フレーム
罪悪感
罪悪感を軽減して欲しい
怒り
つらい
本人尊重
焦り
6月に入ってから学校を休みがちになって……
朝起こしても起きない
私が口うるさく言い過ぎてきたせいか、私の言うことを聞かない
中3の夏休み、受験勉強が遅れる
第3段階①

図20

レームから自分の行為を決定します。例えば、〈小さい頃からの子育てだけが原因で学校に行かなくなる、などということは、絶対にありません〉という発言を選択するかもしれません。

他のフレームが上位に来るとどうなるでしょうか。第３段階②では、「焦り」を最上位に位置づけています。そのような構成が表すクライアントのフレームは【色々事情はあるが、とにかく焦っている】になるでしょう。この時、面接への期待は、【安心させて欲しい】になるかもしれません。セラピストは、〈現状をなんとかするためには、とても良いタイミングでいらしていただいたと思います〉など、少しでも安心していただけることを期待して発話を選択することになるでしょう。

随時クライアントに確認しながら、セラピストの中でこのような組み立て作業にあたることで、クライアントにとっての重要課題を明確にすることができます。そして、何が最上位フレームに来るかで、セラピ

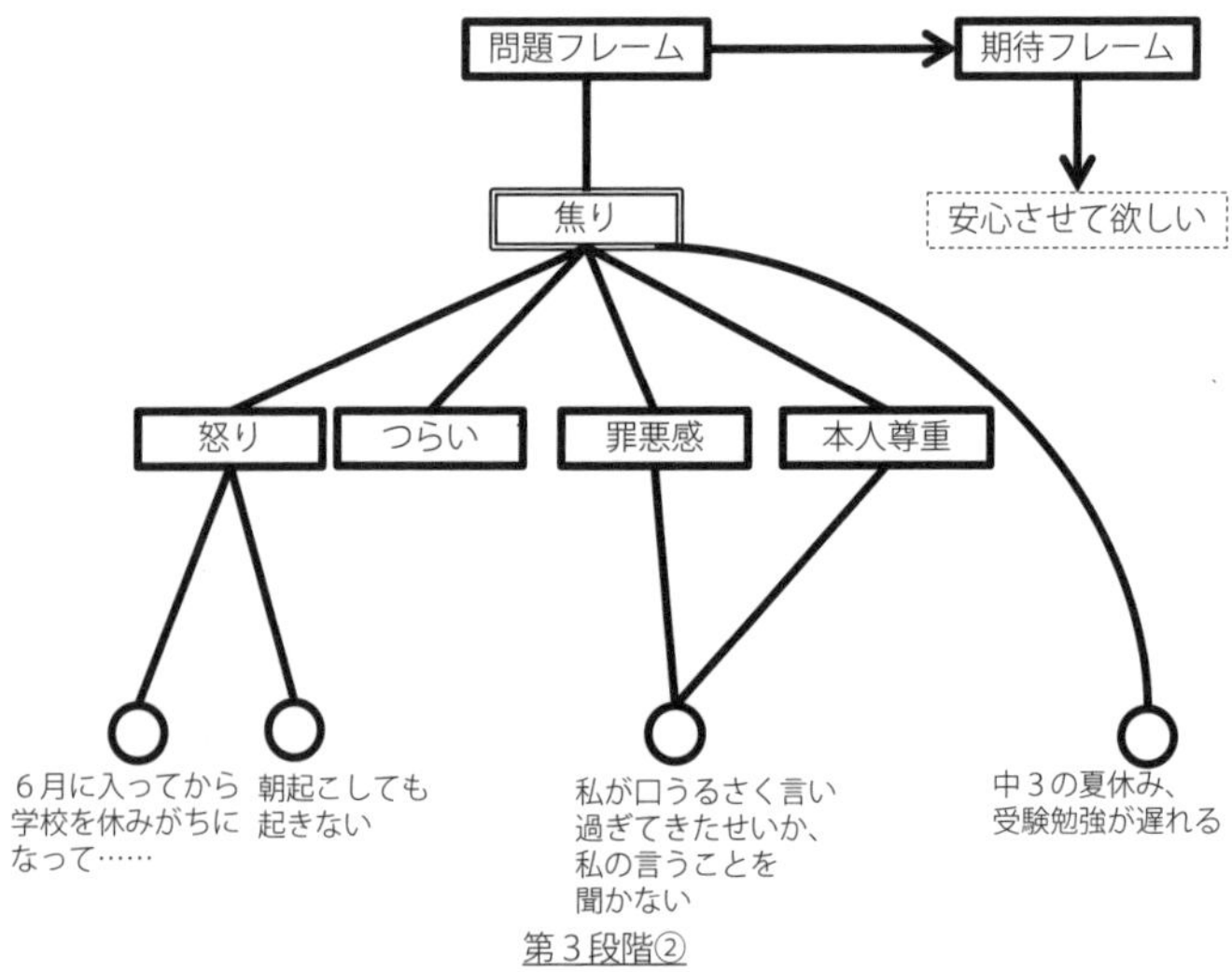

図 21

ストの動き方は全く異なるものになるわけです。

最後に1点、本章の冒頭でも述べた通り、クライアントの語るストーリーの中に、【罪悪感を軽減して欲しい】や、【安心させて欲しい】というクライアントのフレームが直接的には表現されていないことに注意します。録音機器のようにクライアントのストーリーをいくらつぶさに聞きとったとしても、セラピストが想像することを怠れば、クライアントに納得してもらえる有用な（expedient）フレームにたどり着くことはできないでしょう。

第6章　ジョイニング

ポイント
・「合わせる」とは、クライアントのフレームに明示的に合わせる行為を指す。
・ジョイニングを、観察者－被観察者という区分を超えて、クライアントの世界に参入する営みととらえる。
・ジョイニングは面接初期に駆使するだけの技法ではない。「手始めにいったん合わせる」のではなく、クライアントのフレームには毎回、そして、ずっと合わせ続ける。

クライアントのフレームを想定することができたら、次はフレームを活用することにしましょう。フレームの活用には2つの方向性があります。「フレームを合わせること」「合わせるフレームを変えること」の2つです。本章では「フレームを合わせること」について見ていきます。まず、「フレームを合わせること」に触れ、次に構造的家族療法におけるジョイニングについてお話しします。

「合わせる」には「合わせる対象」が必要

「肯定する」「共感を示す」というセラピストの行為、態度は、対人援助の基礎として学習するトピックです。

ここで、「肯定する」「共感を示す」がセラピストの行為を表す他動詞であることに注意しましょう。セラピストが肯定したり共感を示したりするにはその対象が必要です。セラピストは「もどかしさを肯定する」とか「辛さに共感を示す」ことはできても、何も肯定する対象がないのに、自動詞的に肯定することはできないはずです。食べ物がなければ食べるという行為ができないのと同様です。

何に合わせるのか

コラボレイティヴなアプローチでは、「クライアントのフレーム」に合わせることをまずもって考えなければなりません。

フレームに合わせることとは、「クライアントの発言を繰り返すこと」とは異なります。クライアントが「うちの子、整理整頓が苦手でもうホントにどうしようもないんですよ」と言いました。それに対してセラピストが、〈お子さんに対して、整理整頓が苦手でどうしようもない、とお感じなんですね〉と返したとします。この時、クライアントが【発言を丁寧に受け取って欲しい】というフレームを携えていると考えてこうした反復をする場合は、「フレームへの合わせ」をしようとしていることになります。クライアントのフレームに基づくことなくセラピストがただ反復をしているのだとしたら、それは合わせではありません。

あるいは、このクライアントの発言から【子どもの行く末が心配だ】というフレームを想定し、〈お子さんの将来のことをすごく気にかけていらっしゃるんですね〉などと発言する。クライアントのフレームに合わせるとは、このような行為の仕方を指します。

合わせは冒頭から行う

フレームとは「意味づけ」のことでした。クライアントや家族の言動がどのような意味を指し示すのか、セラピストは色々と仮説を立てます。その作業はファースト・コンタクトの時点から始まっています。

例えば、「はじめまして」と挨拶した際、クライアントの表情が一瞬笑顔になったかと思うとすぐに真顔になった。これをセラピストは【初対面で緊張しており、挨拶はにこやかにはしたが、実は緊張しているのでほぐして欲しい】という期待フレームのあらわれと受け取り、セラピスト自身の声の調子を幾分軽めに調整するかもしれません。

例えば、話し始めた途端に泣き始めたクライアントは、【言わずもがなで辛さを分かって欲しい】という要望を携えていると考え、温く少し大きめの声でうなずくよう、セラピストは動きを調整するかもしれません。図22のように、情報収集と仮説検証はワンセットで展開します。[1]

1　家族療法では構造的家族療法のマスター・セラピスト、サルヴァドール・ミニューチン以来、ミラノ派を経由して、仮説検証過程が重視されてきました（遊佐，1984；Selvini Palazzoli et al., 1980）。仮説は hypothesis の訳語で、この語からは対象を科学的な姿勢で評価しようという姿勢が見てとれます。
　他方、日本語にすると同じ「仮説」でも、ノルウェーの精神科医トム・アンデルセンは assumption という語を用いています（Andersen, 2012）。アンデルセンは、assumption には感覚的なもの（feeling part）が含まれると言います。文情報は話の内容からもたらされるとは限りません。クライアントの動きのひとつひとつを意味あるものとしてとらえると、セラピストの初動が早くなります。[2] ですから、受付や待合でお目にかかった時から情報収集を始めるのと、面接室で挨拶が済み、腰を落ち着かせて本題に入ってからようやく情報収集を始めるのとでは、面接展開に差が生じます。

言語的なやりとりが始まると、非言語面への注意だけでは間に合

援における身体性に関心を寄せるアンデルセンらしい言葉の選好です。本書では仮説という用語を、セラピストの能動的な、厳密な思考から、「フィーリング」「感じ」といったもう少し受身的な、漠然としたものまで、広い意味で用いています。（なお、アンデルセンの実践、リフレクティング・プロセスについては「第14章　ナラティヴ・セラピーをコラボレティヴに活用する」で触れます）。

いずれにせよ、セラピストがとらえているのは真理ではなく、どこまでも「仮」の説であり、だから繰り返し吟味することが必要である、という認識をセラピストにうながす点で、「仮説」という言葉が持つ重要性は現在でもまったく色褪せていない、ということができるでしょう。

2　「終章　知りえないこと、を超えて」の「想像力を働かせると」で補足します。

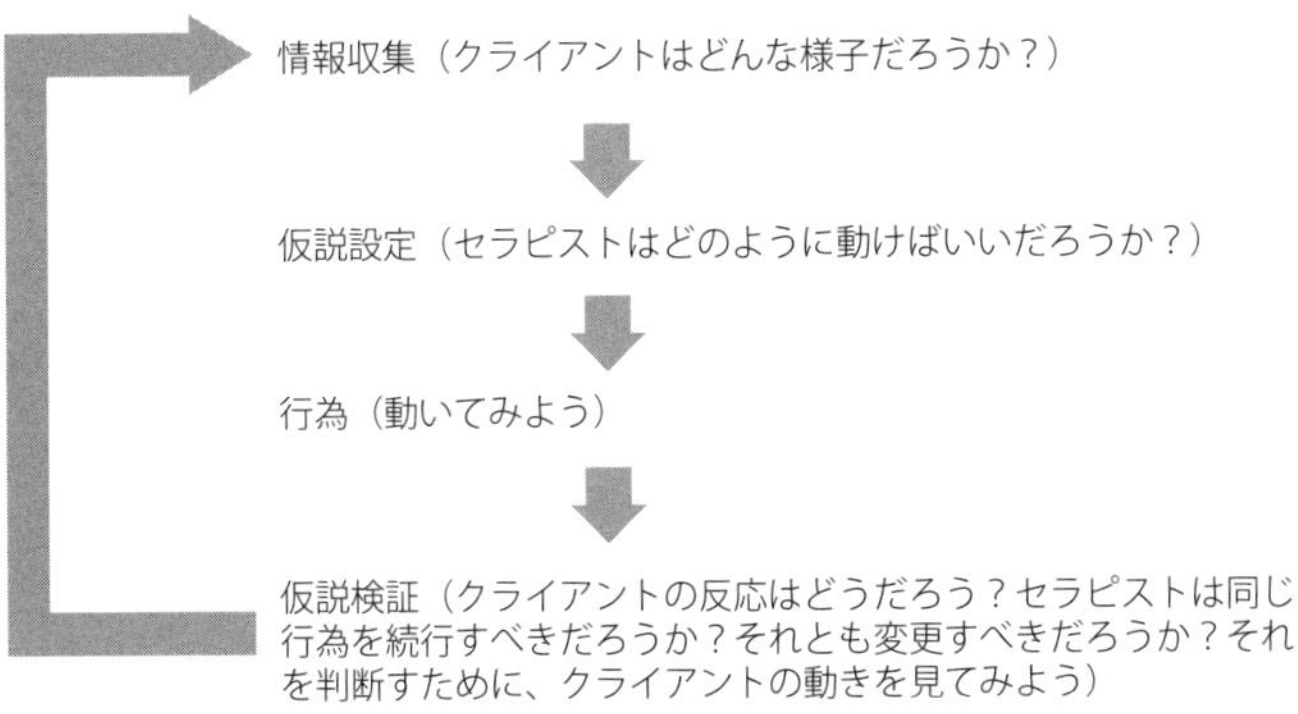
情報収集（クライアントはどんな様子だろうか？）
仮説設定（セラピストはどのように動けばいいだろうか？）
行為（動いてみよう）
仮説検証（クライアントの反応はどうだろう？セラピストは同じ行為を続行すべきだろうか？それとも変更すべきだろうか？それを判断すために、クライアントの動きを見てみよう）

仮説検証プロセス

図22

わなくなります。セラピストはクライアントの語る一語一語が何のフレームを指し示すのか判断し、合わせます。例えば、「試験に落ちちゃって」→【残念な気持ちを分かって欲しい】ととらえ、少し声のトーンを落としてうなずく。「でも、今回は記念受験みたいなものなのでそれほど落ちこんでいません」→【残念な気持ちと前向きな気持ちが同居している】ととらえ、少し表情を明るくしつつも、「本当にそう？　とはいっても少しは落ちこんでるんじゃない？」というニュアンスの相づちを打つ。相づちひとつにもクライアントのフレームを見てとり、セラピストの行動に反映させます。

専門家としての中立的な態度について

誰の味方もせず特定の立場を取らない態度を中立的とするなら、コラボレーションと中立性は縁遠いことになります。セラピストは積極的にクライアントの色（フレーム）に染まっていこうとするからです。

クライアントとのコラボレーションを行う上で意識しなければならない中立性について、２点述べておきます。ひとつは、【セラピストには中立的な態度であって欲しい】というフレームをクライアントが示している場合です。セラピストの専門性に期待して来談したクライアントや、支援に論理的な一貫性を期待しているクライアントにしばしば見受けられるフレームです。こうしたクライアントに対して無闇に賛同を示すような態度は禁物で、慎重さや判断を急がない姿勢など、クライアントが考えるところの「中立」にそぐう対応をする必要があります。

もうひとつは、クライアントのフレームが不明瞭で、セラピストが自身の態度を決めかねている時です。合わせるには合わせる対象が必要でした。しかし、その対象がもうひとつよく見えてこない時があります。

クライアントのフレームが不明な段階における、当面の判断の保留という意味での中立性はコラボレティヴな実践にもありえますが、積極的に取るべき態度というよりは、消極的な態度であり、そんな時セラピストは早めにクライアントのフレームにたどり着けるよう模索する必要があります。

合わせは毎回行う

そのようにしてセラピストとクライアントの援助的な関係性が一応形成された、としましょう。しかし、1回の面接の中で形成された関係性は、面接と面接の間で変化する可能性があります。面接の外では色々なことが起きますから、セラピストにとっては「前回の面接の続き」のつもりでも、良好だったはずの関係性がそうでもなくなっていたり、あんなに盛り上がった前回の話題がどうでもいい扱いになっていたり、そういうことは当たり前に起きます。

例えば、前回、課題に取り組む旺盛な意欲を示したクライアントが、今回面接が始まってみると課題をやってきていないばかりか、課題に対して全く興味をなくしていたとしましょう。かつて家族療法では、そうしたクライアントや家族の反応を面接（者）をコントロールするための「策動（maneuver）」ととらえ（Selvini Palazzoli et al., 1975）、対策をとることが必要であるとされました（そのような経緯から発展したのが「パラドキシカル・アプローチ」ですが、これについては章を改めます）。「課題をやってくると言ってたのに、やってないじゃないか！」とセラピストが思うためには（あるいは腹を立てるためには）、前回から今回にかけて、引き続きクライアントが課題に対して意欲的である＝前回と今回の面接は切れ目なく地続きであるという認識が必要です。

しかし、近年のシステム論オートポイエーシスの教えるところによれば、過去の面接で形成した支援の構造は、関係性の「影」（河本、2000）のようなもので、今現在進行中の生き生きとした関係性とは別のものです。

そういうわけで、セラピストは、先回の面接から保持されているクライアントのフレームと変化しているフレームを区別しなければなりません。そして、改めて現在のフレームに合わせ直すことが必要です。

面接と面接の間には、面接における変化以上の変化が起きることもあります。面接に影響を与える面接外の要因を治療外要因といいますが、これが変化に寄与する割合は無視できないものがあります。[3] 治療外要因の重要性を頭に置いておくと、セラピストは課題の不実行よりもクライアントのフレーム変化自体に関心を抱くことができるようになるでしょう。

合わせはずっと行う

では、いつまでセラピストは「合わせ」を行い、どこで次の段階に移るのでしょうか。結論から申します

3　マイケル・ランバートのメタアナリシスは、治療上重要な要素を治療外要因40％、関係性要因30％、技法要因15％、期待要因15％だとしています（Miller et al., 1997）。ランバートの論文は批判にも晒されていますが（丹野、2013）、治療外要因という用語はおさえておきたいところです。セラピストはクライアントの生活に張りつくように直接的に関与し続けることはできないのであり、だからクライアントはセラピストからのみ影響を受けるのではなく、「セラピストが関わっていないところで起きる出来事がクライアントに様々な影響を与えている」ということを改めて考慮できるからです。

と、合わせはずっと行います。それでは現状維持をするだけで何も改善しないのではないか、と思われるかもしれませんが、【フレームを変えたい】というクライアントのフレームにも合わせますので、そのようなことにはなりません。時には【フレームを変えたい】【フレームを変えたくない】が共存する状態になるかもしれませんが、そのようなすっきりとはまとまらない葛藤的なフレーム【フレームを変えたい↕変えたくない】にも合わせることになります。

事例：うつ病からの復帰はハードにすべき？

うつ病で休職していたタクオさんが復職した。復職後に時短勤務をしている自分が、なんだか周りから浮いている気がして、もっと働かないと今のままでは自分の存在意義はないのではないか、と感じている。うつ病からの復職はできるだけ低負荷の状態から行われるのが好ましいことを考えると、【仕事はハードにするべきである】というタクオさんのフレームは、「再発予防のために変えるべき対象」のように思えるかもしれません。そのように考えて、〈いきなり焦って業務量を増やさないようにしましょう〉と直截に提案するという手もなくはありません。

しかし、ここはひとつ、変化を計画しないでタクオさんのフレームに合わせ続けてみましょう。すると、例えば次のように面接は展開します。

Th：お仕事を一生懸命なさりたいんですね。

Cl：なんか、こんなに楽でいいのかな、って思っちゃうんです。

Th：「楽な仕事なんて仕事じゃない！」ですね？
Cl：そうですね（笑）ずっとそうやってきましたからねえ。
Th：じゃあ早速本領発揮ですね。
Cl：いやあ、まだまだですよ。残業も禁止されてますしね。通勤も久しぶりだからやっぱり疲れてるみたいで。帰りの電車は爆睡してます。
Th：あらら。復帰したての今、本調子の状態とは違いますかね？
Cl：全然違いますねー。
Th：お疲れ気味ですか？
Cl：ですね。
Th：そうですか。では、お疲れ気味で本調子ではないにもかかわらず、もっと仕事をしなければいけない、と思ってらっしゃるわけですか？
Cl：ああ……。言われてみると確かにそうですね。リワークでは「べき思考はいけない」と習ったのに、すっかり忘れてました。ちょっと気をつけて仕事の仕方をセーブしないといけないですね。
Th：セーブしないといけない。仕事に没頭するのがタクオさんの本分ですよね。セーブするというのは、もどかしくないです？
Cl：確かにそうなんです。もう、手伝いたくてしょうがない（笑）でも、仕方ないですね。またうつになっても困りますしね。

タクオさんは自ら「仕事をセーブする」という結論を出します。一方、セラピストは終始、【仕事はハードにするべきである】を変えようとせず、タクオさんを構成する大事な一要素と考えてコミュニケーションを図っています。クライアントの価値観はなるべくそのまま用いることができるよう、意を砕く。すると、クライアントの方から「仕事の仕方をセーブしないといけない」と発言、ストーリーの風向きが変わってきます。【仕事はセーブするべきである】という新たなフレームにセラピストは合わせつつ、【仕事はハードにするべきである】を急に益なきものとせず、このフレームにも引き続き合わせています。

自分のフレームを変えるかどうかを決めるのはクライアントの仕事、その決定をしやすくするのがセラピストの仕事、ということです。

複数面接の合わせ

ここまで個人面接をベースに「合わせ」について見てきました。個人面接と違い、複数面接では時に対立するような幾つかの意見が混在します。すると、面接参加者の片方に合わせることが、同時に、他の意見を持つ面接参加者にとっては「セラピストに否定される経験」になりかねません。ですから、複数面接では数多くのフレームを考慮する必要が生じます。複数面接を有意味に行うための考え方については、「第12章　家族療法をコラボレティヴに活用する②」でも触れますが、本章の後半では、ミニューチンによるジョイニング概念を参考にしたいと思います（Minuchin, 1974）。

ジョイニング

ジョイニングとは、「クライアントや家族と良好な関係を形成するために、クライアントや家族の価値観や関係性のルールを把握し合わせること」です。図23の通り、ジョイニングは「参加」と「アコモデーション」という2つの側面を持ちます。セラピストが面接に「参加」する、すなわちクライアントに関わろうとすることで支援は始まりますが、家族と一緒に面接室に座って話をしているだけでは、ジョイニングは達成できません。セラピストは「アコモデーション」を行い、「家族の一員（みたい）になる」ことが必要です。

アコモデーション（accommodation）には「適合」という訳語が当てられることがありますが（遊佐、1984）、ミニューチンは心理学者ジャン・ピアジェの「同化（assimilation）と調節（accommodation）」概念からこの語を借用していると言われます（Dym,1998）。また、ミニューチンは、アコモデーションを説明する中で、人類学者レヴィ・ストロースの名を挙げています。そして、人類学者が研究対象とする地域の調査を遂行するには、当該コミュニティに溶けこむ必要があり、そのためには対象に合わ

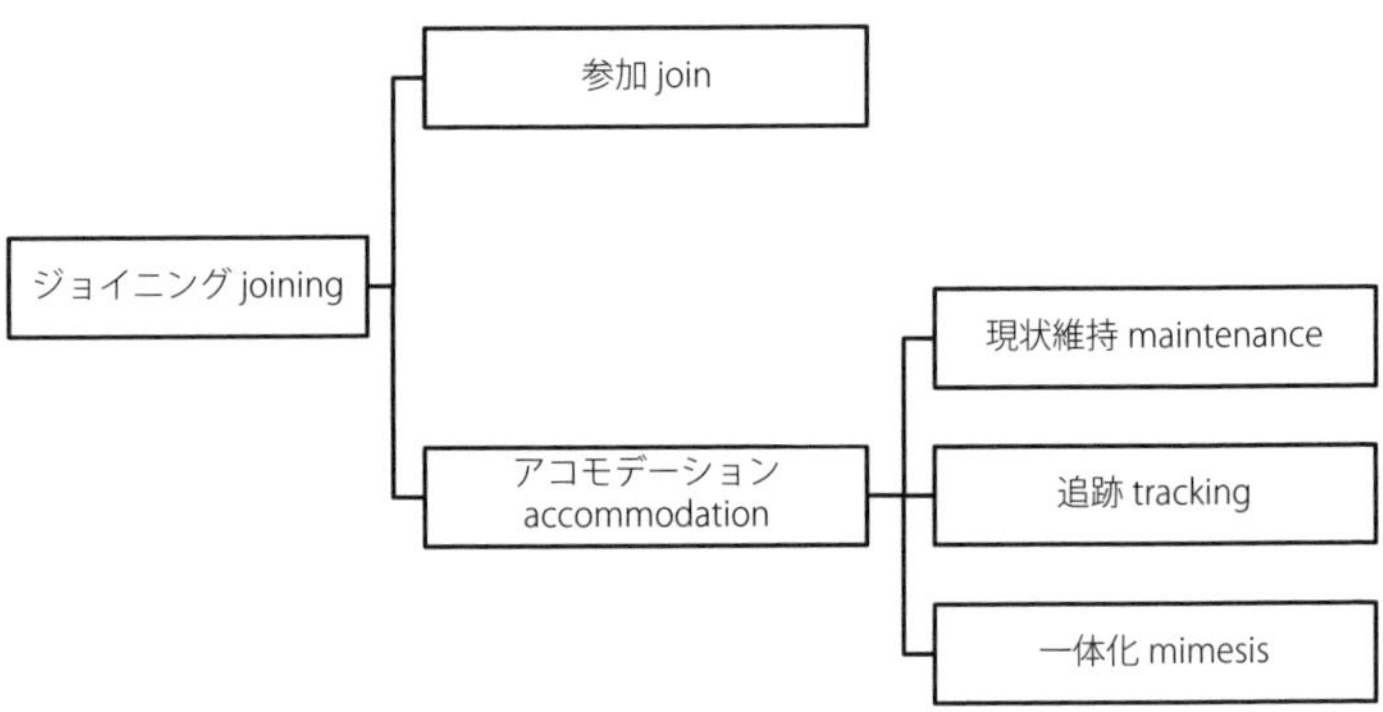

ミニューチンによるジョイニングの見取り図

図 23

せて人類学者自身のあり方を変えなければならない、と言っています。

以上から、アコモデーションとは、「セラピスト自身の考え方や態度を家族と共同歩調がとれるよう積極的に調節する営みである」と考えることができるでしょう。より具体的に、アコモデーションの仕方としてミニューチンは、現状維持、追跡、一体化という3つのキーワードを挙げています。

現状維持（maintenance）

現状維持は、家族を変えようとせず、そのままの家族に肯定的に関わる姿勢です。全メンバーの「能力から容姿に至るまでを支持する」、とミニューチンは言っています。

例えば、家族を代表してセラピストとやりとりを行う「社交の窓口」、問題についてスポークス・パーソンの役割をとる「問題の窓口」といった役割を家族の中の誰が担っているのか、待合室や入室時の家族の様子なども参考にしながら、できるだけ早く見てとる。役割の目星がついたら、「窓口」の人物にまず質問する、「窓口」の人物に許可をとって他の面接参加者と会話を行う、というふうに、家族の現行のあり方を支持すべくセラピスト自身の動き方を変えていく。面接室であっても、家族のご自宅にお邪魔している、という意識を持つことが肝心です。家族の動き方を土足で踏みにじることのないよう留意します。

追跡（tracking）

追跡とは、①面接参加者が示す既存のコミュニケーション・パターン、②特定のテーマや話題に、追随することです。明確化のための質問をしながら、賛成のコメントを差し挟み、コミュニケーションの継続を促す。母子面接において、セラピストが子どもに〈お休みの日は何しているの？〉と質問したら母親が代わって、「本を読むのが好きなんです」と応答した。この時、「子どもに質問しているのに過保護な母親だ」などと否定的にとらえず、気持ちよく母親とのやりとりを続けます。〈お子さんからのお答えを聞きたいので、お母様はお待ちいただけますか〉などと遮らない。むしろ、【母親は子どものフォローをするべきだ】という母親のフレームを尊重します。話の内容に関心を示し、〈それは素晴らしいですね。どんな本を読まれるのですか？　お母様と一緒に買いに行かれるのですか？〉などと母親とのコミュニケーションを続けます。

一体化（mimesis）

ミメーシスはプラトンのイデア論において「模倣」を意味します。ここでは「一体化」という訳語を採用しておきましょう[4]。表面的な「模倣」にとどまらず、セラピストと家族のコミュニケーションが相互浸透するイメージを喚起してくれるからです。

アーティストとオーディエンスが渾然一体となったライヴ会場、あるいは固唾を呑んで見守る、スポーツあるいは格闘技の試合。その時私たちの中から対象を観察する意識は消え、忘我の境地でその場に溶けこんでいます。同様に、面接でもセラピストはクライアントを分解し観察する対象とするので

4　バーマン（1981）における柴田の訳語。

- 姿勢
- 表情
- 特徴ある動き方
- 声の高さ、低さ
- 早口かゆっくりか
- 語尾の明瞭さ
- 息継ぎのタイミング
- 呼吸の浅さ、深さ
- ビジネス会話、山の手言葉、各種若者表現

ミメーシスが生じるための非言語的手がかり

図24

はなく、家族の中に溶けこみ、セラピストとクライアントとが互いに感化しあえるような関係性構築を目指します。

　ミニューチンは家族と一体化するために、2つの手法を紹介しています。ひとつは、〈私は気性の激しい女性と結婚した〉などと、家族と共通するセラピストの体験を自己開示することです（註：ミニューチンの例です）。セラピストの自己開示は、家族と良好な関係性形成を達成する意図がある時には、忌避する行為とはされていません。

　もうひとつは、家族やクライアントの非言語的特色にセラピストの動きを同期させることです。賑やかな家族には賑やかに、社会人らしい態度の父親には社会人らしい言葉遣いで、ヤンキーの中学生にはヤンキーの語り口で、女性には（男性セラピストなら）発声の仕方を気持ち高めに響かせる、早口の人には早口で、という具合です。

　ところがこのやり方、ペーシング、ミラーリングなどというよく似た方法とともに、時に表面的な「真似」にとどまるきらいがあります。ミニューチンは、「母親が乳児にスプーンで食べ物を与えている時に、母親の口が、乳児が口を開く動きに伴って開いてしまう」ことを一体化の例として挙げています。同期の意図を持ちつつも、思わず知らず合ってしまう、矛盾するようですが、そのようなセラピストの態度が一体化を促進するのかもしれません。

　本書のテーマである、「クライアントのフレームを活かすこと」からひとつコツを付け加えます。非言語面に合わせようとする時に、そのクライアントが携えているフレームを想定してみるのです。例えば、やんちゃな中学生に【ヤンキー文化の中にいるとホッとできる】【好きでヤンキーをやっているのではない】などといったフレームを見てとったとしましょう。そこから、セラピストがどういう態度を取るのが適切なのか、導き出します。すると、単純にヤンキーの口真似をすればいい、ということでは済まなくなります。クライアントのフレームをベースとすることで、表層的な真似からもう一歩コラボレーションの方向に進むことができるかもしれません。

おもてなしが変化につながる

現状維持、追跡、一体化は、アコモデーションというひとつの概念を異なる角度から説明しようとするものなので、相互に重なり合っています。いずれにせよ、セラピストが自らの動きを調節し、現状肯定的に家族に合流していこうとすると、不思議なことに、それ自体が家族の変化につながると、ミニューチンは指摘しています。

例えば、父親がセラピストに仕事を休んで来談したことを労われ笑顔になる、その様子を見て、母親にはづらかったであろう感情や思考が、像を結ぶかもしれません。そんなふうに、セラピストが参加する以前には喚起され【私のことも労わって欲しい】という思いがよぎる。

ピンときたセラピストはすぐさま、〈お母様も毎日お忙しいのですよね〉と母親を気づかう。母親は「そうそう！」とばかり、安心して話し出すことでしょう。家族の中で完結していたやりとりの中にセラピストが入り、家族メンバーが意見を認められたり、自分のあり方を認められたりする、それは、小さな良循環の始まりです。セラピストは合わせることしかしていないにもかかわらず、家族の内部から変化が呼び覚まされる。このような変化のあり方は、実はすぐれて心理臨床的と言えるのかもしれません。

ところで、辞書を引いてみますと、アコモデーションには「もてなす」意があることに気づきます。では対人援助におけるもてなしとは、何をすることなのでしょうか？　笑顔で迎える、挨拶をする、緊張がほぐれるような話をする、といった行為が思い浮かびます。しかし、そうした行為は詰まるところ、セラピストがもてなしだと勝手に思って行う行為に過ぎません。そこには決定的に欠けているものがあります。それは、クライアントのフレームです。どんなもてなしも、マニュアル的に一方的にセラピストが振る舞っている限り、もてなしとは言えないでしょう。

笑顔で迎えることが大事なのではありません。そのクライアントがそのタイミングで笑顔を望んでいるから、笑顔で迎えるのが大事になるのです。時には笑顔でいることを毛嫌いするクライアントもいます（過剰な笑顔はセラピストの鈍感さや専門性の欠如を補填する行いとみなされる場合があります）。それを素早く察知して、セラピストは笑顔の度合いを少なめに「調節」する。世界で一番美味しいニンジンだったとしても、ニンジン嫌いなお客さんには供しないのと同じことです。

それぞれの事例ごとに、セラピストが合わせ方を変える、そのように準備をしておく姿勢の中に、「おもてなし」の原理は潜在しています。家族面接でいえば、家族それぞれが話しやすく、居心地よくなるように、また、恥をかかず、メンツを保てるようセラピストが配慮することが求められます。

以下、事例で見てみることにします。

事例：クミコさんの親子面接

クミコさんは中学校3年生。知的障害を有していた。中3の2学期、12月より登校を渋るようになり、母親がスクールカウンセラーとの面接を希望した。

初回面接にはクミコさんと母親、スクールカウンセラーの3人が参加。クミコさんは恥ずかしそうな、緊張したような様子であり、口数も少ない。母親は勢いよく「今日は先生のような方と是非話してもらおうと思って来ました。クミコの話を聞いてやってください。ね、クミコ。話していいのよ、何でも聴いてくれる先生なんだから」と述べた。

スクールカウンセラーは【娘の話を聞いて欲しい】という母親の要請を了解しつつも、母親が「社交の窓口」であると思われたため、母親と話し始めることから面接を開始し、母親に許可を得ながらクミコさんに話しかけることにした。

スクールカウンセラーはそのような手順を踏みつつ、クミコさんの来談を労い、比較的話しやすそうな「クミコさんの得意なこと」を話題として示したが、クミコさんが回答する寸分の間もなく、母親が回答を代弁した。そして、最後には必ず「なんでも話していいんだからね」と付け足し、クミコさんを励ますのだった。しかし、クミコさんは依然として話しづらそうにしている。このままでは母子の来談を有益なものにするのは難しい。

さりとて、会ったばかりの母親の言動に矛盾があるなどと指摘するようなことはしたくない。スクールカウンセラー自身の何かを変えることで2人に合流したい。

そこでまず、スクールカウンセラーはこうした状況について、「知的障害」という観点から、母親がクミコさんに対して保護的にならざるをえない長い歴史があり、【クミコは私が守る】というフレームを携えている、それがスクールカウンセラーといえども初対面の人物に対してはより顕著に発揮される、との仮説を立てた。

このフレームに基づくなら、スクールカウンセラーは、より母親の役割を尊重しなければならないことになる。スクールカウンセラーはそれまでも「母親に断ってからクミコさんに話しかける」といった方法で母親を尊重していたつもりだったが、それでは不十分であると考えた。そこで、スクールカウンセラー自身の振る舞いを変えることにした。

すなわち、〈自由帳には何を書いているの？〉とクミコさんに直接話しかけるのではなく、〈自由帳には何を書いている……〉と途中までクミコさんの方を向きながら発話し、クミコさんが視線を外さないうちに〈(自由帳には何を書いている……)んですかね？〉と最終的に母親に問いかける形を取った。

さらに、母親への問いかけ後、クミコさんをチラッと見て、クミコさんと目線が合ったら、やはりクミコさんが目をそらす前に母親に向き直る。母親が答えても母親がクミコさんに振っても、母親と話し続ける。母親とのコミュニケーションを続けるという姿勢を示しつつ、クミコさんにも話しかけ、なおかつクミコさんが気まずくなる前にクミコさんとのコミュニケーションをスクールカウンセラーの側から切

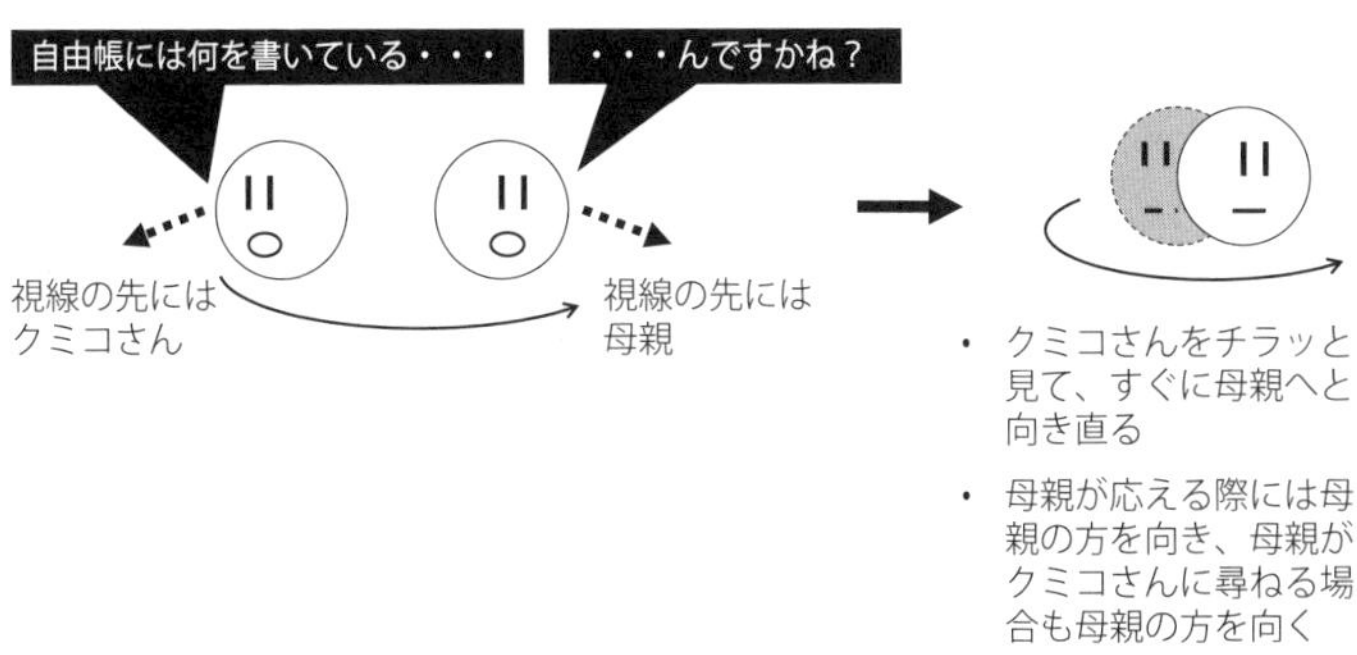
自由帳には何を書いている・・・
・・・んですかね？
視線の先には
クミコさん
視線の先には
母親
・クミコさんをチラッと見て、すぐに母親へと向き直る
・母親が応える際には母親の方を向き、母親がクミコさんに尋ねる場合も母親の方を向く

スクールカウンセラー自身の振る舞い方を変える

図25

り上げる。こうしたやりとりの仕方によって、クミコさんがスクールカウンセラーから目を背ける、という行動を減少させることができる。それは、クミコさんにとっても母親にとっても、現状においてまずまず居心地の悪くないスタイルではないかと思われた。

クミコさんの発話量は徐々に増加した。しかしスクールカウンセラーは喜び勇んでそれに乗ることはしない。クミコさんと話す時間を少しずつ伸ばし、途中で話を切り上げては母親とスクールカウンセラーのやりとりに戻す、ということを繰り返した。結果的にクミコさんへの質問を母親が中断することはなくなり、スクールカウンセラーはクミコさんとも母親ともスムーズに会話を行うことが可能になった。

その後、休日の過ごし方についてスクールカウンセラーが話題にした際、クミコさんは頬を赤らめて「ノブヒコ君と遊びたい」、と述べた。

母親：あなた、ノブヒコ君と遊びたいの？　そうなの？
クミコ：お友達になりたいの。
母親：あらー、そうなのー。ハー。そうなのねー……。先生、こういうのは、どうしたら……

母親は、クミコさんの発言を初めての恋愛感情の発露ととらえ、戸惑っているものと思われたが、スクールカウンセラーから助言するのではなく、母親の【クミコは私が守る】フレームを優先し、

Th：どうぞ、お母さんからアドバイスしてあげてください。

と、母親に従来の役割を続けることを提案した。母親はクミコさんに向き直った。

母親：あなた、うまくいかないかもしれないのよ？　それでも平気？　がっかりしないようにね。

クミコ：うん！

母親：そしたらノブヒコ君に「遊ぼ」、って言ってみる？

クミコ：うん!!

母親とクミコさんは、今後の方針をスムーズに決定した。スクールカウンセラーは母子の力で決定できたことを賞賛した上で、〈ノブヒコ君と遊べたら、学校行くの、楽しくなりそうかな？〉と尋ねると、やはりクミコさんは元気に「うん！」と応えた。この時点でクミコさんは退室し、教室へと戻っていったのだが、その際、母親は「なんでも気にし過ぎないこと！」「おふざけしてもいいから！」と、活き活きとアドバイスをしてクミコさんを送り出した。

この面接以後、クミコさんは登校を渋らなくなった。担任によれば「あれからすっかり元気になっちゃって」とのことだった。

面接前半は、どうすれば母親の要望に応えられるか、クミコさんが動きやすくなるにはどうすればいいか、そのためにはスクールカウンセラー自身のフレームづけ方をどのようにシフトさせ、どのように行動の仕方を変えるのか、フレーム思考を用いた仮説設定をスクールカウンセラーは繰り返しています。

面接後半は、スクールカウンセラーが助言する役割をとるのではなく、引き続きクミコさんをケアする母親の役割を肯定し続けています（「合わせはずっと行う」）。その結果、大変自然な助言が母親からなされたことで、短期的改善につながったと考えます。「そしたらノブヒコ君に『遊ぼ』、って言ってみる？」と母親は言いましたが、このようなクミコさんにジャスト・フィットする提案を、この時点でのスクールカウンセラーではとてもなしえなかったでしょう。

第7章　リフレーミング

ポイント
・リフレーミングとは意味が変わることを指す。
・リフレーミングにあたって、新たなフレームを用意するのはセラピストではない。クライアントにとって役に立つのに、クライアントが用いることができないでいる、そんなクライアント自身のフレームが前面に出てくるよう支援する、その総称がリフレーミングである。
・リフレーミングは起こすものというより「起きるもの」である。

クライアントのフレームに合わせながら面接をしていると、【フレームを変えたい】というフレームがクライアントから提示されることがあります。すると、今度はフレームの変更に向けてコラボレーションを行うことになります。

リフレーミングとは

リフレーミングは、ブリーフセラピーを出自とする技法です。しかし、昨今「言葉の言い換え」、特にポジティヴな言い換えを行う実践として広まっているようです。「私は気が弱いんです」と嘆くクライアントの発言を〈慎重なんですね〉と言い換えてみる。こうした言い換えを繰り返し行うことによって良好な関係性が構築されたり、認識の変化を促すことができたりするとされています。「弱気なのではない、慎重なのだ」という意味づけがクライアントにとって確からしいものになれば、それは立派な支援になります。ですから、ネガティヴな言い回しを即座にポジティヴに言い換えられるよう訓練しておくことは大切です(ポジティヴな表現をネガティヴな表現に変更する実践は少々高度なので、先の課題としてとっておきましょう)。

言い換えをしているうちにポジティヴとネガティヴ、どちらの表現が正しいのかといったこだわりがセラピストから抜けていったら、しめたものです。ポジティヴであれネガティヴであれ、それらが事実ではなくフレームであることに馴染んできている証拠です。

しかし、リフレーミングを単なる言葉の言い換え実践として理解するだけでは、「セラピストの行使する技法」の範疇にとどまってしまいます。

改めて、リフレーミングという言葉を眺めてみます。フレーム＝意味、と

- 強情→意志が強い
- 優柔不断→思慮深い
- ルーズ→大胆
- 無愛想→冷静沈着
- けち→しっかりしている
- 無口→慎み深い
- ずうずうしい→堂々としている
- だらしない→おおらか
- 怒りっぽい→情熱的
- きつい→シャープ
- 口が悪い→率直
- 生意気→自己主張できる
- 消極的→控えめ
- 乱暴→活力がある
- うるさい→元気がいい
- 外面が良い→社交的
- のんき→こだわりがない
- 堅苦しい→まじめ

ポジティヴな言い換えの一例

図26

いうことはすでにお話しした通りですが、リフレーミングは re-framing ですので、「フレームが変わること＝意味が変わること」を指します。「もうだめだと思っていたけど、ちょっと頑張れる気がしてきました」「どうしたらいいか分からなかったけど、考える手がかりが得られました」、などというように、クライアントにとっての意味づけが変わること、それがリフレーミングです。

では、そうなるために、セラピストは何をすればいいのか？　セラピストがいくら心をこめて〈弱気というより慎重なんですね〉と言ったとしても、クライアントのフレームが変わるとは限りません。なぜでしょうか。

コミュニケーションは言葉のキャッチボールではない

コミュニケーションはしばしば、キャッチボールに喩えられますが、キャッチボールでは上手く描けない局面もあります。セラピストが投げた〈弱気というより慎重なんですね〉という「ボール」は、がらっと変形して「セラピストによる口先だけの軽薄な言い換え」としてクライアントに届き、かえって関係性を悪化させるかもしれません。あるいは、クライアントは別なことを考えていて、セラピストの言葉はクライアントの耳に届かず、「ボール」は空中で雲散霧消してしまうかもしれません。実体のあるボールを投げ合う現実のキャッチボールとは異なり、コミュニケーションが媒介しているのは物体ではなく「意味」であるために、このようなことが起きるのです。

いくら上手に言葉を言い替えたとしても、セラピストの行為にあらかじめ効果が保証されているわけではありません。セラピストの行為の結果、クライアントにとっての意味が変わるのかどうか、そこに目を向ける必要があります。

では、セラピストの行為にとどまらないリフレーミングとは、どのような事態を指すのでしょうか。先に浦島太郎に触れましたが、今度は「桃太郎」のストーリーが、リフレーミング理解を助けてくれます(田中&坂本、2014)。

芥川龍之介版「桃太郎」

「昔々、おじいさんとおばあさんがおりました。おじいさんが山へ柴刈りに、おばあさんは川へ洗濯に行きました。するとドンブラコ、ドンブラコと……」。誰でもそらんじることができる昔話、桃太郎に、「芥川龍之介版」が存在するのをご存知でしょうか(芥川、1990)。定番の桃太郎と一線を画す桃太郎です。実は芥川版桃太郎は、リフレーミングを説明するうえで大変都合がいいのです。

まず、定番の桃太郎をきわめて簡略化すると図27のように表せます。「昔々」「鬼ヶ島へ」「鬼退治完了」という物語の事象をまとめると「桃太郎」になります。物語には「はじまり」「中間部」「終わり」があると言われる通りです。この物語は「桃太郎の英雄譚」とフレームづけることができるでしょう。

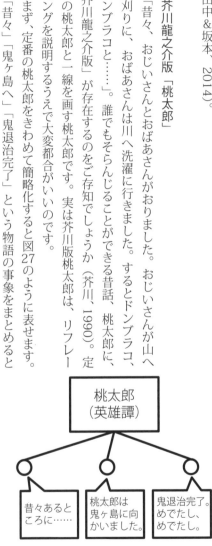

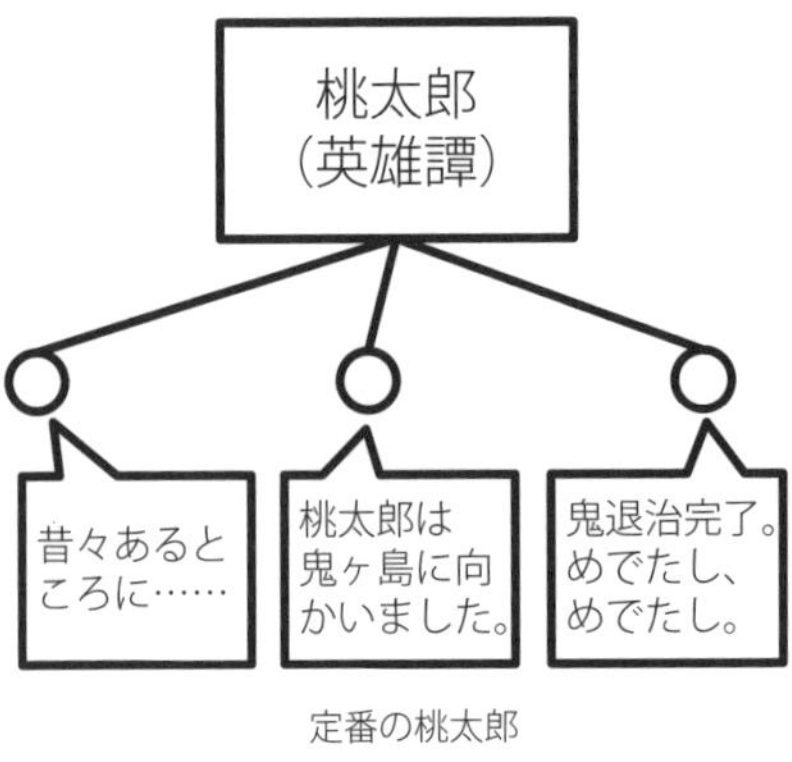

昔々あるところに……
桃太郎は鬼ヶ島に向かいました。
鬼退治完了。めでたし、めでたし。

定番の桃太郎

図27

次に芥川版を見てみましょう。芥川は、既存の桃太郎から抜け落ちている記述を追加することで、物語の趣旨をひっくり返そうとします。

①から④は、定番桃太郎には含まれていない記述です。①は桃がドンブラコと流れてくる前の世界、②は桃太郎が鬼ヶ島に向かうべく犬をリクルートしている少しコミカルな記述、と、ここまではいいでしょう。問題は、③の戦闘シーンや④の鬼退治後の鬼による報復です。こうなると「ヒーローもの」という物語の本筋が大分怪しくなってきます。

芥川版はここまでにして、桃太郎の凱旋後、涙を浮かべながらこんなことを言う、まだ年端もいかぬ鬼の遺児がいたら、あなたはどう思うでしょうか。

「ボクのおとうさんは、桃太郎というやつに殺されました」[1]

1　2013年度「新聞広告クリエーティブコンテスト」

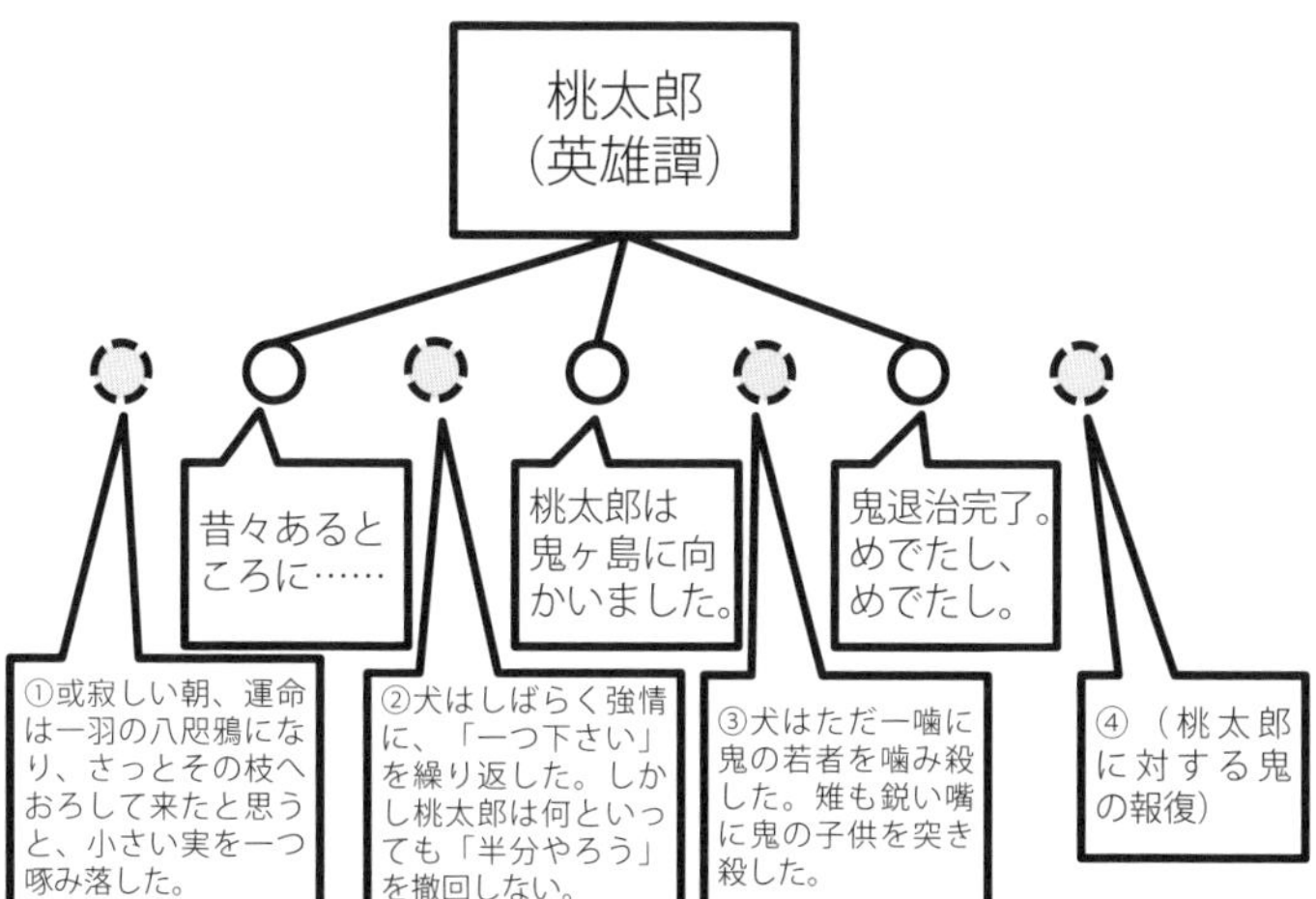
桃太郎
(英雄譚)
昔々あると
ころに……
桃太郎は
鬼ヶ島に向
かいました。
鬼退治完了。
めでたし、
めでたし。
①或寂しい朝、運命は一羽の八咫鴉になり、さっとその枝へおろして来たと思うと、小さい実を一つ啄み落した。
②犬はしばらく強情に、「一つ下さい」を繰り返した。しかし桃太郎は何といっても「半分やろう」を撤回しない。
③犬はただ一噛に鬼の若者を噛み殺した。雉も鋭い嘴に鬼の子供を突き殺した。
④（桃太郎に対する鬼の報復）

芥川版桃太郎

図28

そう言われてハタと気づきます。そのような記述は、確かに定番桃太郎には含まれていないけれども、殺された鬼にも家族がいたかもしれない、残された家族は悲しみに暮れ、路頭に迷っているかもしれない……。

この時、桃太郎の話は図29の上のように変化しています。

定番桃太郎が英雄譚たりえていたのはなぜか。それはAで物語が終わっていたからです（図29の下）。

ところが、物語の新たな要素、「鬼の遺児が亡父を想いすすり泣く」が加わると、物語の終了地点が変わります。

最優秀賞作品（山﨑博司、小畑茜作）より。https://www.pressnet.or.jp/adarc/adc/2013.html（参照：2021-2-12）

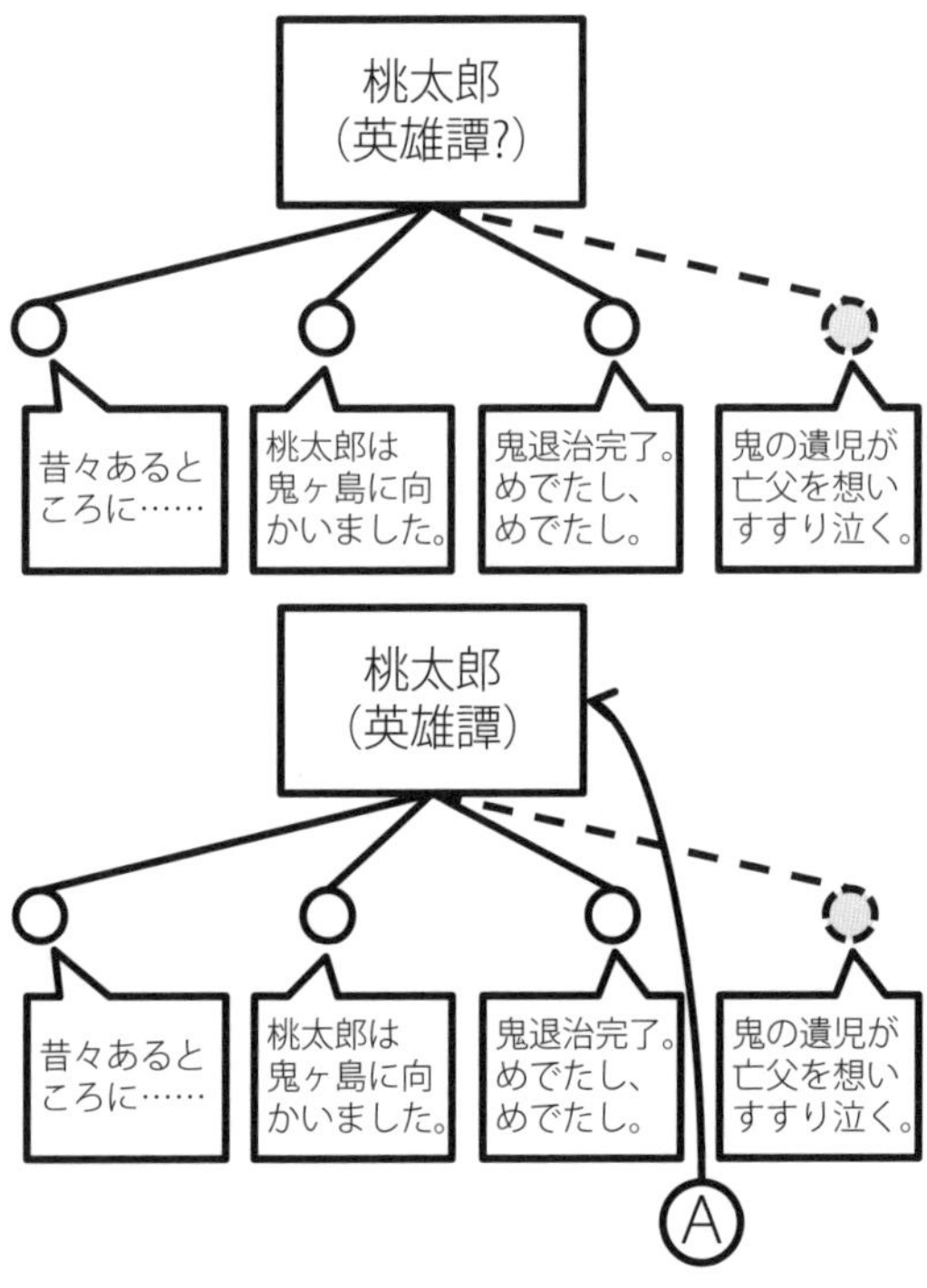
桃太郎
(英雄譚?)
昔々あると
ころに……
桃太郎は
鬼ヶ島に向
かいました。
鬼退治完了。
めでたし、
めでたし。
鬼の遺児が
亡父を想い
すすり泣く。
桃太郎
(英雄譚)
昔々あると
ころに……
桃太郎は
鬼ヶ島に向
かいました。
鬼退治完了。
めでたし、
めでたし。
鬼の遺児が
亡父を想い
すすり泣く。
A

図29

Bで物語を区切る。するとどうでしょう、「幼い子がいる親を殺すとは、なんて桃太郎はむごいやつなんだ」と思いたくなります。つまり、今までヒーローの活躍として語られていた桃太郎の行為は、虐殺だった、との意味を帯びてきます（図30の上）。

「桃太郎は英雄だ」というフレームから、「桃太郎は虐殺者だ」というフレームへ、私たちのフレームはいつの間にか変わっていることにお気づきかと思います。フレームが変わる、すなわちリフレーミングが起きたことになります（図30の下）。

以上、

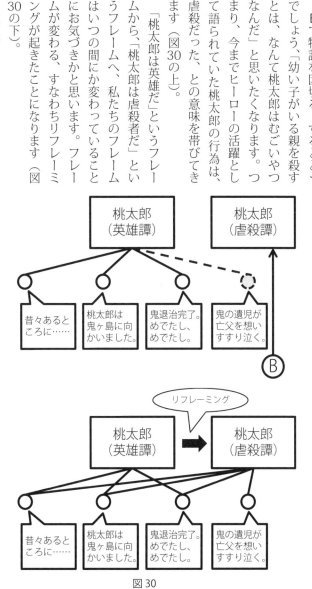

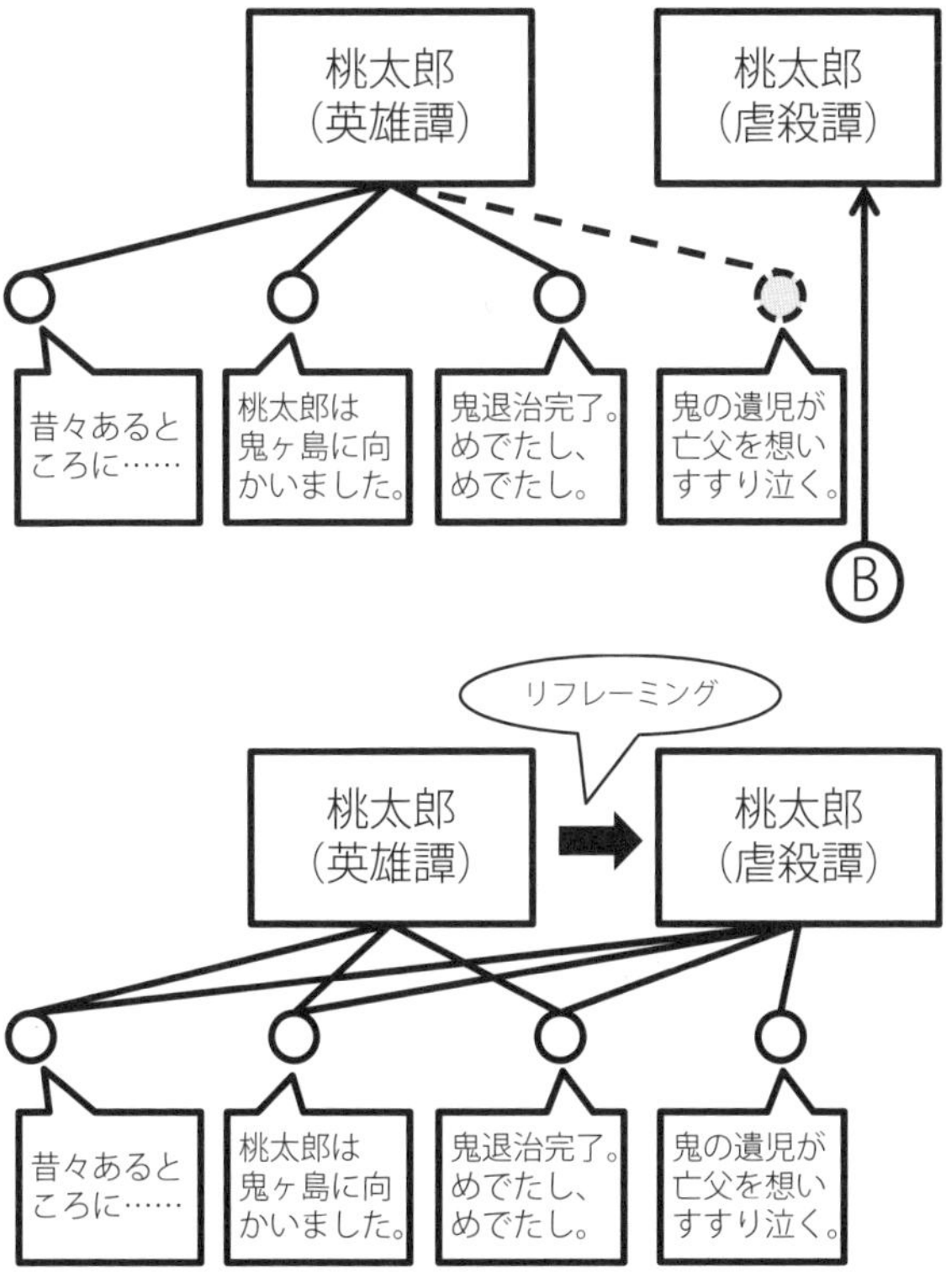

桃太郎（英雄譚）
桃太郎（虐殺譚）
昔々あるところに……
桃太郎は鬼ヶ島に向かいました。
鬼退治完了。めでたし、めでたし。
鬼の遺児が亡父を想いすすり泣く。
B
リフレーミング
桃太郎（英雄譚）
桃太郎（虐殺譚）
昔々あるところに……
桃太郎は鬼ヶ島に向かいました。
鬼退治完了。めでたし、めでたし。
鬼の遺児が亡父を想いすすり泣く。

図30

1．事象が区切られることで意味が生じる（桃太郎は英雄だ）
2．事象、フレームの抜けが見つかる（鬼の遺児が悲嘆に暮れている）
3．抜けている事象、フレームを含めるように区切り方が変わる（桃太郎は虐殺者だ）

こうしたプロセスがクライアントとの間で進行すると、リフレーミング、すなわちクライアントの現実に対する意味づけが変わることになります。言葉の言い換えがフレームの直接的な変換を指したのに対し（図31の上）、事象の区切り方が変わるというイメージになります（図31の下）。

リフレーミング＝現実に対するフレームづけの仕方が変わること

「自分なんか、頭も悪いし、昔に比べて太ってしまった。性格も悪い。無価値な人間です」と述べるクライア

狭義のリフレーミング：「ある言葉CをDに言い換える」というイメージ

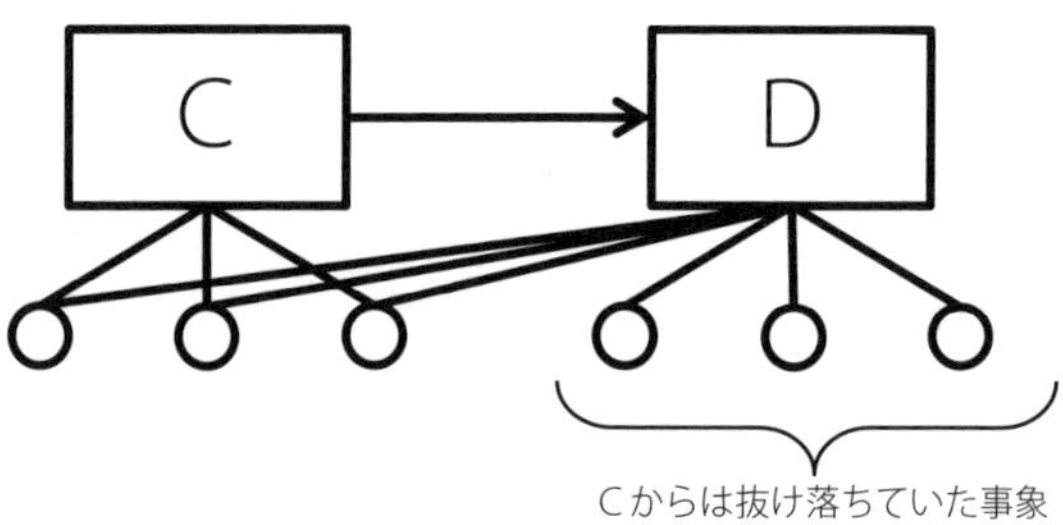

広義のリフレーミング：Cとしてまとめられていたフレームは、Cからは抜け落ちている事象を含める形で、Dというまとめ方に変わる

図31

ントがいたとします。この時、リフレームを「言葉の言い換え」としてイメージしていると、例えば、〈そんなことはないですよ、価値がありますよ〉などと言い換える行為がセラピストの中に導かれてきます。しかし、どこかとってつけた感じも否めません。

そこで、リフレーム先のフレームが、「事象をまとめたもの」であることを思い出してみます。図32の点線が示しているように、元フレームには収まりきらない事象、いまだ語られていない事象が潜伏しています。

それらを探索し、対話の中から浮き彫りにすることもできるでしょうし、あるいは家族などの同席者がいれば、同席者からの指摘があるかもしれません。いわく、「お皿洗いを毎日してくれる」「今日電車で妊婦に席を譲った」「欠かさずカウンセリングに来談している」等々。

すると、〈毎日皿洗いをするというのは、なかなかできることではない。お母さんは大変助かっているようですね〉などと根拠に基づいた発言をセラピストはすることができます。この時、〈あなたには価値がある〉という文言を発しなくても、クライアントの中で少しでも嬉しさや気恥ずかしさのような感触が芽生えてくれれば、それは元々のフレームが動きだしていることを意味するでしょう。

もちろん、それだけで「自分には価値がない↓自分には価値がある」という

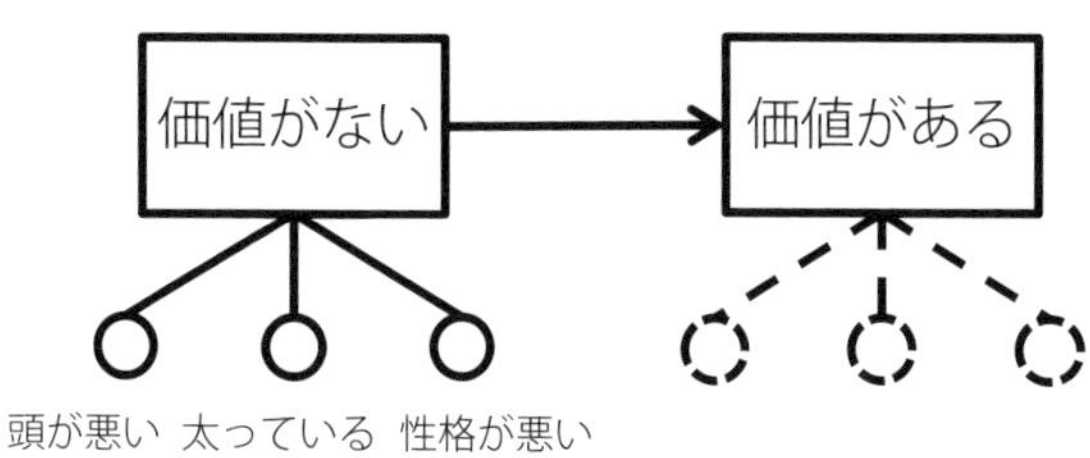

リフレーム先のフレームもまた、事象をまとめたフレームである

図32

クライアントの認識変化が達成できるとは限りません。皿洗いでは根拠が薄弱であるようなら、つまりクライアントの納得が得られないのであれば、さらなる根拠を探索すればいいわけです。ここでセラピストに求められているのは、語られていないものへの眼差しです（図33）。

ただし、それは容易いことではありません。ストーリーの一貫性を阻害する要素は、省略されるからです。「僕は不登校だった、定職にもついていない、こうなったのは母親の育て方が原因だ」というストーリーと、「年老いた母親のことを気にかけている」「不登校など、どうということはない」といったトピックは、混ざり合いづらいのです。ストーリーに馴染まない要素はフレームの外側にパンクチュエートされてしまう。このようにして成立したストーリーを、ナラティヴ・セラピーは「問題にあふれたストーリー（problem-saturated story）」と表現します（White & Epston, 1990）。

セラピスト自身のリフレーム

ではどのようにしたら、これまでに語られていない新たな

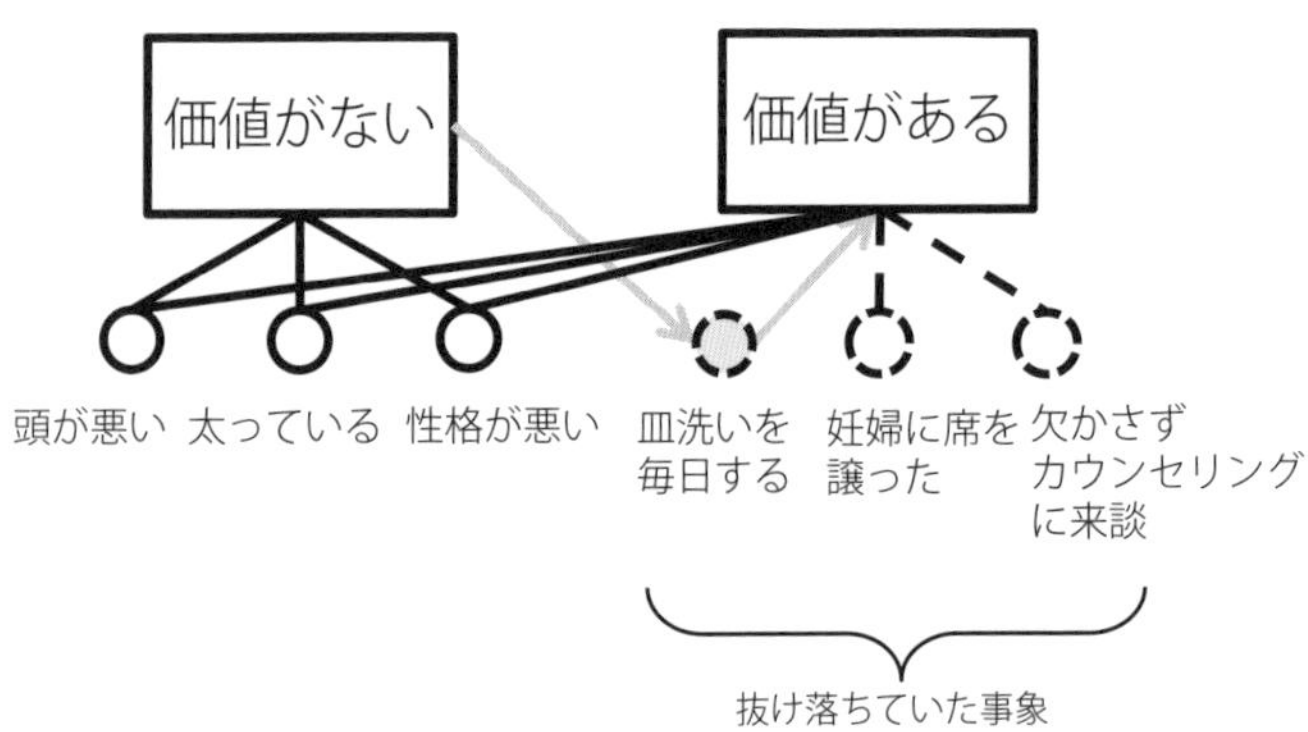

元フレーム「価値がない」から直接「価値がある」フレームへと移行するのではなく、いったん移行先フレームがまとめているクライアントの語りから抜け落ちている事象を探索し言及する

図33

事象が語られるのでしょうか？

兎にも角にも重要なのは、リフレーミングを意図した時にクライアントのフレームではなく、セラピストのフレームを変えようとすることです。クライアントの述べる「頭が悪い」「性格が悪い」「太っている」を字義通りに受け取り問題視すれば、【自分には価値がない】というフレームの範囲内で、このフレームに合致する話題がセラピストによってもクライアントによっても選択され続けるでしょう。同じ事象が反復的に語られ続けると、そのストーリーは徐々に真実味を帯びていき、新たな事象は見つけにくくなります。

問題について話すことは、単に既存の問題情報を再生するだけにとどまりません。それは、改めて問題点をかき集めてたぐり寄せ、そこに一本芯を通す創作的な作業でもあります。情報収集のつもりで傾聴することで、問題含みのストーリーはクライアントにとってますます確からしいものになり動かしがたいものになってしまう、そんなリスクがあることを覚えておきた

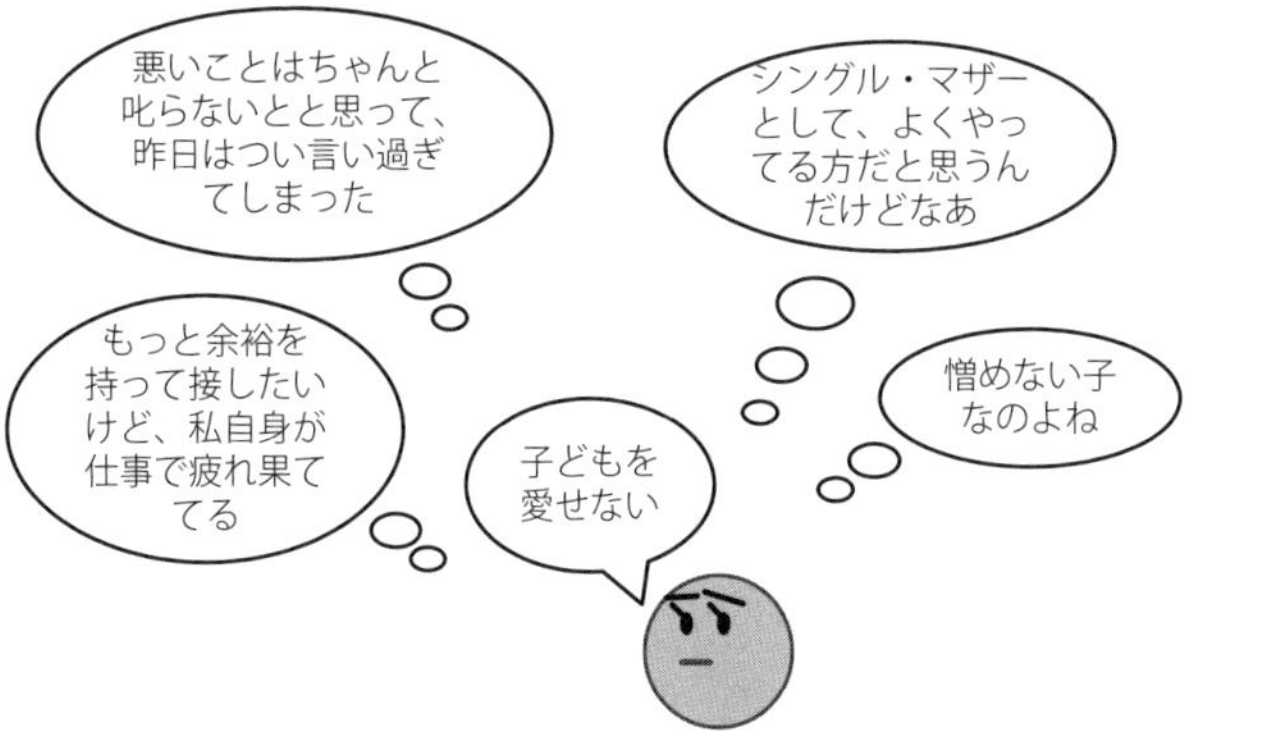

クライアントによって語られていない多数の話題がある。既存のフレームに縛られてクライアントが語りにくくなっている内容が語られるために、セラピスト自身の中にあるクライアントに対するフレームを変える。「子どもを愛せないクライアント」→「よくやっているクライアント」などとセラピストのフレームが変われば、クライアントの他のフレームが語られやすくなり、結果としてリフレーミングが起きやすくなるかもしれない

図 34

いものです。

ではどうするのかというと、クライアントがそのように思いたいけれども、【自分には価値がない】という既存のフレームに縛られていて語りにくくなっているトピックがないか、セラピストの側で思いを馳せてみます。例えば、「クライアントは、どこかで自分に価値があると感じているのではないか」「自身の価値を認めたくてもそれを口に出すことが憚られているのではないか」「実は自分を肯定的に捉えられている時もあるのではないか」などとセラピストが想像します。ここで、「クライアントには価値がない」から「クライアントには価値がある」へと、セラピストの中でリフレームが起きていることにお気づきでしょうか。

すると、セラピストの話の進め方が変わります。セラピストはクライアントが「自分には価値がある」と思った時のことや、自分の価値にクライアントが目を向けることを邪魔するものは何か、といったトピックに関心を抱くようになるでしょう。すると「昔は自信があった」「今でも好きなミュージシャンの音楽を聴いている時の自分は好きだ」等々、セラピストの中でリフレームされたフレームに合致する話題がクライアントによって選択される可能性が出てきます。

その結果、クライアントによってこれまで語られることのなかったフレームが顕在化する。「人を変えるのは難しい、変えられるのは自分だけである」という箴言は、他ならぬセラピスト自身にも当てはまります。クライアントを変えることはできない、変えられるのはセラピストのフレームのみ、というわけです。

さて、以上見てきたように、リフレームとは、「クライアントが言いたくても言えない内容を語りやすくするために、セラピスト自身のフレームを変えること」でした。結果的に起きる意味の変化がリフレーミングです。セラピストが恣意的にクライアントのフレームを変えようとしても、変わるわけはないのです。

第8章　コミュニケーション・パターン

ポイント
・コミュニケーションは、個から関係への視点移動を伴う概念である。
・コミュニケーション・パターンは意味的に中立であり、ポジティヴな色づけもネガティヴな色づけもできる。
・セラピストはクライアントのフレームを参考に、より支援に有益な意味づけとは何かを考えることになる。

さてここからは「パート２　パターン」です。前章まで、「フレームの活用」、すなわち意味を扱うアプローチについて見てきました。本章ではまず「コミュニケーション」についてお話しします。

夫：ふざけるな！
妻：それはこっちのセリフだよ、バカ！

とある夫婦面接のひとコマです。対人援助の専門家なら、「暴力的な発言をする夫」「夫と同等かそれ以上の攻撃性が認められる妻」などと考えるかもしれません。これは、事象を個に内属させる考え方です。「夫も妻も怒りっぽい性格だからこんなやりとりになる」、というわけです。

しかし、それで、果たして夫婦の関係をとらえていることになるでしょうか？　関係性は1人では形成できません。2人以上がそろって初めて可能になるものです。夫婦のやりとりが個人の性格、気質、認知の仕方、無意識等々によって決まる、とする考え方に基づくと、個人についての描写にとどまり、「関係」についてとらえ損ねてしまいます。そうならないためには、複数の人間をセットでとらえる視点が必要です。

そこで用いられるのが「コミュニケーション」です。コミュニケーションを加味すると、右記場面は次のように記述することができます。

夫：ふざけるな！↓**妻：**それはこっちのセリフだよ、バカ！

「↓」が小さいようで大きな相違点で、妻のセリフは夫のセリフ抜きには語れないというように、「↓」こそが関係を示唆します。

「コミュニケーション力（コミュ力）」などという表現がありますが、どんなに「コミュニケーション力が高い」人でも、聴衆によっては「しーん」となってしまいかねないわけで、「ジャンプ力」などと同じ意味での個人の能力とは異なるものであることに注意する必要があります。相手あってのコミュニケーションなのですから、個人の能力に収まりきらないものがコミュニケーションなのだと考える必要があります。

コミュニケーション・パターン思考の3ステップ

複数の人間をセットでとらえる、それがコミュニケーションの前提です。2人以上の人の間で繰り返し起きる特徴的なやりとりがコミュニケーション・パターンです。コミュニケーション・パターンを見出すには、以下の3ステップが必要です。

①事象のシークエンスを確認する
②類似しているシークエンスを抽出する
③パターン化して意味づける

コミュニケーション・パターン思考①事象のシークエンスを確認する

「息子の問題について家族で話し合っています」と述べるクライアントがいるとしましょう。しかし、クライアントは状況をコミュニケーションの連続として語るとは限りません。セラピストは事象のシークエンスを追跡することが必要です。

シークエンスとは連なりのことです。面接現場で事象のシークエンスを尋ねていく際、「テーマ、時間の推移、人の関与、空間的特徴」を意識しておくと、情景を思い浮かべやすくなります。[1]

テーマ

〈その時、何について話していたのですか？〉

時間の推移

〈話し合いの前はどんな状態なのでしょうか？〉

〈話し合いはどのように終わるのですか？〉

〈その後、○○さんは何をしていましたか？〉

人の関与

〈その場にはどなたがいて、何をしていらっしゃるのでしょうか？〉

空間的特徴

〈その他、その場で特徴的だったことはありますか？〉

1　この4点、ルーマン（Luhmann, 1984）による3つの観察ポイント、「事象次元（→テーマ）、時間次元（→時間の推移）、社会次元（→人の関与）」をベースに、「空間的特徴」を加えたものです。

比較的オールマイティな尋ね方として、〈それからどうなったのですか？〉も覚えておきたいところです。[2]

その際、セラピストは頭の中で、クライアントの語る人物や風景を想像し、それらが映画のように動くかチェックします（図35）。そうすると、聴取した情報から抜け落ちている場面や、セラピストが情報を勝手に補完している部分に気づくことができます。

このように、状況は事象のシークエンスへと分解されていきます。

次ページの図36「①事象のシークエンスを確認する」をご覧ください。セラピストとのやりとりを経て、「息子の問題について家族で話し合っています」とクライアントが述べる状況は、こうした事象の連続であることが確認できました。[3]

2　「それからどうした法」と名付けられています。ミニューチン（1974）、東（1993）を参照のこと。

3　とはいえ、事象の記述にはまだまだ数多くの抜けがあります。例えば、母親は「ご飯よー」とどこで言っているのか、記載がありません。父親はこの話の最中にビールを飲んだのか、次第にぬるくな

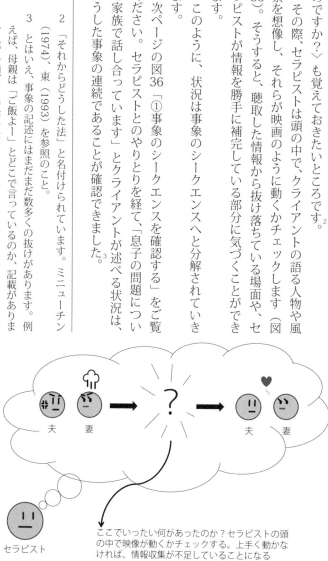

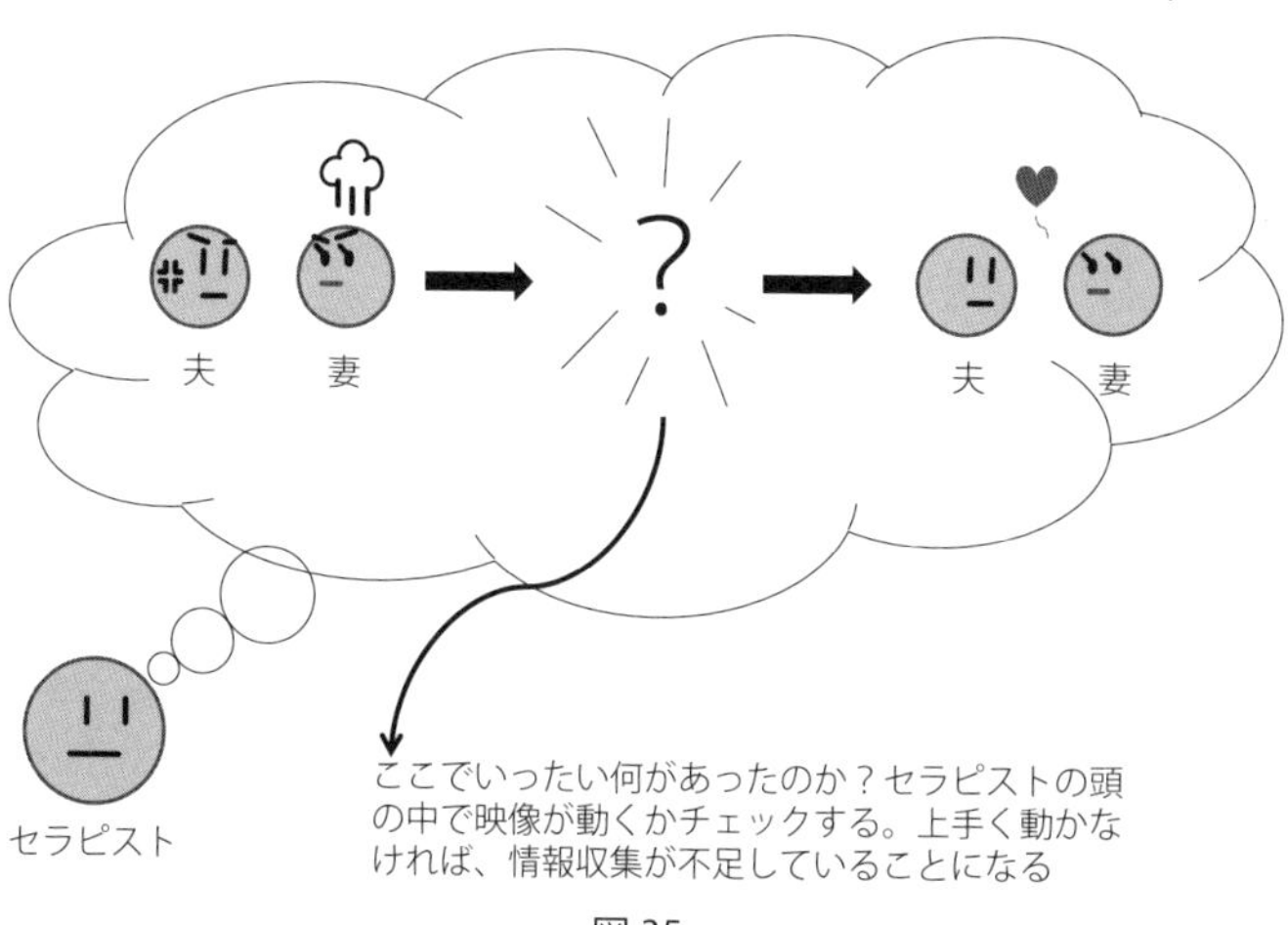

夫
妻

夫
妻

ここでいったい何があったのか？セラピストの頭の中で映像が動くかチェックする。上手く動かなければ、情報収集が不足していることになる

図35

ちなみに、会話だけでなく、「黙って着席する」「眉間にしわを寄せる」「大皿を父子の間に置く」なども、コミュニケーションの一部と考えます。そのようなコミュニケーションの諸相については、次章「ＭＲＩのコミュニケーション公理」で改めて述べます。

コミュニケーション・パターン思考②類似しているシークエンスを抽出する

次に、連綿と続く事象の連鎖の中から、類似するシークエンスを集めます。例えば、図37「②類似しているシークエンスを抽出する」の下線部分は、発言の中身は異なりますが、息子、父、母の順によく似たシークエンスが繰り返されています。「なんか、似てるなあ」と思った時、私たちはす

っていくビールには手をつけず、家族との会話に集中していたのか、分かりません。では、どこまで聞き取ればいいのか？　本記述は客観的事実を探求するためのものではなく、コミュニケーション・パターンという視点を支援に役立てようとするものですから、細かく尋ねればいいというものではありません。事象をどこまで尋ねるかを考える上で、クライアントのフレーム、とりわけ支援に対するモチベーションとの兼ね合いが重要になります。詳しくは、「第10章　臨床実践におけるパターン」の「②個人面接における対象システムのコミュニケーション・パターン」をご覧ください。

母：ご飯よー→息子：（黙って着席）→父：（冷蔵庫を開けてビールを取り出し）いやあ、疲れた疲れた→息子：（テレビをつける）→父：（息子に）今日はどうだった？→息子：（眉間にしわを寄せて）別に→父：別にってなんだよ→母：おつかい行ってくれたよね→父：学校行かなかったのか。とにかく学校へ行ってみろよ→息子：嫌だ→父：１回行けばあとは行けるようになるって→母：（大皿を父子の間に置き）今はまだ行けないよね→父：行けると思うがなあ→母：運動会が終わってからのほうがいいんじゃない？→息子：運動会の後は合唱コンクールがあるよ→父：それはチャンスだな。途中からではなく最初から準備に参加できる→息子：いやあ、それはないよ→父：合唱コンクールのタイミングで行ってみるといいよ→母：行事が立て込んでるとちょっと嫌だよね。お父さん、お皿とってくれる？→父：（皿を渡しつつ）そういう時こそ行きやすいと思うよ→母：（キッチンの方を見て）あ、茶碗蒸しできたわ→父：うーん

①事象のシークエンスを確認する

図36

でにパターン思考に踏みこんでいることになります。
　本書にこれまで何度か登場しているベイトソンが、人類学者だったことを思い出しましょう。ベイトソンとともに研究に当たっていたジョン・ウィークランドは、「人類学者は限定された行動を細かく観察することで、行動間に繰り返しあらわれる規則性、つまりパタンを発見するように訓練されています」と述べています(Weakland, 1993)。人類学者になったつもりでコミュニケーションの「反復」に注意を向けてみましょう。

コミュニケーション・パターン思考③パターン化して意味づける

　最後に、②で集めたシークエンス間の細かな差異を取り除き、共通する要素だけを抜き出しパターン化します。このパターン化する作業と意味づけの作業は同時に行われます(図38)。注意しなければならないのは、コミュニケーション・パターンの意味は、支援対象である家族に内在するものではない、という点です。コミュニケーション・パターンの意味は、観察者、セラピストが付与するものです。

母：ご飯よー→息子：（黙って着席）→父：（冷蔵庫を開けてビールを取り出し）いやあ、疲れた疲れた→息子：（テレビをつける）→父：（息子に）今日はどうだった？→息子：（眉間にしわを寄せて）別に→父：別にってなんだよ→母：おつかい行ってくれたよね→父：学校行かなかったのか。とにかく学校へ行ってみろよ→息子：嫌だ→父：１回行けばあとは行けるようになるって→母：（大皿を父子の間に置き）今はまだ行けないよね→父：行けると思うがなあ→母：運動会が終わってからのほうがいいんじゃない？→息子：運動会の後は合唱コンクールがあるよ→父：それはチャンスだな。途中からではなく最初から準備に参加できる→息子：いやあ、それはないよ→父：合唱コンクールのタイミングで行ってみるといいよ→母：行事が立て込んでるとちょっと嫌だよね。お父さん、お皿とってくれる？→父：（皿を渡しつつ）そういう時こそ行きやすいと思うよ→母：（キッチンの方を見て）あ、茶碗蒸しできたわ→父：うーん

息子：　　　　→父：　　　　→母：

②類似しているシークエンスを抽出

図 37

息子：登校を拒否↓父：登校に固執↓母：父に対して息子と連合

などという、ネガティヴな風合いに染めることもできれば、

息子：明確な自己主張↓父：息子への積極的関与↓母：父子を仲立ち

という、よりポジティヴな色合いに意味づけることもできるでしょう。ただし、ポジティヴなら良いかといえば、必ずしもそうとは限りません。後述しますが、それぞれに用いるのが適切な場面があります。

コミュニケーション・パターンとループ

コミュニケーション・パターンは、シークエンスを取り出してパターン化し意味づけたものでした。コミュニケーション・パターンの終点が始点に戻るとループになります。ルー

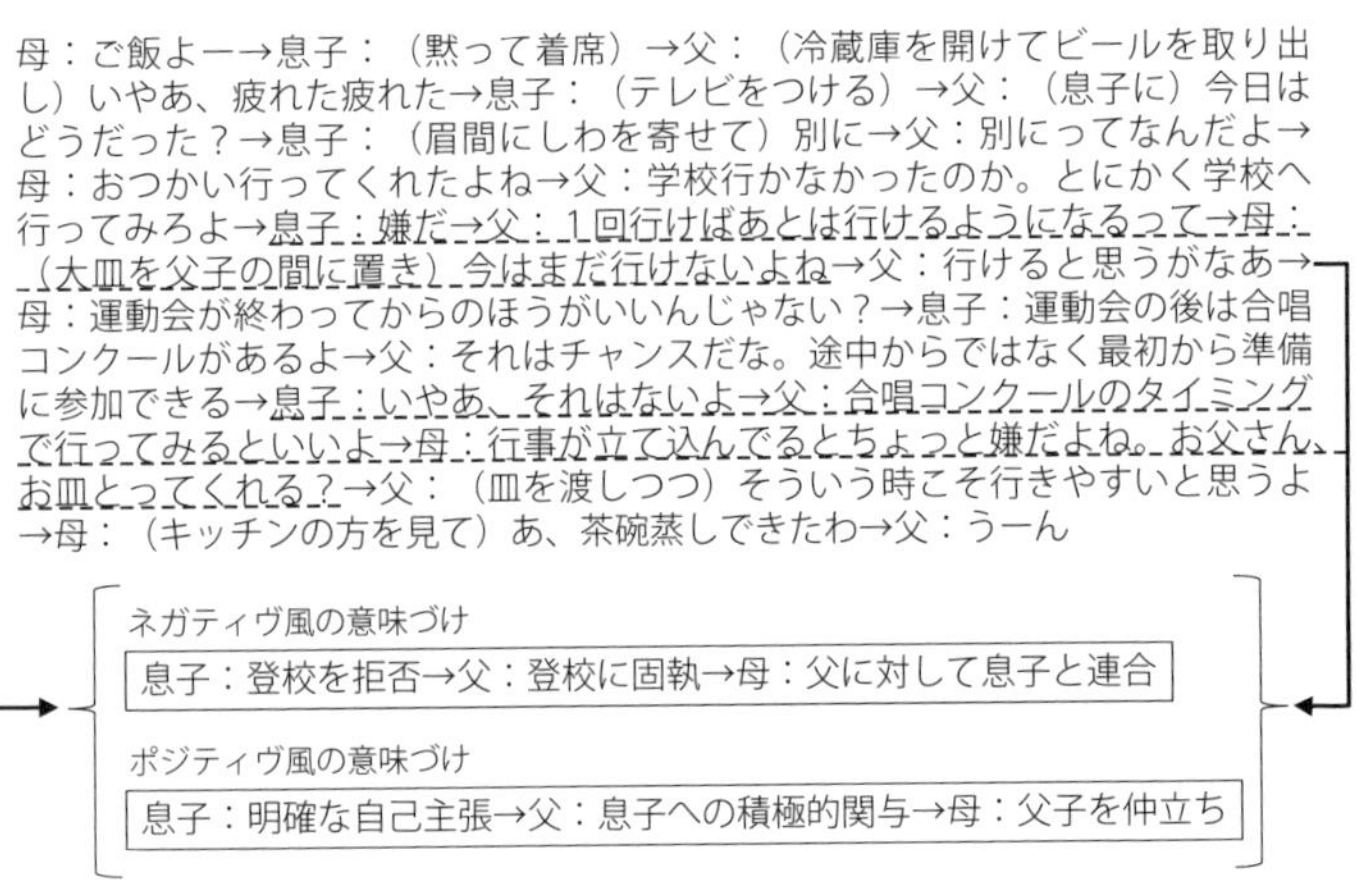
母：ご飯よー→息子：（黙って着席）→父：（冷蔵庫を開けてビールを取り出し）いやあ、疲れた疲れた→息子：（テレビをつける）→父：（息子に）今日はどうだった？→息子：（眉間にしわを寄せて）別に→父：別にってなんだよ→母：おつかい行ってくれたよね→父：学校行かなかったのか。とにかく学校へ行ってみろよ→息子：嫌だ→父：１回行けばあとは行けるようになるって→母：（大皿を父子の間に置き）今はまだ行けないよね→父：行けると思うがなあ→母：運動会が終わってからのほうがいいんじゃない？→息子：運動会の後は合唱コンクールがあるよ→父：それはチャンスだな。途中からではなく最初から準備に参加できる→息子：いやあ、それはないよ→父：合唱コンクールのタイミングで行ってみるといいよ→母：行事が立て込んでるとちょっと嫌だよね。お父さん、お皿とってくれる？→父：（皿を渡しつつ）そういう時こそ行きやすいと思うよ→母：（キッチンの方を見て）あ、茶碗蒸しできたわ→父：うーん
ネガティヴ風の意味づけ
息子：登校を拒否→父：登校に固執→母：父に対して息子と連合
ポジティヴ風の意味づけ
息子：明確な自己主張→父：息子への積極的関与→母：父子を仲立ち

③パターン化して意味づける

図38

プはパターンの特殊型です。クライアントに提示したり共有したりする時に、認知的コストを下げる、つまり事態をより分かりやすく示すことができるのが利点です。その一方で、状況を過度に単純化するリスクを伴います。

「悪循環」にご用心

それでは、次の家族のやりとりから、コミュニケーション・パターンを見出してみましょう。

子：放っておいてよ。
母：何、その態度は。いい加減にしなさい。
子：うるさい。
母：もう一度言ってごらん！
子：バーカ。
父：まあまあ。二人とも落ち着いて。
母：あなたからも言ってよ。
父：しつこくしてもさ、だめじゃない。
母：これくらい当たり前でしょ？　もっとしっかりしてよ。

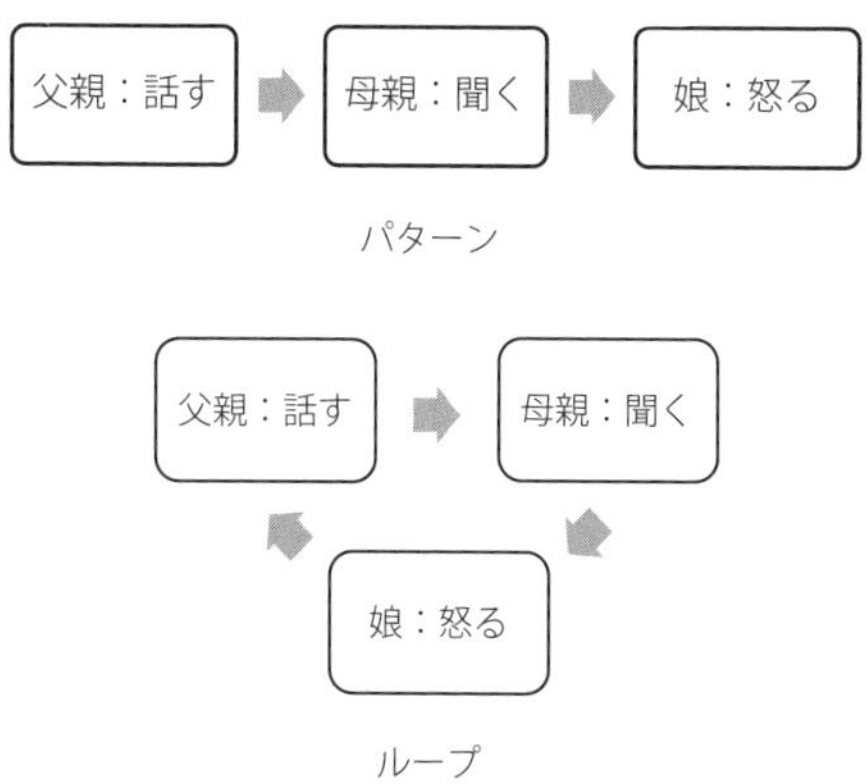

パターンとループの違い：パターンは繰り返される事象のシークエンスを抽出し意味づけたもの、ループはパターンの反復を指す

図 39

子：お父さんとか、全然怖くないし。
父：お父さんはお前は言えばわかる子だと思ってる。
母：ほら、寝そべってないで。姿勢が悪い。
子：マジでうざいんだけど。
母：一人じゃなにもできないでしょ。部屋だってぐちゃぐちゃなのに。
子：あんたがいなくなったら片づけるよ。
母：いい加減にしなさい。
父：お母さんも言い過ぎだ。
母：家でもこの調子なのよ？　あなた全然注意しないじゃない。
父：注意だけでもだめだろう？
子：うざい。帰る。
母：待ちなさい。まだ何も話をしていないでしょう？
子：こんなところ、居ても無駄なだけ。

さて、いかがでしょうか、コミュニケーション・パターンが見えてきたでしょうか。家族療法の類書を読んでいると、図40のAのような「悪循環」図を目にすることがあります。

こうした悪循環図を見ると、「ああ、この家族にはこういうループがあるんだ」とアセスメントができた気になります。

しかし、この悪循環図において、「反抗」「叱責」「仲介」「批判」といった表現をしたのは、セラピストです。つまり「悪循環としてセラピストがストーリー化している図」であることになります。

ですから、Bのように、「家族全員による信頼のループ」と意味づけることもできるわけです。「ケンカするほど仲が良い」と言いますが、こんなやりとり、どこかで信頼を寄せているからこそできることで、赤の他人だったらとてもできるものではない、とも考えられるからです。

何を基準に意味づけるか

ですから、セラピストが抽出したパターンは、「問題を維持しているコミュニケーション・パターンの一部、つまり悪循環」とも、「問題解決に向けた建設的なコミュニケーション・パターンの一部、つまり良循環」とも、どちらとも、とらえることができます。いずれを選ぶべきか、それは、どちらがよりクライアントとのコラボレーションを促進するか、その点から判断します。ここでも鍵となるのはクライアントのフレームです。

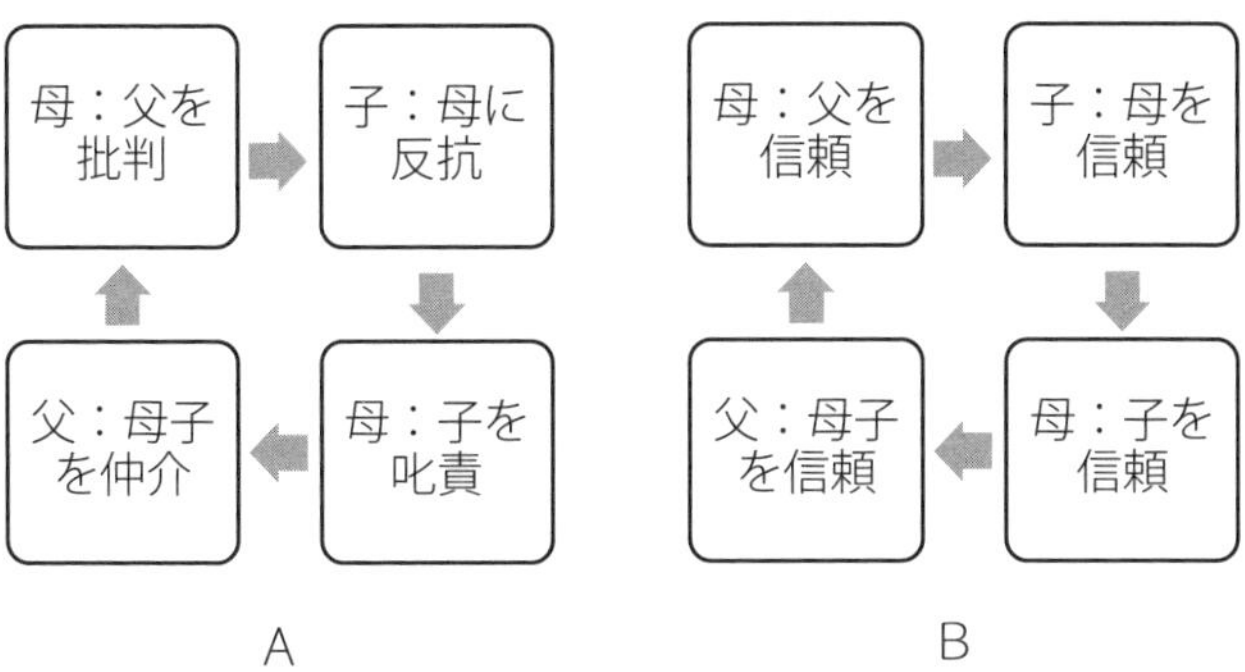

Aのループは、いかにもこの家族が有するパターンとして「正解」に見える。しかし、「反抗」「叱責」「仲介」「批判」はセラピストのフレームづけである。だから、同じ逐語に対するBのようなフレームづけもあり得る

図40

面接の初期に、家族が【面接の方針を示して欲しい】というフレームを携えている。そんな時には〈どなたが悪いということではなく、皆さん全員がパターンにはまってしまっているのだと思います〉などと、家族のコミュニケーション・パターンの悪循環が問題である、というネガティヴな意味づけをすることで家族の求めに応じようとするかもしれません。

他方、「家族関係に問題がある」などと各所で散々指摘を受け、問題解決に向けたエネルギーを失っている家族は、【問題解決に向けてモチベーションを高めて欲しい】というフレームを持っているかもしれない。そんな時には意欲の向上を意図して、セラピストは〈私にはどこかでとても信頼しあっているご家族に思えました〉などとポジティヴな意味づけを提示するかもしれません。

第9章　ＭＲＩのコミュニケーション公理

ポイント
・コミュニケーションは「会話」だけを意味しない。
・コミュニケーションのとらえ方のポイントを心得ておくことで、クライアントのフレームをより多方面から推察できる。

ＭＲＩとは、Mental Research Instituteのことで、カリフォルニア州パロアルトで50年以上活動を続ける、インターパーソナルなアプローチを論じる上で不可欠な組織です。

そのＭＲＩが提案するコミュニケーション（の暫定的）公理は、コミュニケーションのとらえ方を集めたものです（Watzlawick et al., 1967）。クライアントのフレームを想像する際のヒント集、として位置づけるとよいでしょう。

公理とは、「最も基本的な仮定や前提」のことです。論理学や数学ほどの厳密さはもちろんありませんが、人間間のコミュニケーションであれば、どのコミュニケーションであっても概ね該当する法則、と考えます。

それでは、５つの公理を順に見て参りましょう。

公理１：コミュニケーションをしないことは不可能である

私たちはコミュニケーションといえば、通常「会話」を思い浮かべます。「コミュニケーション不足」といえば会話が足りない様を想起します。しかし、会話はコミュニケーションの一部に過ぎません。例えば、

A：バカ。
B：……。

というやりとりで、Bは何も発言していません。しかし、沈黙も間もコミュニケーションの一部です。ここから、Bが黙っていることの意味について仮説設定をしなければなりません。[1]

複数面接ではこうしたやりとりがセラピストの目の前で展開します。例えば、夫から事情を聞いている時に、隣に座っている妻が黙っているからといって、「コミュニケーションに参加していない」と考えるのは早計です。妻の沈黙からは、例えば【夫の的外れな発言に開いた口が塞がらない】とのフレームが見てとれる

1　メールの返事が「ない」ことで、不安になったりオロオロしたりするのは、「ないこと」がひとつの情報となっているからです。「提出しなかった納税申告書が引き金となって、税務署の面々がエネルギッシュな行動を起こす」というのは論文「形式・実体・差異」におけるベイトソンの喩えです（Bateson, 1972）。

かもしれません。

公理2：コミュニケーションには「情報」と「情報の受けとり方に関する情報」の2つのレベルがある

公理2は、これまで繰り返し触れてきた「事象とフレームの差異」を言い換えたものです。

例えば、用事があって私が勤務先機関の事務室に行ったとします。事務室に入室した私に真っ先に気づいた事務長が、「おはようございます」と、事務室の奥の方から他の事務員にも聞こえるような大声で言いました。すると受付カウンター付近の事務員がくるっと振り向き、私に気づいて「どうしました？」と話しかけてきた。この時、事務長の言った「おはようございます」という情報には、私に対する「朝の挨拶」という字義通りの意味以外にも、カウンター付近の事務員に向けた「田中に対して事務対応をせよ、との指示として受けとりなさい」というメッセージ（情報の受けとり方に関する情報）が含まれていた、ととらえることができます。その前提として、情報には事象（「おはようございます」という発話）と事象が指し示すフレーム（「田中に対して事務対応をせよ」）の2つのレベルがある、ということです。

メタ・メッセージとメタ・コミュニケーション

ここで、メタ・メッセージとメタ・コミュニケーションという2つの用語もおさえておきましょう。[2]

2　MRIによる公理2の定義は以下の通りで、そこにメタ・コミュニケーションという用語が出てきます（「全てのコ

図41をご覧ください。教師が「授業を始めます」と言っています。生徒は黙っている。これもコミュニケーションです。生徒は「授業を始めます」という教師の発言を、教師がそうとは一言も言っていないにもかかわらず、「授業を静かに聞きなさい」というメッセージを含む発言として理解しています。生徒が静かに着席しているという行動は、生徒が何も言わずとも、「静かにします」というメッセージとして教師は理解しています。

このように、発言や行動に伴うと考えられる「情報の受けとり方についての情報」をメタ・メッセージと呼びます。そして、メタ・メッセージによるコミュニケーションをメタ・コミュニケーションと呼びます。

「厚い」メタ・メッセージ

メタ・メッセージはひとつであるとは限りません。メタ・メッセージは知覚することができないものであり、セラピストの仮説の域

ミュニケーションは内容と関係の側面を持ち、後者は前者を分類するので、メタ・コミュニケーションである」（Watzlawick et al., 1967）。

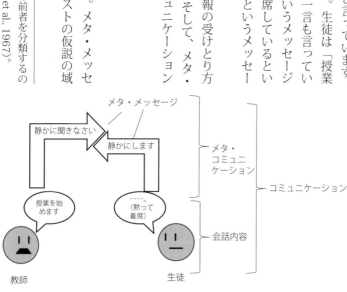

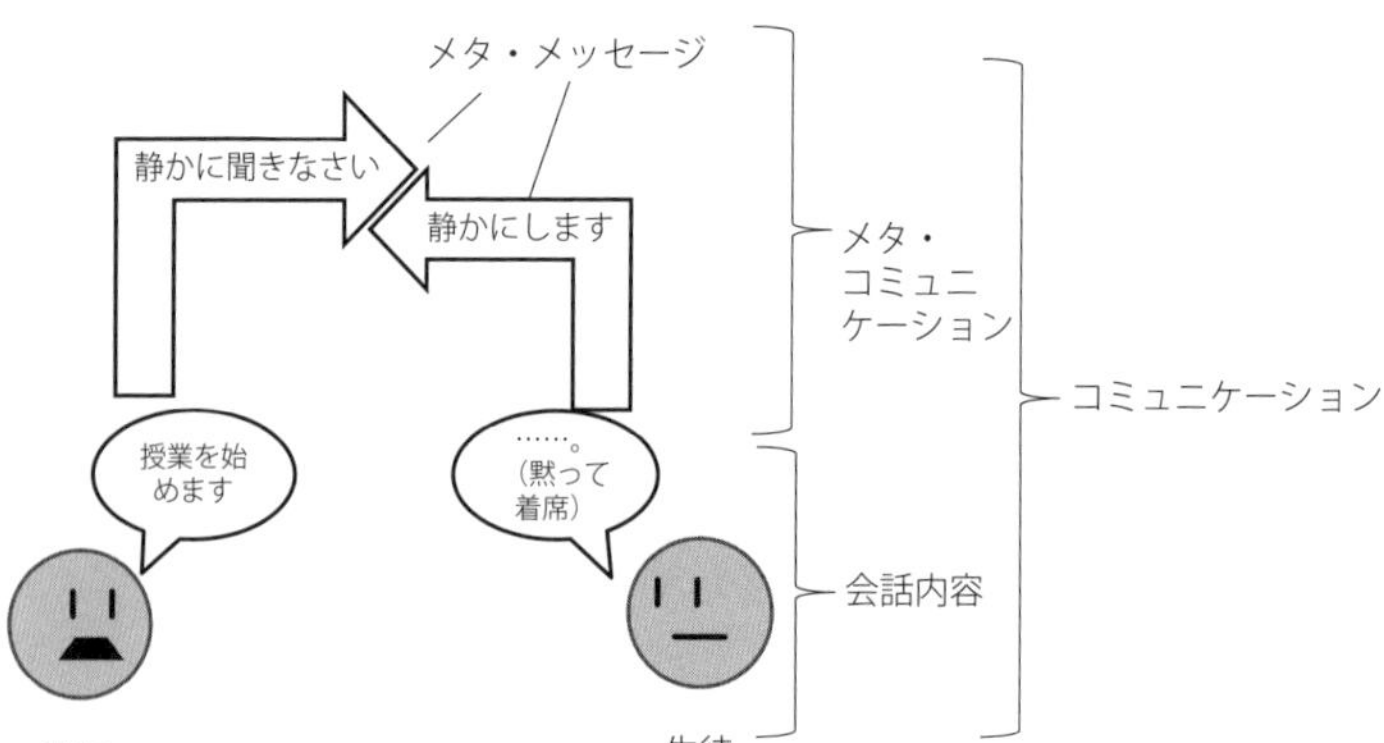

図41

を出ません。あまり限定せずに複数のメタ・メッセージを想定しておくと、情報収集に厚みが出ます。

例を挙げます。スクールカウンセラーの目の前で、素行不良の生徒が、生活指導主任に「バカ」と言ったところ、生活指導主任は「なんだ、その態度は」と語気を強めた。この時、「バカ」という発言は、「挑発」とも考えられますし、手練れの生活指導主任であれば、内心余裕しゃくしゃくで「可愛いやつだなあ」などと、教師への「愛情希求」として受けとるかもしれません。

生活指導主任はこの時、生徒の「バカ」発言のメタ・メッセージに「挑発」「愛情希求」の両方を見出している。「挑発」だけ受け取っていたとしたら、厳しい指導をするのみになっていたかもしれません。「愛情希求」だけをキャッチしていたら、きちんと指導することはできなかったでしょう。二人のやりとりは、会話の中身だけを見れば「バカ」「なんだ、その態度は」だけです。文言のみに着目し、メタ・メッセージについて仮説を立てることを怠ると、コミュニケーションの大事な一面を逃してしまうことになります。

公理3：人間関係は、人間間のコミュニケーションの連鎖の「パンクチュエーション」によって規定される

パンクチュエーションについてはすでに第3章で触れました。連綿と続く事象をどこで区切ってフレームづけるかによって、桃太郎はヒーローにも、悪者にもなりました。どんなに真実めいたフレームだとしても、まだ語られていない、潜在的な要素を加味することで、意味づけが変わることを教えてくれる概念でした。

コミュニケーションの背景には、個々人のパンクチュエートされたフレームがある。つまり公理3は、フレームとパターンの関連性について述べています。図42を見てみましょう。

妻が怒りを示し夫が黙る、という「第３章　パンクチュエーション」で先に見たループです。このパターンを下支えしているのが夫婦それぞれのフレームです。妻は「夫が無視するから怒るのだ。私が被害者だ」というふうにフレームづけ、夫は「妻が怒るから何も言えなくなる。僕が被害者だ」とフレームづけている。フレームとコミュニケーションは相互に影響を与え合って、どんどん強固になっていきます。

裏を返せばこのことは、フレームが変わればパターンが変わる可能性があることを示唆しています。例えば、妻の夫に対する怒りの背景として、カウンセリングの中で幼少期に妻が両親から虐待されていたというストーリーが語られたとしましょう。その後、妻は自分を夫のではなく両親の被害者であると考えるようになった。夫はといえば、妻の気の毒な生い立ちに思いを馳せるようになった。つまり夫婦それぞれのフレー

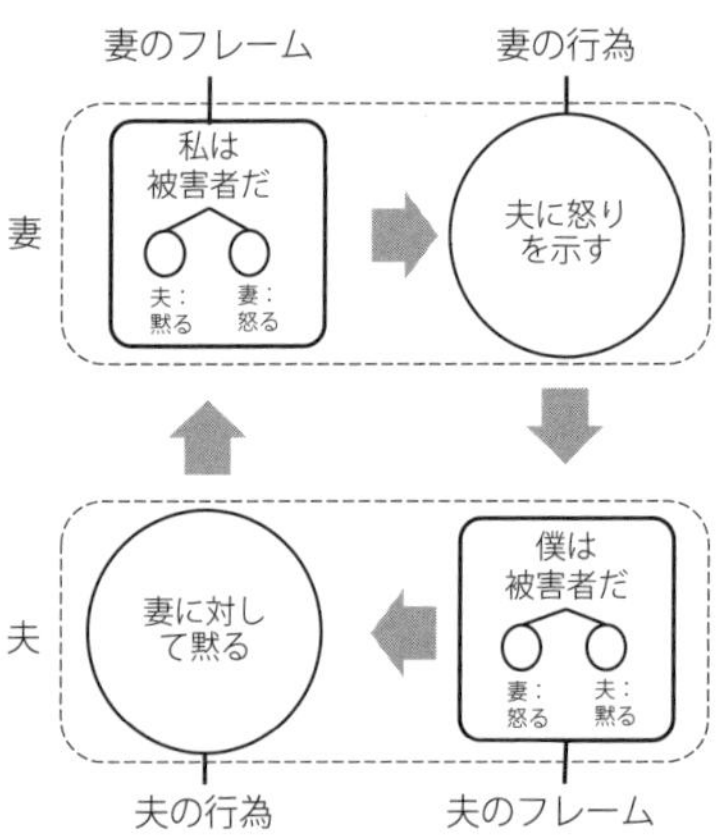

フレームとパターンの相互影響：夫婦はそれぞれ事象をパンクチュエートしストーリー化している。それらのフレームがコミュニケーション・パターン「妻：怒る⇄夫：黙る」を発生させている。コミュニケーション・パターンが固定的になると、夫婦それぞれのフレームはより強固になり、フレームが強固になればコミュニケーション・パターンはさらに固定化する

図 42

ムが変わった。すると、妻の夫への怒りは薄れ、夫が黙りこむこともなくなった。結果的に夫婦のコミュニケーション・パターンが変わった。

反対に、パターンの変化がフレーム変化の呼び水になることもあります。セラピストのアドバイスによって、妻が怒り出したら夫はタイムアウト的にその場を離れるようにした。怒りがエスカレートすることなく収まるようになると、妻には夫の行状ではなく自分の身の上を振り返る時間ができてきた。すると自分は親から与えられなかった愛情を夫に求めていたことに気づいた。結果的にフレームが変わった。

このように、フレームとパターンは手に手を取って存続するものであり、変化するものなのです。

公理4：コミュニケーションでは、「デジタル・モード」と「アナログ・モード」の両者が使用される

公理4におけるデジタル・モードとは言語、アナログ・モードとは非言語のことです。

「秒」を表す時、デジタル時計は1秒、2秒、3秒というように区切って表示します。そのデジタル時計にもともとの設定がない場合、「1・5秒」や「2・589秒」を表示することはできません。それに対してアナログ時計の秒針はスーッと動き、切れ目なく時間を表しています。

デジタル時計は明瞭に時間を表示できる分、細かな時間を切り捨てています。アナログ時計は時間を間断なく表示できる分、時間を曖昧にしか表現できません。同様に、言語は現実を区切って表現する分、はっきりしていますが、言葉によって表しきれない残余を残します。それに対して非言語メッセージはより豊かな表現である分、明瞭さを欠きます。

例えば、恋人同士が甘くソフトに「バカ」と囁きかける。この時、「バカ」という言葉自体がデジタル・モード、「甘くソフトに」の部分がアナログ・モードに相当します。文章にすると、「甘くソフトに」というように、非言語面を言語で言い表せてしまうので、明快な印象を受けますが、現実には判断が微妙なところで、それが「恋の駆け引き」のような様々な人間模様の源泉になるわけです。

友達以上恋人未満のお相手に対して、「言葉に出さないだけで、態度ではこんなにも好意を示しているのに、なんで分かってくれないのだろう」というもどかしさが生じるのは、恋愛感情を態度で表現しているつもりでも、「態度」がアナログ・モードであるがために意味が曖昧にしか伝わらないからです。

あるいは、何の恋愛感情も持たない相手に対して、「自分は好意を示しているつもりはないのに、なんでつきまとってくるのだろう」という、相手の勘違いに対する腹立たしさが生じるのも、非言語メッセージがアナログ・モードに属するために多義的にならざるを得ず、何の気なしの行為が相手には好意として受けとられることがあるからです。

そういうわけで、コミュニケーションにおいて非言語メッセージが果たしている役割を注意深く観察する必要性を、公理４は教えてくれます。その際、クライアントの非言語メッセージからクライアントのフレームを間違いなく読み切る、と意気ごむことも大事ですが、非言語メッセージをコラボレイティヴに活用することもできます。

家族面接で、〈今、お父さんの発言にすっごく肯いていたけど、それってお父さんに賛成ってことなの？〉と子どもに尋ねるきっかけにしてもいいでしょう。〈奥様から今、嬉しさのオーラが出てきたの、気づきました？〉と夫に聞いてみる、という手もあります。ここで用いている「オーラ」は非言語メッセージをひとまとめにして表現したメタファーであり、セラピストはその意味を自分で確定させるのではなく、家族と共にコラボレイティヴに探求するスタンスを取ろうとしています。

公理5：すべてのコミュニケーションの交流は「対称的」または「相補的」のいずれかである

インターパーソナルなアプローチには「テンション」という視点があります。テンションといっても個人の緊張感ではなく、その場に居合わせている複数の人々が織りなす場の緊張感を指します。テンションがエスカレートするコミュニケーションを対称的コミュニケーション、テンションが収束するコミュニケーションを相補的コミュニケーションと呼びます。

対称的コミュニケーションは【相手と同じ態度をとる必要がある】というフレームによって引き起こされます。「対称的」は英語にすると「シンメトリー（symmetry）」。左右や上下で同じ形をしている様をこのように呼びます。例えば、「白熱する議論」や「狭い道での譲り合い」は対称的なコミュニケーションと言えます。議論をするには、「相手と同じように主張せねばならない」というフレームが必要です。すると、場のテンションはエスカレートし続けます。

相補的コミュニケーションは【相手と異なる態度をとる必要がある】というフレームによって引き起こされます。例えば、「師弟関係」や「漫才コンビ」が挙げられます。師が「ばかもん！」と叱れば、弟子は「ハハーッ！」とひれ伏す。ボケが「布団が吹っ飛びましてん」とボケれば、ツッコミは「なんでやねん！」とツッコむ。コミュニケーション参加者が相補い合うフレームを持つことで、場のテンションはエスカレートせずデスカレート、収束します。

「第8章　コミュニケーション・パターン」で示した親子の逐語録を一部用いて、対称的、相補的という観点からコミュニケーションを分析すると、図43のようになります。

子：放っておいてよ。
母：何、その態度は。いい加減にしなさい。
子：うるさい。
母：もう一度言ってごらん！
子：バーカ。
父：まあまあ。二人とも落ち着いて。
母：あなたからも言ってよ。
父：しつこくしてもさ、だめじゃない。
母：これくらい当たり前でしょ？もっとしっかりしてよ。

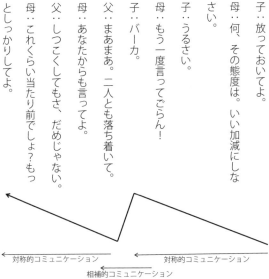

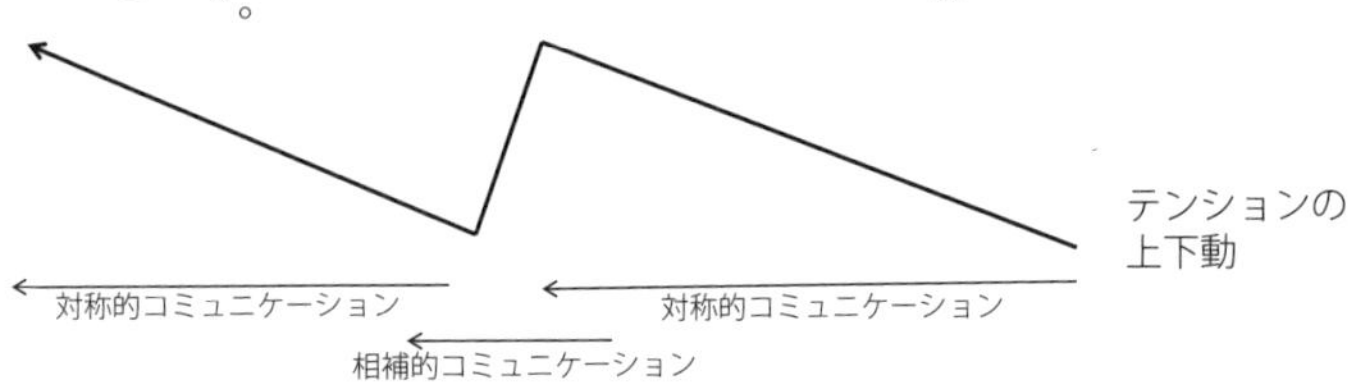

図43

公理5の起源

対称的にエスカレートする傾向性と、相補的にデスカレートする傾向性。用語を少し整理しておきましょう。対称的、相補的との視点は、ベイトソンのフィールドワークに端を発します。[3] 当初は

3　ニューギニアのフィールドワークにおいて、イアトムル族の部族同士による対称的分裂生成（＝いさかい）が過度になりすぎるのを抑制する役割を果たしているのが「ナヴェン」という儀式であることを、ベイトソンは見出しました。それに対してバリ島の民族はすぐに緊張を収めてしまう。こうしたそれぞれの島民性を、ベイトソンは対称的及び相補的カテゴリーと対応させています。

表1

	エスカレーション	デスカレーション
ベイトソンのフィールドワーク	形態発生	形態維持
MRI公コミュニケーション理5	対称性	相補性
サイバネティクス	ポジティヴ・ フィードバック	ネガティヴ・ フィードバック

形態発生、形態維持、と呼ばれていました。その後、より広範に適用可能となるよう、ベイトソン自身によってサイバネティクス（Wiener, 1948）の用語である「フィードバック」概念が用いられるようになりました。どこまでエスカレートして、どこで収束するのか。エスカレートが無限に続いたら、人間関係は壊れてしまいます。この時エスカレートをもたらすのが、ポジティヴ・フィードバックの働きです。人間関係が壊れないよう、どこかで歯止めがかかる。コタツがある温度に達すれば温度が下がる。そうやって変化を抑制する働きがネガティヴ・フィードバックです。

　変化を抑制するということは、エスカレーションが何らかの事情によって阻止され、変化が閾値を出ないよう一定の範囲内にとどまることを意味します。

　加えて、ベイトソンは相互交換性（reciprocity）という第3のカテゴリーを設定しています。「この間の日曜日はボクの希望通り映画を観たから、次の日曜はキミの言う通りにするよ」、というように、夫婦のどちらかが必ず希望を通すといった固定した関係ではなく、「お互い様」「代わりばんこ」の関係を指します。ベイトソンは人間関係が純粋に対称的だったり相補的だったりすると、健康的なバランスを保ちえない、と論文「文化接触と分裂生成」の中で述べています（Bateson, 1972）。

　ちなみに、ＭＲＩ初代所長、ドン・ジャクソンは、代わりばんこに互いの希望を実行するような夫婦のあり方を示すのに、マリタル・キド・プロ・クオ（marital quid pro quo）というタームを導入しています（Ray, 2005）。個人をベースとする従前の用語を踏襲していては、「個」に焦点化する既存の思考から抜け出せない、と考えたからです。私たちの思考様式がいかに言語によって規定されているかを教えてくれる点で、重要な用語と言えるでしょう。

例えば、面接場面で、母親が子どもに代わってセラピストに応答してしまうので、いつまで経っても子のストーリーが語られない。こうしたコミュニケーションを、「ネガティヴ・フィードバックによってテンションが上がらないよう変化が抑制されている相補的なコミュニケーション」ととらえることができます。そうとらえることは、母子のフレームを想像するきっかけになるでしょう。例えば母親は【親からセラピストに正確に現状を伝えなければならない】、あるいは【子の機嫌を損ねてはいけない】などと考えているかもしれません。前者であればセラピストは〈お母様、分かりやすい経過のご説明をありがとうございました。これでお子様からお考えをおうかがいする準備が整ったように思うのですが、もう少し追加のご説明をお母様からしていただけそうでしょうか？〉などとフレームを合わせようとするかもしれませんし、後者であれば、子がクスッと笑えそうな話をするかもしれません。

以上、コミュニケーション公理を概説しました。会話だけでなく、沈黙もまたコミュニケーションの一部であり（公理１）、メタ・メッセージのやりとりもまたコミュニケーションです（公理２）。コミュニケーションにはそれを発生させる元になっているフレームがあり（公理３）、それは言葉には出ずとも、目をそらす、身を乗り出すといった非言語メッセージの中に現れる（公理４）。それらもまた、コミュニケーションの一部です。こうしてコミュニケーションは、テンションを上げたり収めたりしながら進行していくわけです（公理５）。

「第６章　ジョイニング」の終わりでも述べましたが、人間同士のコミュニケーションを最初から最後までビデオに収めても、その動画は事象を単に羅列したものにとどまっています。そこに意味は含まれておらず、したがってクライアントのフレームも記録の中には存在しないのです。コミュニケーションからクライアントのフレームを見出すのはセラピストの仕事であり、それを行う上で、ＭＲＩの公理はセラピストにヒントをもたらしてくれるでしょう。

第10章　臨床実践におけるパターン

ポイント
・個人面接か複数面接かによって考慮するコミュニケーション・パターンは異なるが、いずれにせよセラピストを含めたコミュニケーション・パターンをとらえようとすることが重要である。
・良循環パターンは維持され拡大されるよう、悪循環パターンは早々に変わるようセラピストは努力する。
・その際、セラピストの思考・感情・身体感覚・行動が観察できているか、変えることができるかが鍵になる。

コミュニケーション・パターンは、反復的な事象の連鎖をセラピストが意味づけることによって見出すものでした。そして、人間同士のコミュニケーションは、会話のみを意味するのではなく、そこには多様な要素が含まれることが分かりました。

以下、本章では「コミュニケーション・パターン（①②③④）」に「思考のパターン（⑤）」「支援プロセス全体のパターン（⑥）」を加え、臨床実践における留意点について見ていきます（図44）。

①個人面接における支援システムのコミュニケーション・パターン

次ページの図45中の矢印が、①から④でそれぞれ取り扱うパターンに該当します。まずは、個人面接について見ていきましょう。便宜上「面接」と表記していますが、ここでいう個人面接は「セラピストとクライアントが一対一で、個室で会話をする」といったシチュエーションに限定されません。例えば、職員室やナース・ステーションのワイワイした雰囲気の中でも、廊下の立ち話でも、周囲に誰かがいようといまいと、とにかく一対一で対人援助にまつわる話をしている状況を個人面接と呼ぶことにします。これは、対人相互行為システムという考え方に基づいているからなのですが、その詳細は「第13章　諸理論をコラボレティヴに活用する」に譲りま

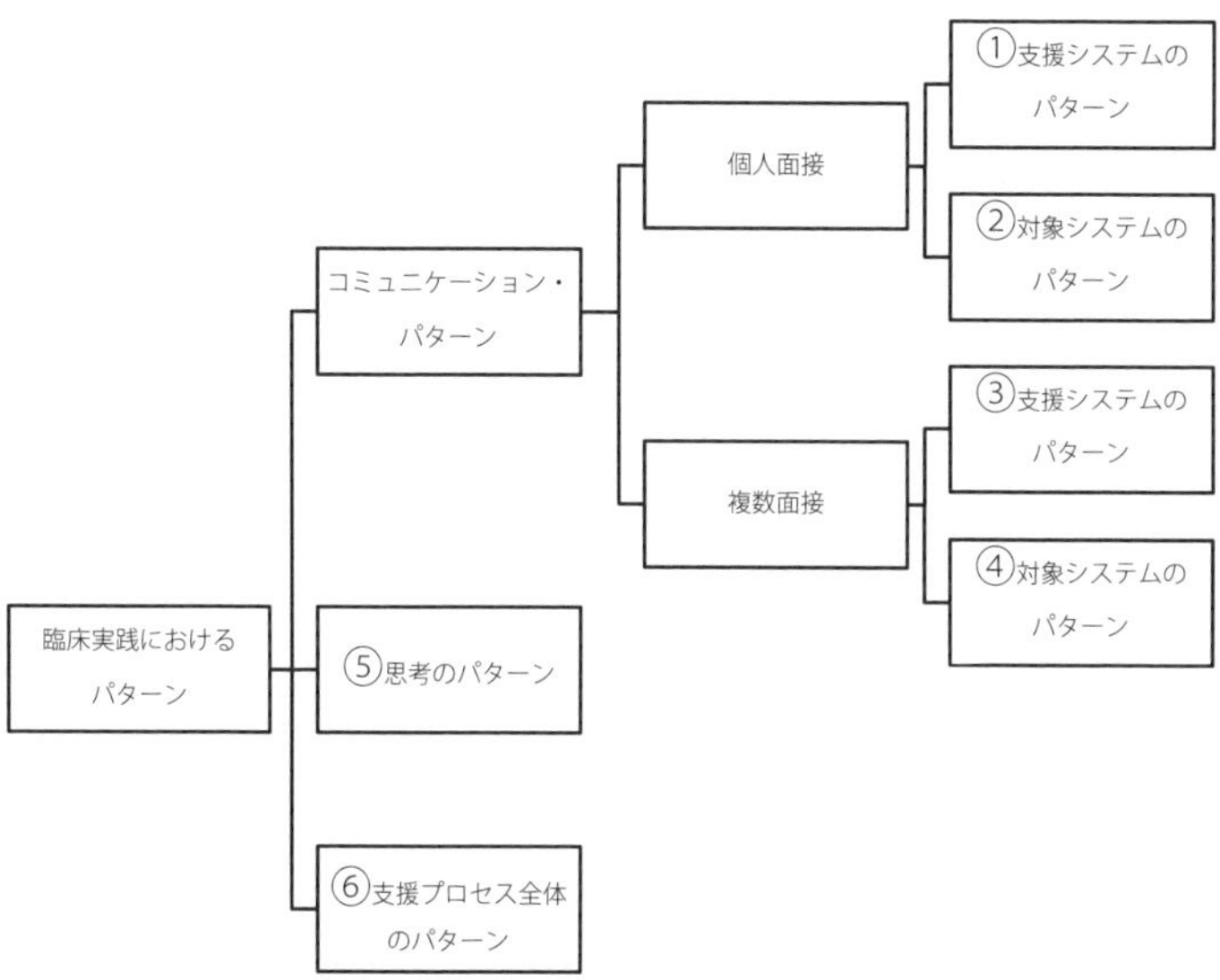

図44

す。

支援システム（therapeutic system）とは、セラピストを含めたシステムのことです。ですから、「個人面接における支援システム」とはつまり、セラピストとクライアントの関わりを指します。両者のコミュニケーションはどのようにとらえていけばよいでしょうか。

セラピストとクライアントの間に矢印を入れる

「個人面接における支援システムのコミュニケーション・パターン」は、セラピストがこうした↓クライアントがこうした……と、セラピストとクライアントの行為を「↓」でつなげ、追っていくことで見出します。

例えば、

Th：質問する↓Cl：回答する↓Th：質問する↓Cl：回答する

というパターン。このパターンを、目の前のクライアン

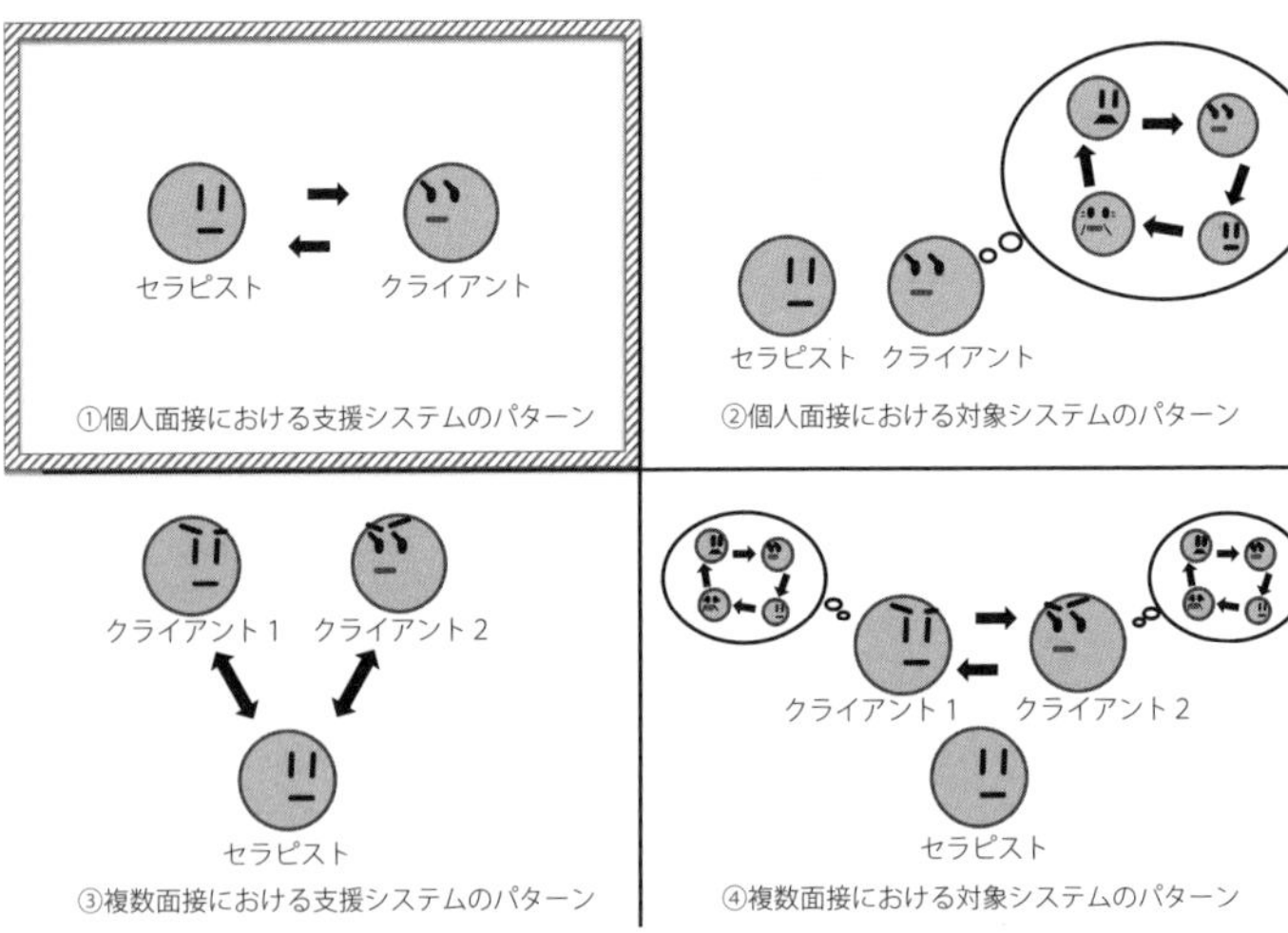

図 45

トと会話をしながら同時並行的に想定していきます。「Th：質問→Cl：回答」というQ＆Aのパターンは、警察の取り調べのような雰囲気を醸成することがあります。しかし、このパターンを想定しておくことで、例えば、〈質問攻めになっていませんか？　もう少しおうかがいしても差し支えないですか？〉といった一言を差し挟むこともできます。こうして、面接の雰囲気が悪くなることをある程度未然に防止できるかもしれません。

Th：明るい声で相づちを打つ→Cl：小さな声でおどおどと話す→Th：明るい声で相づちを打つ→Cl：小さな声でおどおどと話す

というパターンはどうでしょうか。「対人援助職には明るい佇まいが必要だ」、という信念を携えたセラピストが形成しやすいパターンかもしれません。セラピストの信念、フレームは有用であれば是非とも使いたいものです。しかし、クライアントがおどおどしたままで、コラボレーションが進んでいないと判断される場合には、セラピスト側の動きを変えてみる、例えばセラピストもクライアントと同じかそれ以上小さな声で相づちを打つようにしてみてもいいかもしれません。

Th：共感を示す→Cl：罪悪感を表明する→Th：共感を示す→Cl：罪悪感を表明する

などというパターンもありそうです。共感的な面接展開として肯定的にとらえることもできますし、「セラピストの共感が罪悪感を強化している」と意味づけ、共感に重点を置くのではなく、ひとまず他の話題に言及することもできます。

面接終盤には、

Cl：質問する↓Th：回答する↓Cl：質問する↓Th：回答する

という、先ほどとは逆のQ＆Aのパターンが生じることもあるでしょう。面接終了時間が迫っているのに、クライアントが間断なく質問するので面接が終われない、とセラピストは焦るかもしれません。その時、このQ＆Aパターンを想定できていれば、セラピストがパターンに一枚噛んでいる、だからセラピストが自らの行為を変えれば、パターンを変えることができる、ということに気づけます。〈まだまだ気がかりなことがおありかと思いますが、終了時間が迫っております。きちんとお答えしたいので次回改めて教えてください〉という発言にシフトしてもいいでしょう。

こうしたコミュニケーション・パターンは、面接の振り返りなどをした時に、多くのセラピストが気づくことだと思われます。それらをリアルタイムで把握することによって、現場レベルで役立てることができます。

例えば、面接中「あれれ、なんだか雰囲気が良くないぞ」と思うことがあります。【面接の雰囲気を変えて欲しい】、そんなリクエストがクライアントから寄せられている場面、と言い換えてもいいでしょう。そうした時に、右記のように、声の大きさを変えるなど、セラピストの関わり方を変更してみます。そして、パターンに変化が生じたかどうかを検証する。早め早めにセラピスト自身の動きを修正することで、クライアントにフィットした面接を行うことが可能になります。

ただし、抽出したパターンは必ず変えなければいけない、ということではありません。再確認になりますが、パターンが良いか悪いかという価値判断（意味づけ）とパターンを抽出することとは別物です。そのままのパターンで続行してもいいし、変えようとしてもいい。どうするべきか、それはここでもクライアントのフレーム次第です。

事例：しぶしぶ面接に来たマサオさん

マサオさんは、人事部で定められている昇進時研修の一環として来談した。マサオさんは、にこやかな笑顔を絶やさないながらも、自分に問題はないんですよ、という姿勢を崩さない。面接時間は50分間であると言うと、「50分もやるんですか?!　家が遠いから早く帰りたいなあ」と肩を落とし、溜息をついた。セラピストはめげず

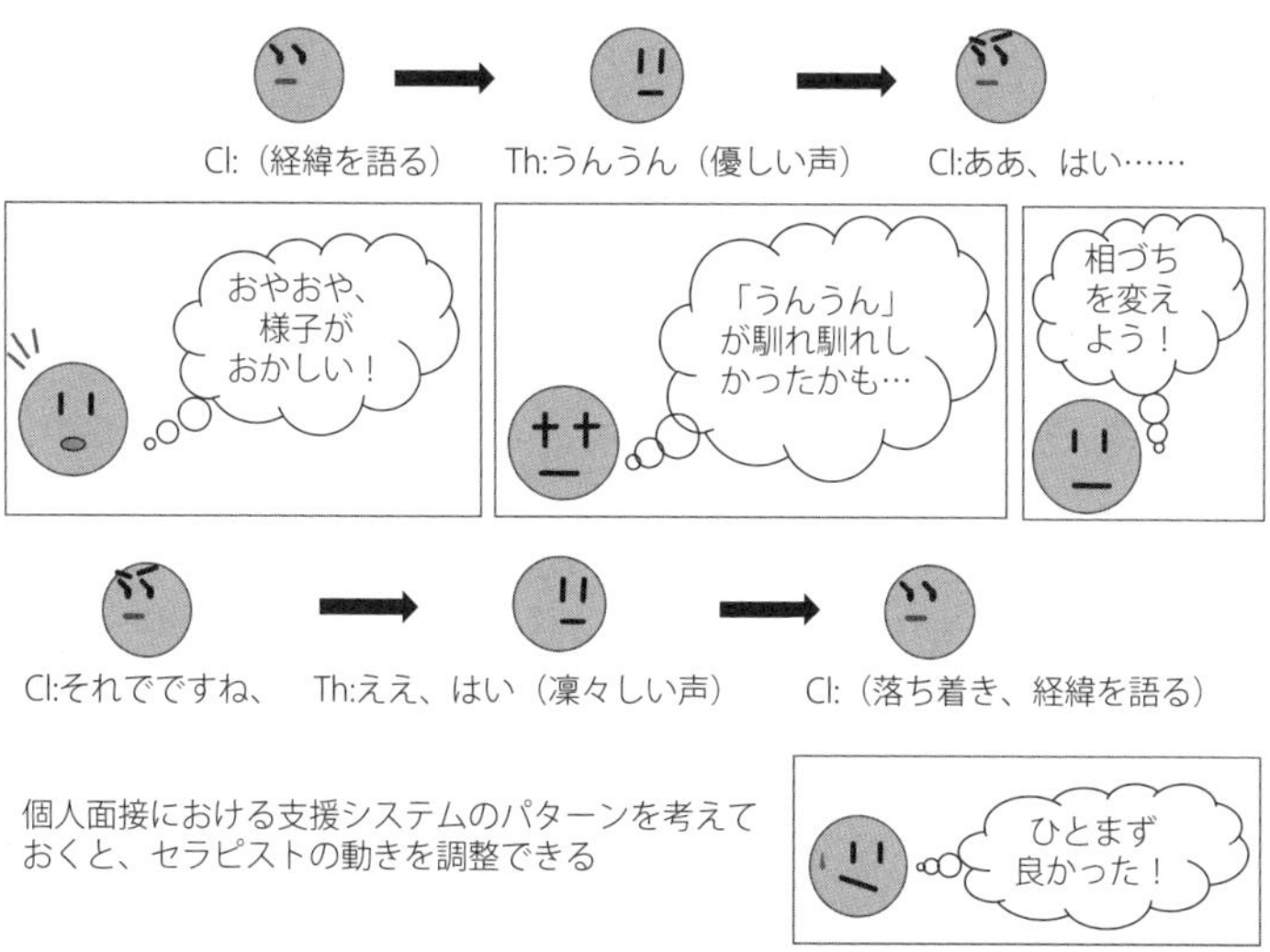

Cl:（経緯を語る）
Th:うんうん（優しい声）
Cl:ああ、はい……
おやおや、様子がおかしい！
「うんうん」が馴れ馴れしかったかも…
相づちを変えよう！
Cl:それでですね、
Th:ええ、はい（凜々しい声）
Cl:（落ち着き、経緯を語る）
個人面接における支援システムのパターンを考えておくと、セラピストの動きを調整できる
ひとまず良かった！

図46

に面接を開始し、この面接が「カウンセリング」なのではなく、問題発見のためでもないこと、マサオさんに資する時間になると良いと思っていることを伝達することで、少しでも雰囲気が好転することを期待した。

しかし、面接では次のようなパターンが頻出した。

Th：質問する↓**マサオ**：極端に専門的な内容で応答する
Th：質問する↓**マサオ**：質問と関係ない内容を話す
Th：質問する↓**マサオ**：やれやれといった雰囲気で苦笑する

やりづらさを感じるセラピスト。そんなこんなで20分ほど経過した時のことである。

マサオ：ところで、先生は何でカウンセラーになろうと思ったんですか？
Th：！

マサオさんが初めて質問をした。パターンが変わったのである。

セラピストは、これを新たなパターンへと移行する好機ととらえ、カウンセラーを目指した理由として、高校から大学時代にかけてアトピー性皮膚炎に苦しんだ経緯を包み隠さず話した。

マサオ：そこからすぐに心理士へ続く道があるんですか？

Th：まあ、医学部へ行く方が自然なのかもしれませんが、そんな頭もなかったですしね。
マサオ：でも、今は肌、綺麗ですよね。自分の専門性で治されたんですか？
Th：どうでしょうね、たまたまじゃないですかね。また悪くなるかもしれませんし。
マサオ：いや、それはね、あなたが自分で治したんだよ！　どう？　ストレスは溜まるの？
Th：そういうこともありますね。
マサオ：いやあ、面白いなあ。来週異業種交流会やるんだけど、来ない？　飲もうよ！

その後、マサオさんは自分がいかに楽観的でメンタルヘルス問題と無縁かを語った〈ストレスを溜めないタイプなんですね〉「うん、そういうの、自然にやってるみたい。だってその方が良いでしょう？」タイムアップを伝えてもなお語り続けるマサオさん。ハタと時計に気づき、「長くなっちゃってゴメンね」。最後にセラピストから今後の面接利用についてのインフォメーションをすると、「何もなくても来てもいいの？　先生と世間話するのだって良いんだよね。いや、楽しかったよ、先生。名刺渡すから連絡してね」。マサオさんは意気揚々と帰路についた。

さて、本事例では、当初「セラピストが質問する↓クライアントが応える」というパターンが数多く見られました。そしてそのパターンが悪循環を来していると感じつつ、セラピストは有効な動き方ができずにおりました。事後的に考察を加えるなら、マサオさんはカウンセリングを受ける側という立場に苛立ちを感じており、おそらくいつも取っているような、熱血で優しい上司的なアップ・ポジション（第12章　家族療法をコラボレイティヴに活用する②で詳述）に収まることで良好な関係が形成可能となった、と考えることができます。マサオさんには、【胸襟を開いて欲しい】【弱い者の力になりたい】といったフレームが、後から振り返るとあったのだと推測されます。

しかし、クライアントのフレームをいつも十全にとらえられるとは限りません。そのような時に、「個人面接における支援システムのパターン」が面接進行上、ヒントを与えてくれるのです。

本面接ではクライアントが質問するというパターンの変化が偶発的に起き、セラピストはそれをチャンスととらえ、変化に乗ることを決意します。そして、パターンの変化がムードの変化につながることを期待して、セラピストは初回面接にしては過度とも思える自己開示を行っています。臨床実践における自己開示の是非については諸々議論があるところだとは思いますが、ここでは、「あくまでパターンを変更するための一手段として自己開示という方法を用いる」という発想の仕方をしています。個人面接における支援システムのパターンは、

マサオ：質問する↓Th：応える

という、それまでとは反対のパターンへと変化しました。パターンの変化が、必ずしも良い変化につながるとは限りません。しかし本事例では、結果的に、マサオさんのカウンセリングに対する抵抗感はある程度減少した、つまり予防的関与ができたのではないかと推察します。今後、必要時にカウンセリングを利用する可能性は、面接開始時に比べ、高まったのではないでしょうか。

本面接でマサオさんが質問をした時、セラピストが瞬時に応じることができたのは、反射神経が優れていたからではなく、それまでの面接におけるセラピストとクライアントのコミュニケーション・パターンを目の前の会話と並行しながら思い浮かべていたからです。面接のパターンを頭の中で追跡しておくことで、セラピストはいざという時の手立てを講じやすくなります。

②個人面接における対象システムのコミュニケーション・パターン

対象システムとは、家族、会社、学校といった、クライアントが関与している集団や組織のことです。クライアントは問題の一部として、「夫が子育てに関わってくれない」「上司が怖い」などと家族システムや会社システムの有り様について語ります。多くの個人面接で見られる光景でしょう。

個人面接において、クライアントが語る対象システムと、対象システムそのものとの間には、ギャップがあります。

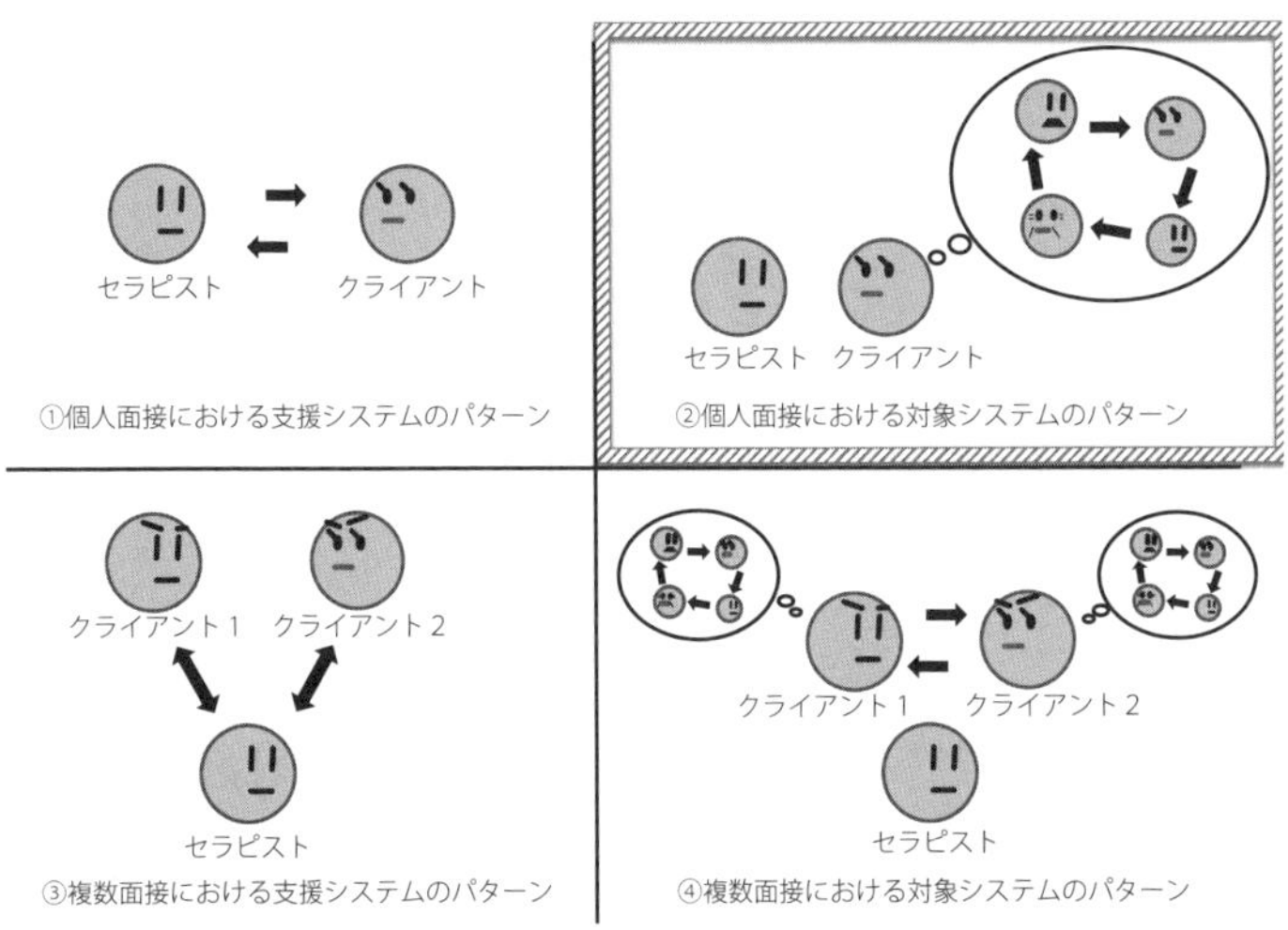

図47

クライアントから、細部に渡ってどんなに詳細に対象システムの情報を集めたとしても、それらがクライアントによるフレームづけ、重みづけを免れないことに、注意する必要があります。言語は現実を運んでくる運搬車ではないことを思い出しておきましょう（「第1章　フレーム」参照）。

「個人面接における対象システムのコミュニケーション・パターン」を面接の中で取り上げる必要がある、その代表的な一場面は、対象システムの中に「悪循環パターン」を探し出そうとする時でしょう。主訴をめぐる人間関係の悪循環へのアプローチはMRI以来、インターパーソナルなアプローチにおける主要な方法であり続けています。

MRIは、家族合同面接だけが家族療法なのではなく、個人面接であっても家族を視野に入れていれば家族療法になる、と考えました。個人面接で家族や関係者が織りなす対象システムの悪循環について情報収集をし、対策を考えます。クライアントはそれを生活の場に持ち帰り、それまでとは異なる行動をすることによって変化が家族に波及する、と考えたのです。

問題解決に対するモチベーションを考慮すること

とはいえ、悪循環パターンについてただ尋ねればいいというものではありません。クライアントが問題解決に向けて意欲を失っていたり、諦めを表明していたりする場合には、聴取を控えねばならない時もあります。例えば、「上司が配慮不足だから、自分はうつ状態になってしまった」、と怒りを表明しているクライアントと、対象システムにおけるコミュニケーション・パターンを聴取することとは、マッチしにくいのです。どういうことでしょうか？

【自分が問題なのではなく上司が問題である】というフレームを携えたクライアントと上司のコミュニケーション・パターンをクライアントから聴取しようとします（図48）。そうすると、〈クライアントから上司には相談していないのですね〉などという、クライアントの行動についての事象も確認することになります。上司が配慮不足だったという事象を明らかにすることは、「クライアントにも落ち度がある」というフレームを引き寄せてしまいます。このフレームは【自分が問題なのではなく上司が問題である】というクライアントのフレームと対立します。

このように、事象の連鎖をつまびらかにしようとすることは、時にクライアントのフレーム、意向に抵触します。上司が悪いと主張しているのに、クライアント自身の落ち度が明らかになってしまっては、クライアントの立つ瀬がなくなります。何もかも白日の下に晒せばいいというものではありません。

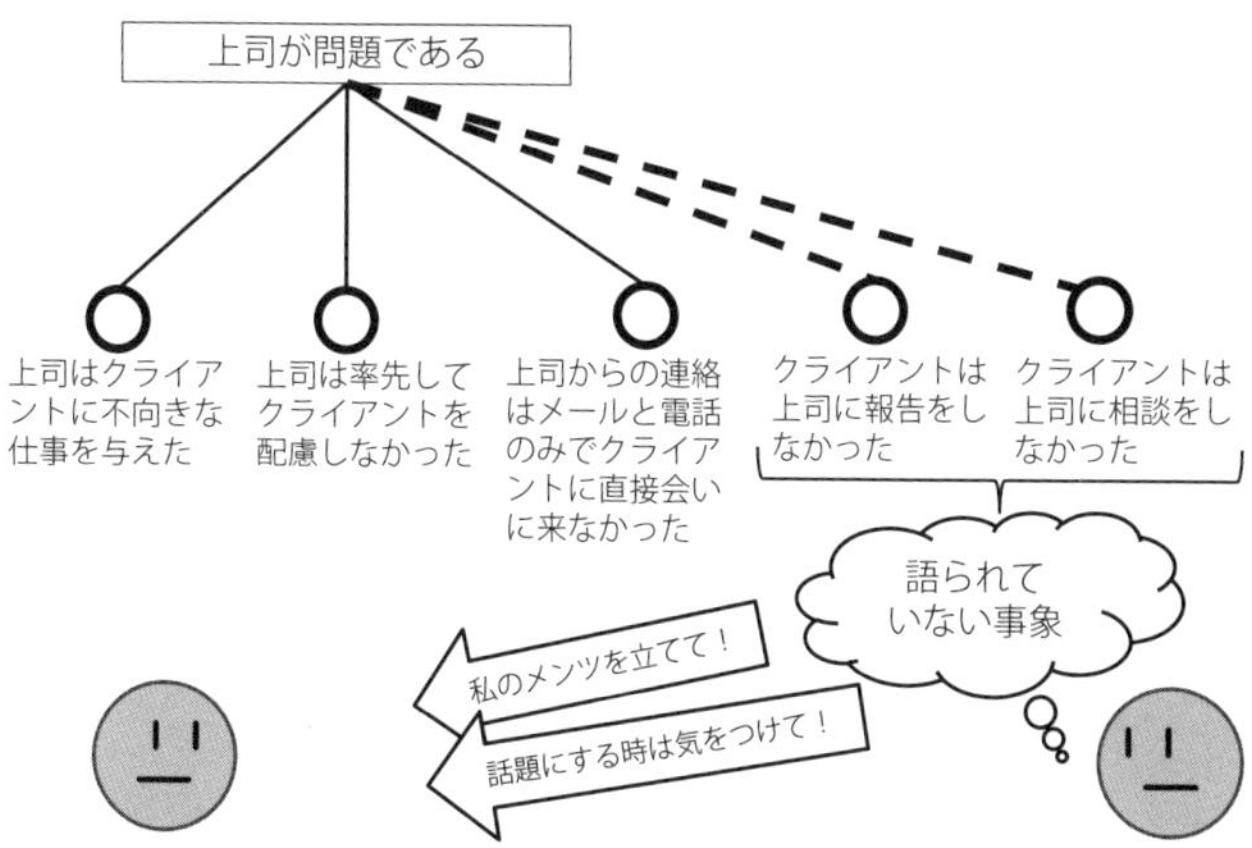

「上司が問題である」というクライアントのフレームから除外される事象には、クライアントからの何らかの要請が付随していると考える

図48

「いや、思い切ってクライアントが『自分』を直視することも大事なのではないか」と思われる方もいらっしゃるでしょう。臨床実践において、確かにそのような局面があるかもしれません。ただしそれは、【恥をかいてでも『自分』を直視したい】というフレームがクライアントにある場合に限られます。ここは、よくよく見極め、協議したいところです。

フレームに合わせながらパターンをうかがう

良好な関係性を維持するためには、〈上司は部下への配慮が日頃から足りず、クライアントさんから上司には相談しづらかった、、、、、、、、のですね、、〉というように、【上司が問題である】というクライアントのフレームに合わせながら情報収集をする必要があります。

事象の連鎖を尋ねる行為には、クライアントのフレームをぞんざいに扱うリスクが伴います。下手をするとクライアントは口を閉ざすでしょう。クライアントが問題解決のためにその情報を是非とも話したいということでない限り、悪循環パターンを尋ねることは、それだけでも侵入的な行為になりえます。

逆に、クライアントのフレームに合わせながら事象を尋ねていくと、「そうはいっても、自分も上司に全然相談ができていなかった」などと、クライアントの方から「伏せられていた事情」が語られたり、【自分にも落ち度はあった】などとフレームが変わったりする。変えようとするのではなく、合わせることでクライアントは自らのフレームを主張する必要がなくなり、変化に向けて「余白」が現れる。その意味でも、対象システムのパターンはクライアントのフレームを気にしながら取り扱っていく必要があります。

悪循環パターンとクライアントの解決フレームはセット

一方、クライアントに問題解決に向けた意欲が十分ある時には、コミュニケーション・パターンの聴取が大変役立ちます。セラピストが積極的にパターンを知ろうとする姿勢は、【問題解決にコミットしたい】というフレームを携えたクライアントにとって、肯定的に受けとめられるでしょう。[1]

例として、「夫は夜遅く帰ってくるととても疲れた様子で、子どもの話をしようとしてもなかなかできないんです」と訴えるクライアントを挙げましょう。

この時、悪循環パターンとクライアントの解決フレーム（ゴール）はセットで扱います。【子どもについて

1　クライアントのモチベーションに応じた対応をすることは、インターパーソナルなアプローチの基本的スタンスです。ここでは、解決志向ブリーフセラピーによる支援関係の分類を参考にしてみましょう（Kim Berg & Miller, 1992）。

・コンプレイナント・タイプ関係：問題の所在が他者にあるとの認識をクライアントが示している場合。クライアント自身の問題は扱いません。

・カスタマー・タイプ関係：問題解決に向けた関与をクライアントが自ら率先して行おうとしている場合。クライアントの意欲のあり方に基づいて面接を進めます。

・ビジター・タイプ関係：問題は存在していないとの認識をクライアントが示している場合。労いながらクライアント自身の望みに合わせます。

この分類を用いるなら、【上司が問題である】というクライアントとセラピストとの関係は、さしずめコンプレイナント・タイプ関係であるとみることができるでしょう。それぞれのタイプで対応の仕方が変わります。

この分類は支援における関係性を査定しようとしているのであり、クライアントのパーソナリティや人格のアセスメントをしようとするものではないという点には注意が必要です。

夫婦で話す時間を増やしたい】が妻の解決フレームである場合と、【夫は頼りにできないので妻である自分の子どもへの接し方をより良いものにしたい】が解決フレームである場合とでは、対応する悪循環パターンが異なります。前者は夫婦関係のパターンに、後者は母子関係のパターンに焦点を当てることになるでしょう。かように、悪循環パターンとは常に、「ゴールに向かうことを邪魔している悪循環パターン」なのです。

悪循環パターンとクライアントの解決努力フレームもセット

悪循環パターンを見てとる時に、「解決努力についてのフレーム」も考慮する必要があります。解決努力というフレームへの着目はＭＲＩに端を発します。太古の昔、人類は悪霊の憑依、小動物の侵入、タブーの侵犯などを精神的不調の原因とみなしていたようです（Ellenberger, 1970）。黎明期の家族療法は、家族関係が原因で症状が出現すると考えました。ですから、現在の家族関係を詳細に調べ、時に数世代も遡って精密に家族に関する情報を集めたのです。

１９６０年代、新たな原因論を提唱したのがＭＲＩです。要約すると、「問題解決に対する努力の仕方が問題を維持する悪循環に貢献している。だから、問題解決に向けて行っている努力の仕方を変えることが悪循環パターンを切断することになる」となります。[2]

2　ですから、数世代を遡って家族関係を精査することや、家族関係を直接観察することは不要とされました。そのことによって、より短期に問題解決が可能になると考えたのです。さらに、その効果は長期に渡るセラピーと同等となる、というのがＭＲＩの主張でした。現在では、多世代についての情報収集や家族面接におけるコミュニケーション・パターンの活用などとともに、統合的に使用されることが多くなっています。

家族の認識は数多あります。それらを幅広く調べるのではなく、問題維持に寄与している解決の仕方、そしてそれが維持している悪循環パターンの解明に注力する。セラピストは情報収集を行い、問題の維持に結果的に貢献してしまっている考え方や行為を特定し、その変化を促します。クライアントが面接にかける労力は最小限でも、面接のインパクトはクライアントの生活世界の中でドミノ倒しのように波及し変化していく。こうしてＭＲＩはブリーフセラピー発祥の地となったのです。

それでは、悪循環パターンの取り扱いについて、事例を通じて見てみましょう。

事例：コンサルタントVS父親

怪しげなコンサルタントに入れあげて起業したものの、事業は上手くいかず親に度重なる資金援助を求めているという息子について、助言を求めて相談に来た父親との面接。一通り事情をうかがった後、中盤から終盤にかけての展開である。

Th：ごめんなさい、ご助言をさせていただくためにも、何点かおうかがいしてもよろしいですか？
Cl：もちろんです。
Th：お父様は今後、どうなるといいとお考えですか？
Cl：やはり、息子にはきっぱりとコンサルタントと縁を切ってもらいたい。
Th：縁を切らせるために、お父様はどのように対応してこられたのですか？
Cl：私たちではどうにもなりません。そのコンサルタントは怪しい、と言っても本人は信じているものですから。どこか病院か施設に連れて行って治してもらうしかないと思っています。
Th：なるほど。もしもその提案をされたら、息子さんはどんな反応をしそうでしょうか？
Cl：病院なんか行かない、と言うと思います。私たちが言っても聞く耳をもたないから、セラピストに代わりに言って欲しいんです。
Th：どんなふうに申し上げればよろしいですか？
Cl：コンサルタントはどう考えても怪しいのに、そんなことにも気づかないのはおかしい、と。
Th：私がそのように伝え、病院受診をお勧めする、ということでよろしいですか？
Cl：はい。
Th：ではまずカウンセリングにお出でいただく必要がありますね。
Cl：それには、どう言ったらいいでしょう？
Th：何かアイディアはございますか？
Cl：うーん。
Th：カウンセリングへ行こう、と言ったら、息子さんはどうされるでしょう？
Cl：多分行かないって言うと思います。
Th：病院、施設、カウンセリング、そういったところに行こうというお誘いは、息子さんの聞く耳を閉ざしてしまうのでしょうか？
Cl：コンサルタントのほうを信用しているものですから。
Th：もしかして、お父様のおっしゃることはシャットアウト？

Cl：全然聞きません。
Th：そうしましたら、お父様、私は少し別な考えがあるのですが、申し上げてもよろしいでしょうか？
Cl：もちろんです。お願いします。
Th：私には、病院にしろ、カウンセリングにしろ、お父様のおっしゃることに対して、息子さんが「シャッターを降ろしている」ことが問題であるように思えてしまうのです。
Cl：本当にそうです。
Th：だとすると、今の段階で息子さんを病院などに行くよう誘っても、それがたとえどんなに良い方法だとしても、シャッターに跳ね返されるのではないか、という気がするんです。
Cl：それはそうですね。
Th：まずはシャッターが閉じないようにする、というのが先決なのではないでしょうか？
Cl：どうしたらいいですか？
Th：お父様のほうで、もし何かアイディアがありましたら是非うかがってみたいのですが。
Cl：全然思いつきません。
Th：そうしましたら、一案を申し上げてもよろしいですか？
Cl：はい。
Th：シャッターが降りないようにするためには、コンサルタントを信用しているという息子さんの意見を無下にしない。事業についても存続のために支援できることがあればしたいと思っている、というスタンスが重要だと思います。継続的に事業を行うことはとても大事なことだからこそ、私を納得させて欲しい、納得できれば、いくらでもお金を出す、とお伝えいただいてはどうかと思うんです。
Cl：そうやって今までズルズル来ているんです。
Th：でも、これまで、お父様は納得のいかないまま、仕方なくお金を出してこられたのでしょう？
Cl：うーん、そうですね。息子がコンサルタントの話をし出すとイライラしちゃって。
Th：息子さんがコンサルタントのほうが信頼できる、という思いでいる限り、シャッターは降り続ける気がします。息子さんの考え、事業計画をまず粘り強く知るようにすることで、ああ、父親はやはり信頼できる、と息子さんが思うようになれば、建設的な話ができるようになるのではないでしょうか。

「私が納得するまで話をする、というのは目から鱗でした」、と言って初回面接は終了となりました。こうしたやりとりを繰り返していると、問題とされる人物（本事例では息子）はしばしばカウンセリングに来談するように

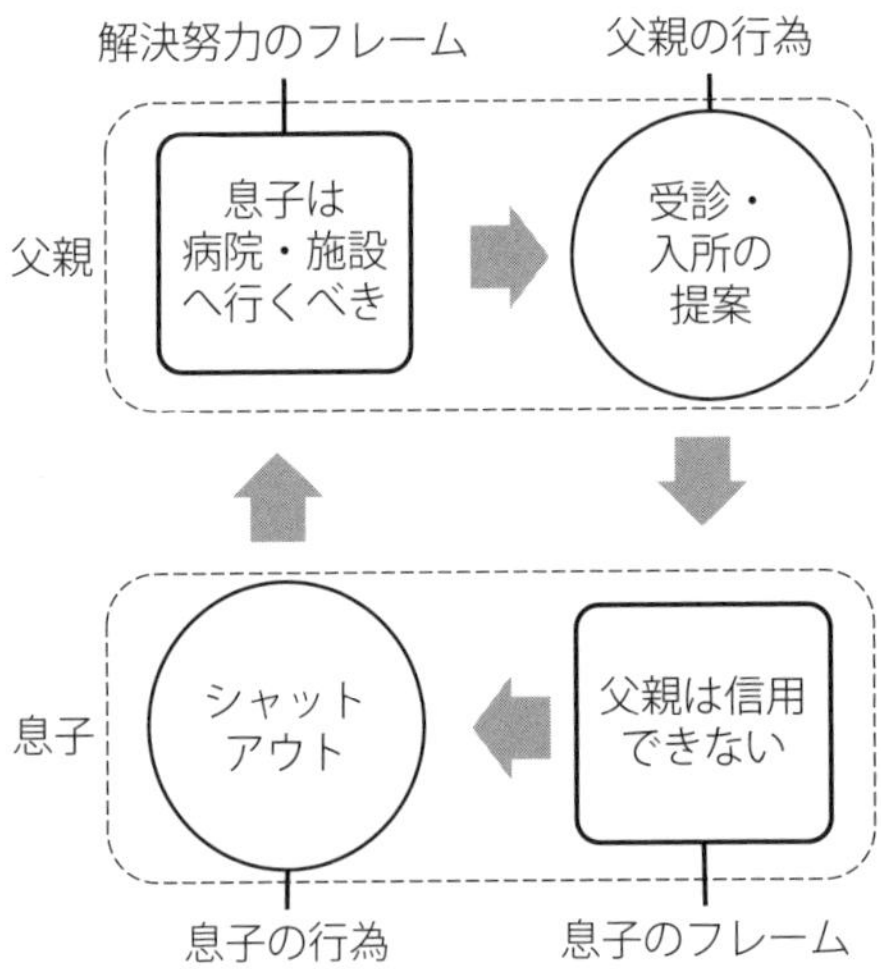

解決努力のフレームに基づく対象システムの悪循環パターン

図49

なります。

父親の解決フレームは【コンサルタントと縁を切る】。解決努力のフレームは【病院受診・施設入所】でしたが、それに基づく息子への働きかけは、息子の姿勢を硬化させ、悪循環パターンを維持していると考えられました（図49）。

悪循環パターンを描くことができたら、次に解決努力のフレーム【病院受診・施設入所】について、右記逐語録のようなやりとりだけでなく、様々な観点から協議します。

・解決努力フレームに基づく対応で見こんでいた効果は？〈〈どうなるといいなと思って病院に行こうと提案したのですか？〉〉
・解決努力フレームに基づく対応に効果はあったか？〈〈お父様の提案は、どの程度の効果があったでしょうか？〉〉
・クライアントが試みてきた他の対応方法を確認できたか？〈〈他に問題解決のために試みてきたことがあれば教えてください〉〉
・解決努力フレームに関わっている重要な価値観、経緯の有無を確認できているか？（例：家訓、恩師の助言、地域のしきたり等）〈〈その解決努力はご自身で考えつかれたのですか？　それともどなたかのご助言があったのでしょうか？〉〉
・右の重要な価値観、経緯がある場合、解決努力の変更を許容できるか？〈〈その価値観を変えてしまっても差し支えはないものでしょうか？〉〉

- 今後も同じ解決努力フレームを持ち続けた場合の見通しは？〈同じ対応を続けると、今後はどうなっていきそうでしょうか？〉
- クライアントの「変化の理論」を確認できているか？〈こういうふうにすると良い方向へ行きそうだ、というオリジナル・アイディアがありましたら教えてください〉
- 解決努力フレームの変更について不安に思うことはあるか？〈今ご提案したことを実践する上で、何か心配なことがおありでしょうか？〉

180度反対指示

このようなコミュニケーションを経るだけでも、クライアントのフレームが変化することがあります。ですから、課題提示や方針の提案は不可欠というわけではありませんが、それを行う場合にMRIが指針として示しているのが「180度反対指示」です（Fisch et al., 1982）。例えば、眠るという解決のために「眠ろうとする」という解決努力を行っている不眠症のクライアントに対して、「眠ろうとしない」は中途半端だとされ、「覚醒を保つ」ことが180度反対の行動として推奨される、という具合です。

本事例ではどうなるでしょうか。「病院受診を提案しない」というように解決努力を単純に停止する、という指針ではMRI的には「中途半端」ということになるでしょう。では、180度反対の方向性とは？180度という数値から指針を導き出すのは、よほど直観に優れた達人でもない限り、容易なことではないように思えます。

クライアントのフレームに基づく提案

　本書で提案したいのは、クライアントのフレームから方向性を決めていくということです。本事例においてセラピストは、「クライアントが納得するまで理由を聞く」との提案をしていますが、これは父親のフレームから導き出されています。【息子のことを助けたい】【事業が軌道に乗ることを祈っている】【コンサルタントとの関係を切って欲しい（そして父親をはじめ家族との関係を回復して欲しい）】といったフレームです。セラピストは、外部のどこからかアイディアを持ちこんだのではなく、目の前のクライアントのフレームから、課題や方針を考えようとしています。

③複数面接における支援システムのコミュニケーション・パターン

　次に複数面接を見ていきましょう。複数面接においてもセラピストは、否応なくシステムの一員となっています。

　しかし、複数面接では、セラピストの視界に夫婦や親子が入っているので、セラピストは彼らを「客観的に」観察

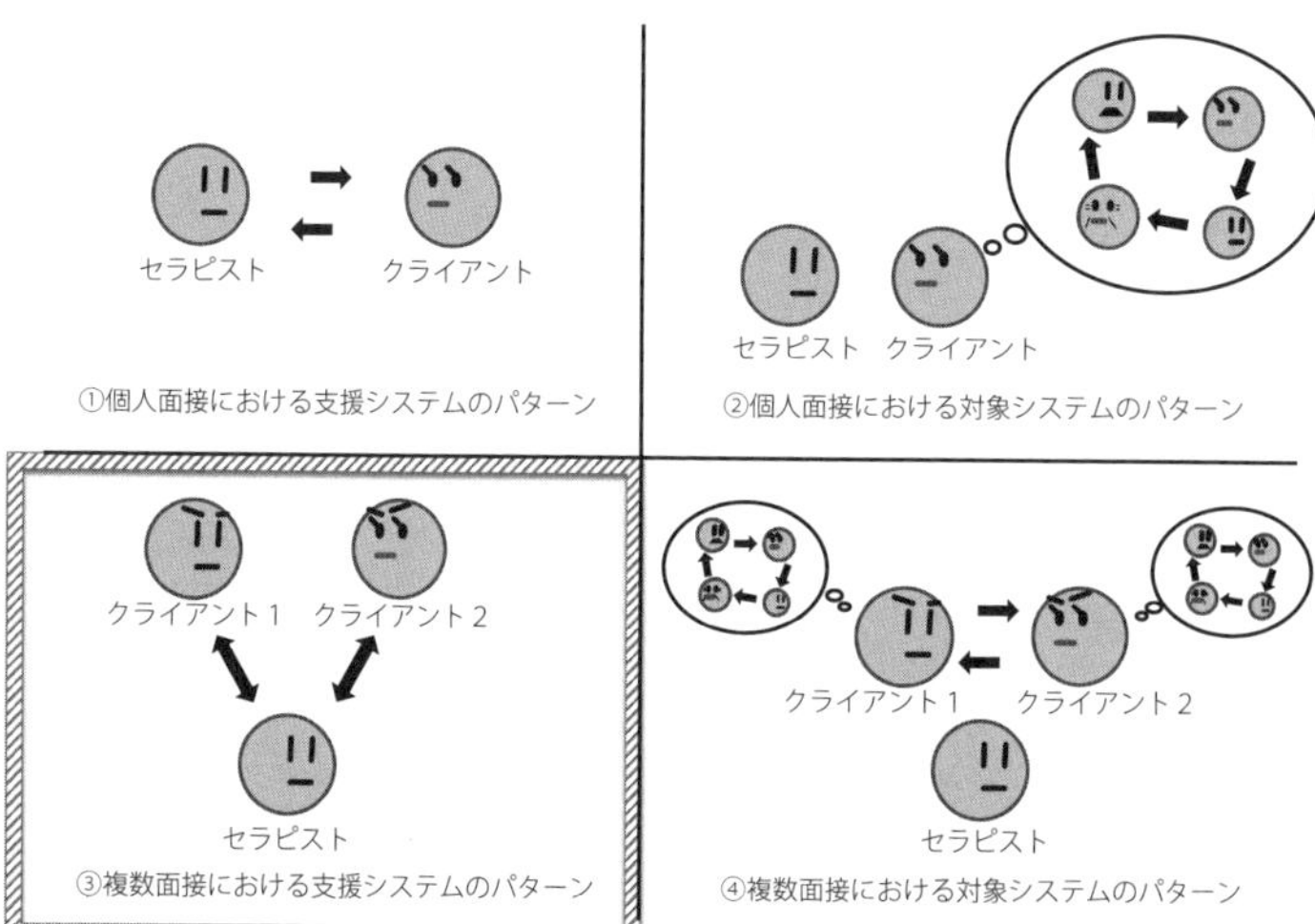

図 50

している気分になります。ですが、そのような認識だけでは「個人面接における支援システム」のところで触れたように不十分です。なぜなら、支援においてセラピストは夫婦や親子にすでに関与してしまっているからです。面接で考慮すべき単位として、「夫婦」や「親子」だけでなく、「夫婦＋セラピスト」「親子＋セラピスト」というセットを付け加えなければなりません。

例えば、子どもの問題で来談した両親の事例。「両親のどちらから面接室に入室するか」は、両親という対象システムの性質を表しているように思えます。しかし、両親の入室は、面接室にセラピストがいることが前提なのですから、セラピスト抜きに両親のあり方を評価するわけにはいきません。両親は他の場面ではまったく異なる動きをするかもしれないからです。

さらに、両親が面接室に入室した瞬間から、セラピストは両親のどちらに対してまず視線を合わせるのか、そして挨拶をするのか、支援システムの形成に関する決定をし始めなければなりません。

父親から率先して入室し、母親に着席場所を指示する、といったパターンに対して【父親が対外的な場面でリードするべきである】という両親のフレームを見てとった結果、セラピストがまず父親に挨拶をしたとします。すると両親は、「セラピストはうちの家族のことを分かってくれている」と思うかもしれません。

そうではなく、母親が先に入室し着席位置などの指示をしており、【母親が対外的な場面でリードするべきである】というフレームが見てとれているにもかかわらず、「父親を立てねばならない」などとセラピストの思想信条に基づくフレームを優先させ、父親に対してセラピストが挨拶をし始めたら、父親はいつもとは異なる役割に落ち着きをなくし、母親は尊重されていないと感じて戸惑うかもしれません（あえてそのようにアプローチするやり方もあるとは思いますが、コラボレイティヴな面接とは少し距離がありそうです）。

このように、両親とセラピストはともに支援システムを形成してゆきます。セラピストは両親のパターンを外側からゆっくりと眺めている、そんな存在ではいられません。セラピストは支援システムのパターンの一部分として、どのようなパターンを作ることが支援上有益か、そうした観点から自らの行為をその都度決定します。

④複数面接における対象システムのコミュニケーション・パターン

複数面接に関わる対象システムについて、まず挙げられるのは、「②個人面接における対象システムのコミュニケーション・パターン」に登場した、クライアントが述べる生活場面における対象システムのパターンです。複数面接の場合は、クライアント1とクライアント2で言及する対象システムのパターンが一致を見ることもあれば、全く異なる、ということもあるでしょう。パターンの区切り方が異なる、すなわち意見が異なる複数の面接参加者とコラボレイティヴに面接を進める上での基本的なスタンスについて

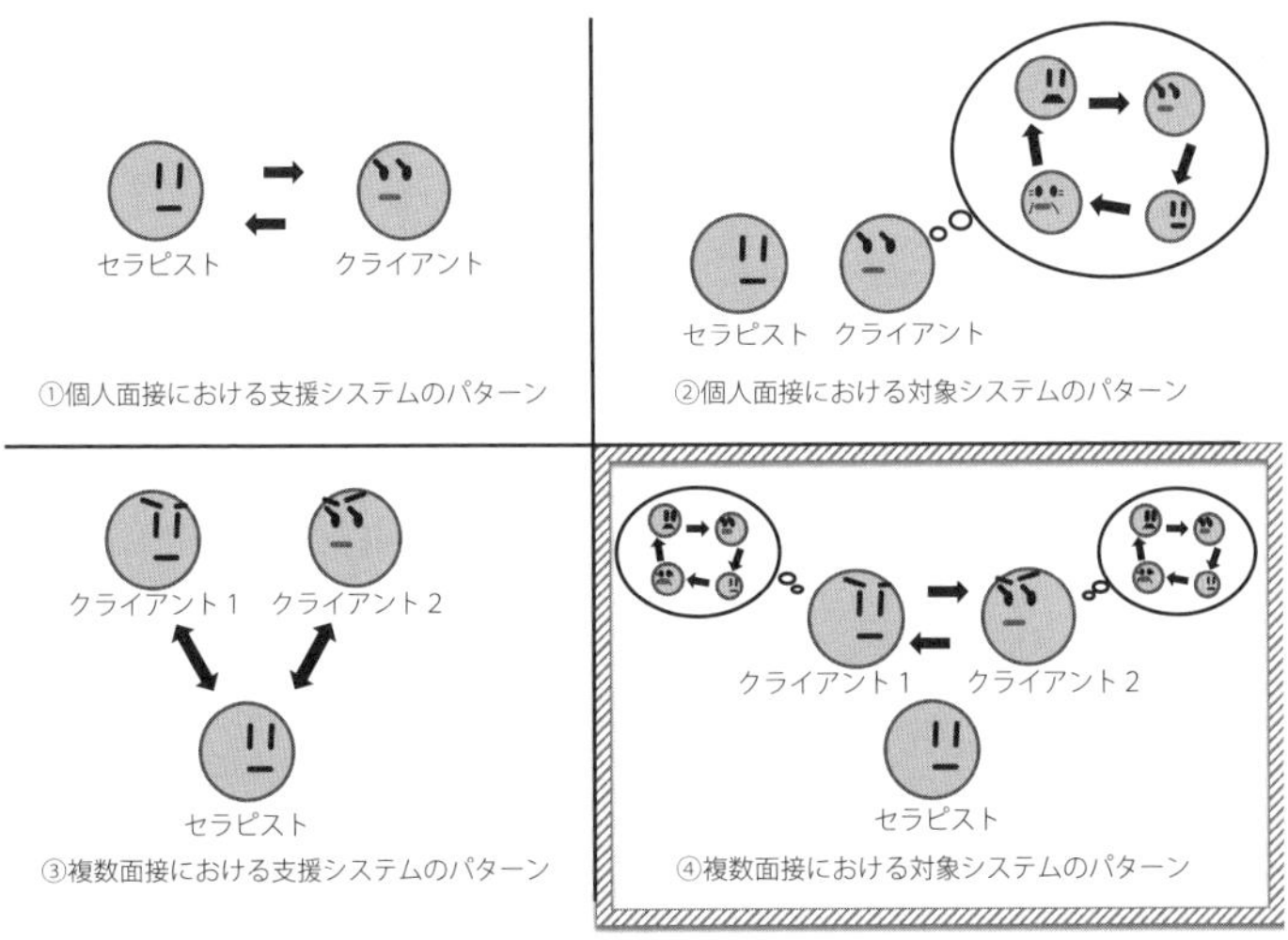

図51

は、「第12章　家族療法をコラボレイティヴに活用する②」で述べることにします。

面接の今ここにおける対象システム

さて、もうひとつ、複数面接の「今ここ」で発生している対象システムのコミュニケーション・パターンを見てみましょう。

複数面接において、夫婦や親子といった、面接参加者がおりなす対象システムのコミュニケーション・パターンを簡便にとらえる指標として、ＭＲＩ公理５の「テンション」を挙げることができます。復習しておくと、対称的コミュニケーションはテンションのエスカレーションを、相補的コミュニケーションはテンションが収まるデスカレーションを意味しました。

例えば、夫が「妻の気持ちを分かってあげられない」と反省の姿勢を示すと、妻が「分かってあげるって何？　何様のつもりなの？」と抗議し、夫が「そうやって重箱の隅をつつくなよ！」と反論したとしましょう。この様を「夫婦のテンションが対称的にエスカレートしている」ものとしてとらえます。

夫：反省を示す↓**妻**：抗議する↓**夫**：反論する

次に、エスカレートしたテンションがどこで収束するか、に関心を持ってみましょう。例えば、妻が謝ることで場のテンションは下がるかもしれません（仲直りする、ということではありません）。

夫：反省を示す↓妻：抗議する↓夫：反論する↓妻：謝る

「この言い合い、どのように終わるのだろう？　テンションはどのように下がるのだろう？」そうした視点を持つと、複数面接における対象システムのパターンが見えてきます。

対象システムはやはり擬似的視点

しかし、実は、「③複数面接における支援システムのコミュニケーション・パターン」で述べたように、セラピストはクライアントや家族に不可避的に関与してしまっており、「複数面接における対象システム」も擬似的な視点に他なりません。ところが、目の前でコミュニケーションが展開している様子を見ると、セラピストは自分という存在がどこかに消し飛んで、対象システムに固有の性質を記述したい欲に駆られます。

この夫婦のパターンも、一見、夫婦のみがテンションをエスカレートさせ、収束させる分かりやすい例のように見えますが、その場にセラピストも居合わせているわけですから、セラピストを含めた次のようなパターンとして記述することもできるのです。

夫：反省を示す↓Th：沈黙↓妻：抗議する↓Th：沈黙↓夫：反論する↓Th：沈黙↓妻：謝る

こうなると、大分雰囲気が違って見えないでしょうか。

沈黙するという形でセラピストが関与していますので、このパターンは純然たる夫婦のパターンとは言えません。ですから、「罵りあうなんてひどい夫婦だ」などと夫婦という対象システムの単位でとらえる視点だけでは、それはひとつの見解ではあるものの、アセスメントとしては不十分です。例えば、

「セラピストが夫婦関係を膠着させている」
「セラピストが安心して議論できる場を夫婦に提供している」
「夫婦がセラピストに罵りあいをどうにかしてくれるよう求めている」

というように、セラピスト自身を含めた仮説を付け加える必要があるでしょう。

⑤思考のパターン

さて、コミュニケーション・パターンに一区切りをつけましょう。次に、少し異なる観点から、「思考のパターン」と「支援プロセス全体のパターン」に触れておきたいと思います。

思考のパターンとは、思考の時間的推移を表現したものです。思考↓思考↓思考、という連鎖の形をとります。

図52のパターンは、なぜか他人を許せない、いつも怒っているというクライ

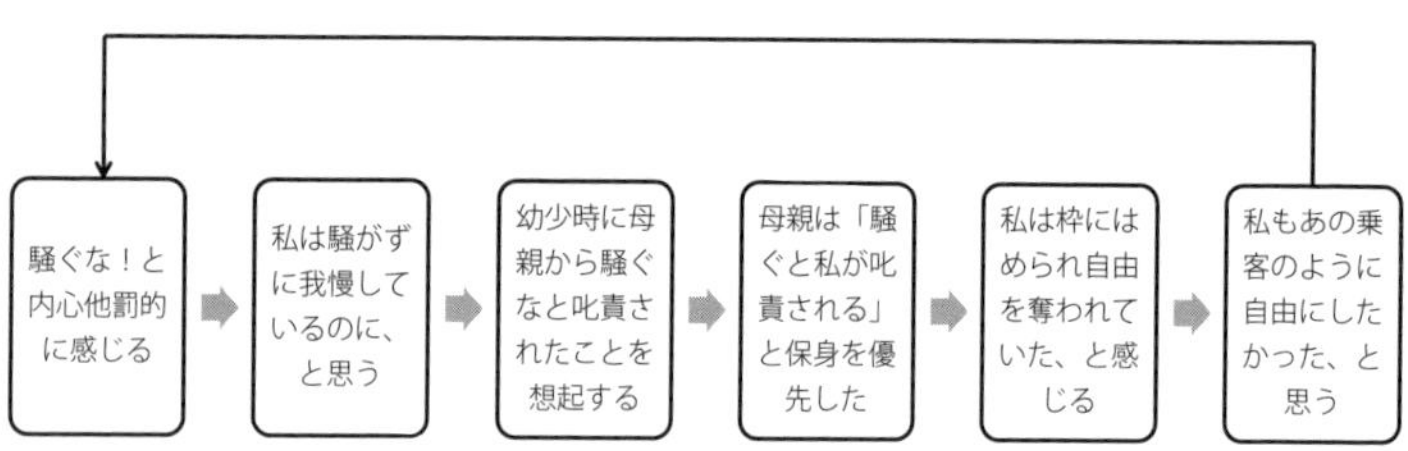

電車で騒々しくしている乗客と同乗した際のクライアントの思考のパターン

図52

アントの思考がどのように展開しているのか、〈その次はどんな考えが思い浮かぶのですか？〉などと確認していった結果を図示したものです。

このように書き出す作業だけでも、「すっきりした」とクライアントは述べるかもしれません。ただし、明示的である分、衝撃的でもあるので、セラピストが勝手に実施するのではなく、もし執り行うのなら【いつも頭がもやもやしているので、たとえ辛い作業であっても自分の考えをはっきりさせたい】といったクライアントのフレームを確認して作業を行う必要があります。

ここからどのように面接を進めていくかは、クライアントのフレームによります。年余に渡る母親との関係性を振り返ってもいいでしょう。母親に対する怒りを表出する、という手もあるでしょう。これからは自由に振る舞っていくことにする、という現実的で行動的な課題に取り組んでもいいでしょう。あるいは、「本件は一旦保留」し、別な話題を優先させた方がいいかもしれません。どこに向かうかは、クライアントのフレームを参照する必要があります。

⑥支援プロセス全体のパターン

これは、ある事例の支援プロセスにおける全体を見渡した時に見出せるパターンです。例えば、

Th：積極的に問題解決に向けた提案をする↓Cl：一応賛同するものの結局宿題をやってこない↓Th：ますます積極的に主導する

あるいは、

Th：共感を示す↓Cl：セラピストに対して攻撃的な言動をする↓Th：クライアントの「攻撃」に対して
受容的な態度を示す↓Cl：さらにセラピストを「攻撃」する

などというパターンのことです。

事例を振り返る方法は様々にあると思いますが、「ああ、改善していると思ったけど同じパターンを繰り返しているんだな」などとパターンを起点に振り返ってみることができます。そうして、セラピストが事例のパターンに参画していることに気づくことができたら、セラピストは自分のフレームを変えることで変化を呼び込もうとするかもしれません。

例えば、支援開始時点よりおしなべて、

Cl：セラピストに助言を求めて懇願する ↓ Th：苦し紛れの助言をする

というパターンを続けていることに、セラピストが気づいたとします。そして、セラピストの中に「セラピストが積極的に問題を解決すべきだ」というセラピストのフレームを見出したとします。そこから、なぜそのようなフレームを携えるに至ったのか、そのフレームは有用なのか、ということについて考えてみたり、場合によってはクライアントと話し合ってみたりすることが、その後の面接展開に資するかもしれません。

第Ⅰ部基礎編のまとめ

さて、準備が整いました。長々と述べてきましたが、コラボレイティヴな実践で行うことは、きわめてシンプルです。まとめてみましょう。

まず、セラピストの専門知識や経験といったフレームは保留し、クライアントのフレームを想像しそれに合わせながらクライアントに関わります。例えば、【静かに会話をしたい】というクライアントの期待フレームに合わせて、セラピストが小さな声で控え目に会話に参加していると、クライアントは話しやすくなり、多くを語るコミュニケーションに移行する可能性が高まるでしょう。

「クライアントの訴えや行為」を「セラピストがどう受け取るか、フレームづけるか」によって「セラピストの行為」が決まり、「そのセラピストの行為をクライアントがどう受け取るか、フレームづけるか」によって、「その次のクライアントの訴えや行為」が決まる。以上のカッコの部分が連鎖していく様をセラピストは

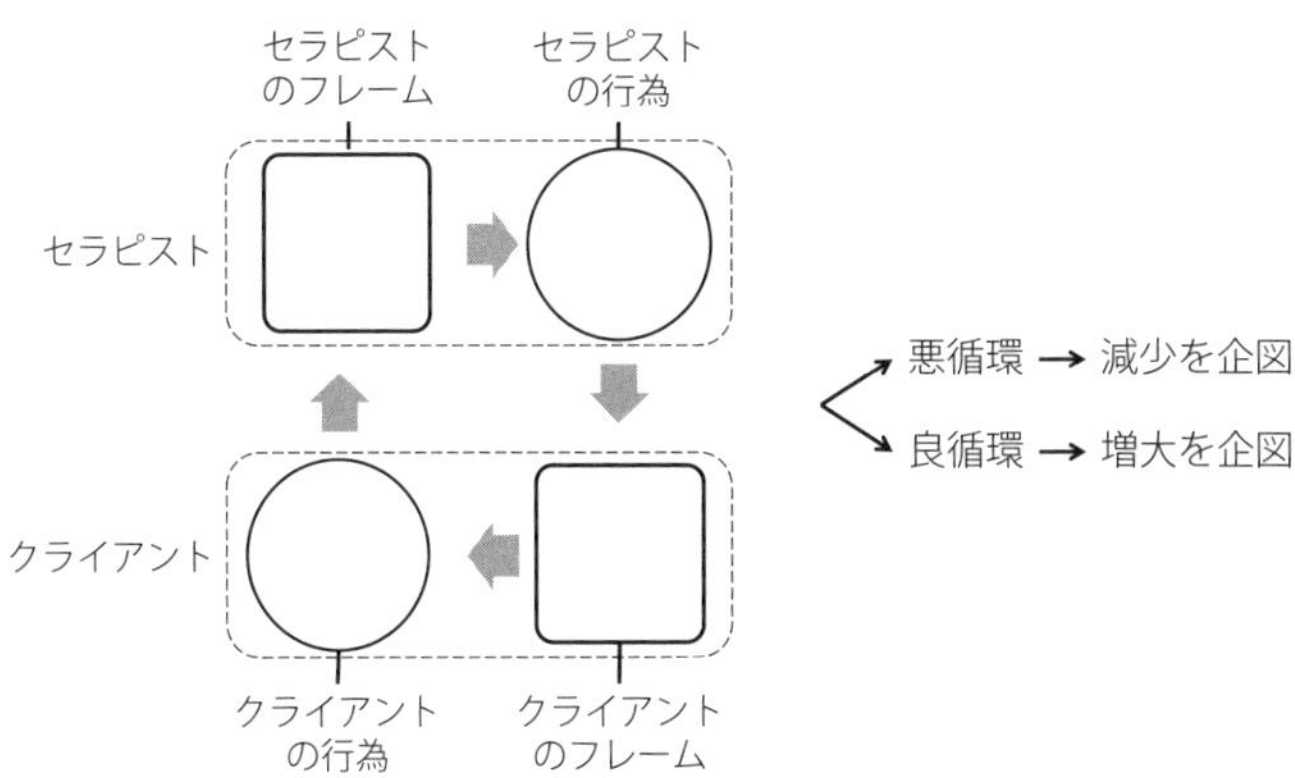

フレームにせよパターンにせよ、良循環に寄与しているなら、それが続くよう、できれば増大するようセラピストは行為する。悪循環に与しているようであれば、セラピストの行為を変更することで悪循環が減少することを目指す

図53

意識し続けます。

そうすると、セラピストとクライアントによる支援システムのコミュニケーション・パターンが見えてきます（図53）。クライアントであっても関係者であっても、思考（フレーム）のパターンにせよコミュニケーション・パターンにせよ、「良循環は増大し、悪循環は減少する」方向でセラピストは努力します。[3]

良循環か悪循環かを判断する上で、セラピストの思考・感情・身体感覚は、セラピストにヒントを与えてくれます。「何だ、この変な緊張感は」「焦っているぞ」といった感触は、例えば、セラピストが悪循環に巻きこまれているという判断をする上で、助けになるかもしれません。

支援の現状が悪循環を来していると判断した時、変えるべきはクライアントではなく、セラピストのフレームであり行為です。それですら変えることに難渋することがあります。良循環についても同様です。良循環の増大に寄与するセラピストの考え方や行為の仕方を見出そうとします。

良循環が増えるよう、悪循環が減るようセラピストが努力をしていると、多くの場合クライアントは、従前とは異なる語り方をするようになります。支援における変化は各所へと波及し、クライアントの自他に対する認識や行動の仕方が変わっていくかもしれません。こうして支援が有意義なものになっていくわけです。

以上のまとめとして、個人面接、夫婦面接、家族面接で具体的な展開を見て参りましょう。

3　この点について、東（2010）は対人援助をセラピストとクライアントの「P要素（Positive な思考や行動）とN要素（Negative な思考や行動）の循環、相互作用」として精緻に描いています。

事例：個人面接

初回の面接に来談した会社員のタケオさんは、高齢の母親を亡くしたばかりであった。「現状が多問題でいかに大変か」ということを、眉間にしわを寄せながら辛そうに話す。母親の死と関連する諸事務手続きをこなしているだけでなく、母親と生前仲が良く悲嘆に暮れている家族のケアを、ただでさえ多忙な仕事をこなしながら、孤独に行っているという。そして、「今日は多くの方のカウンセリングをしている先生に助言を求めにきた」という。

セラピストはタケオさんによる「助言の求め」から、【限界に来ている】【状況はいかんともしがたい】【さらに力を尽くさねばならない】【自分だって親を亡くして辛い】といったフレームを見てとり、〈限界なのではないですか〉〈どうにもできないとお感じになるのは当然だと思います〉〈もしかして、もっと何かをやらなければとお考えなのですか〉などと発言した。

しかし、そうするとタケオさんは余計に声を荒げ辛さを訴える、というパターンが繰り返された。支援システムのパターンは次のようになる。

Th：共感を示そうとする→Cl：声を荒げる

セラピストは大変な状況で尽力していることを労い、タケオさんの来談ニーズを確かめようとしたが、「自分でも分からない」と言って、再度どれだけ辛いかを話し出す、そんなパターンが2度ほど繰り返された。

Th：面接への要望を尋ねる↓Cl：答えず多様な訴えを述べる

これらのパターンによって，面接は膠着しているように見える。しかも，同じパターンが複数回繰り返されている。それが良循環なのか悪循環なのか，セラピストは早急に評価しなければならない。タケオさんのフレームは未だ見えない。時間は刻一刻と経過していく。

一瞬，セラピストはタケオさんのことを話の通じない人，などと思いたくなる衝動に駆られる。しかし違うのだ，セラピストの関わり方の問題であるはずなのだ，そう考えることでセラピストは体勢を立て直そうとする。

何はともあれ，「タケオさんのフレームが曖昧なまま，何となく助言をして的を外す」ことだけは避けたい。だから，タケオさんの要望を確認することにセラピストがこだわることで生じているこのパターンは，実は良循環であると判断し，セラピストはみたび尋ねた。

Th：どうしても知りたいんです。何についてアイディアが得られたら，カウンセリングにいらしていただけた甲斐があったとお考えいただけそうですか？

タケオさんはしばし黙りこむ。険しい表情が変わることはない。セラピストの背中に汗が一筋伝う。数十秒が経過したであろうか，タケオさんは口を開いた。「問題をどこから解決するのか，優先順位がついていないのかもしれない。本当は病院に行きたいが，大病院は待ち時間が長いので，どうしても後回しになる。健康診断の結果が悪く、高脂血症の治療をすぐにでも開始するように言われた。しかし、薬の副作用を考えると病院には行きたくない」とのこと。

ようやく、支援システムのパターンが動いた。

Th：面接への要望を尋ねる↓Cl：病院受診について逡巡を示す

同時に、【優先順位を整理する必要がある】【体調の懸念を払拭したい】といったフレームも見えてきた。苦境に喘いでいるタケオさんが助言を求める、それは、「こうしなさい」と言ってもらえるような関係性、つまりは【親密さの希求】を意味しているのかもしれない。まだタケオさんのフレームを十分には把握しかねているが、面接終了時刻が迫っている。何より、セラピストの求めに応じてくれたタケオさんの努力に報いなければならない。セラピストはもう一段階踏みこんだ関わりをしようと決意した。

Th：実は私も高脂血症で服薬中なんです。

するとタケオさんは「そうなんですか！」と身を乗り出した。面接室の雰囲気は明らかに変わった。

Th：自己開示↓Cl：関心を示す

セラピストはこのパターンも良循環と判断、このままこの話を継続することにする。〈私が通院している病院は小さなクリニックで、待ち時間と診察時間を合わせて、かかる時間は長くても数十分程度です。あくまで私個人の所感に過ぎませんが、薬の副作用もまったくなく、通院間隔は数カ月に一度くらいです〉とタケオさんが気にしているポイントについて、専門家としてではなく、一個人、一患者の経験談だと断った上で伝えた。タケオさんはさっきまでとはうって変わって興味津々の様子。残りの時間は質問コーナーになった。「一日何錠服用するんですか？」〈僕の場合は1錠です〉などとセラピストは答えられる範囲で答えた。タケオさんは「ネット情報はあてにならない。治療を受けている当事者の話が聞けて今日は良かった」と満足そうに次回の予約を取った。面接はどうにか着地したのである。

事例：夫婦面接

妻は単独で来談、不安な胸の内を語っていた。1年前に開始した不妊治療に、夫が本気で取り組もうとしているのか分からず不安になり、一人でいる時には泣き出してしまうのだという。会社員の夫は、社内起業に応募しようとしており、その準備で忙しそうにしている。妻の夫に対する疑念に対し、夫は起業と不妊治療を両立させると主張しているとのこと。妻の話からは、夫婦が以下のようなコミュニケーション・パターンを繰り返していると推測される。

妻：夫への不安を示す ↓ **夫：**なだめる

妻が夫に対する行動を変えることで、この対象システムのパターンに働きかけるという手もあるが、妻は【自分の行動を変えるだけの余力がない】とのことで、セラピストは夫婦面接を実施し、夫の意向を確かめてみることを提案、妻は了解した。

夫婦面接にやってきた夫は、妻の話からセラピストが思い描いていた姿とは異なり、起業よりも不妊治療を推進するという決意を堂々と述べた。セラピストはいたく感心したが、妻の表情は思いのほか冴えない。すると妻は「夫の夢である起業もさせてあげたい」と呟いた。

夫：不妊治療優先を宣言→**Th**：夫を支持→**妻**：起業への支持を示す

夫が不妊治療推進側に重きを置いた途端、夫の【起業したい】フレームを、妻が引き受けるような格好になった。他に、妻の【夫に我慢を強いてしまって申し訳ない】フレームも見え隠れしている。

さて、セラピストはどうするべきか。

セラピストが夫に感心を示し過ぎたのだろうか、それに対する反動的な動きともとれるが、いや、ここは夫婦という対象システムにおいて、夫は積極的に妻の意向を汲み、妻は忌憚のないところを語っている、というとらえ方のほうがしっくりくる。これまでの支援には見受けられなかった新しいパターンがお目見えした、と見ることができる。これが従前のパターンに代わる好ましいパターンとなるのか、もう少しこのパターンの行く末を見守りたい。したがってセラピストの方針は、「このまま続行」である。セラピストはシンプルに、〈そのあたり、もっと聞かせてくれませんか〉と妻にリクエストした。

すると、妻ではなく夫が反応した。「あなた（妻）がそんなことを言っていたのでは不妊治療はできない。そういうことを言うのは止めて欲しい」とこれまでにない態度で妻に決意を迫った。夫の真摯な態度に妻は相好を崩し、ようやく安心した様子を示したのである。夫がリードする新しいパターンは、力強く展開した。セラピストはこれを良循環と判断、その強化を願って、〈頼りがいのあるパートナーで良かったですね〉と言うと妻はニッコリ微笑んだ。新しいパターンは定着しつつあるようである。

事例：家族面接

小学校4年生の男子トモさんは、ここのところ元気がない。学校から「最近あまり積極性が見られなくなった、何らかの心理的問題を抱えているのではないか」と認知行動療法を勧められ、母親とともに来談した。言葉少なげなトモさん。セラピストが状況について尋ね、母親が事情を説明する。

Th：質問→**母親**：状況説明→Th：トモにも尋ねる→**トモ**：沈黙がち

セラピストはこの支援システムのパターンに合わせて、しばらくの間母親から情報収集をしてみる。母親によると、【問題は学力】であって、心理面の問題ではないという。しかし【学校側とトラブルを起こしたくない】ので、このままカウンセリングを続けたい、とのこと。トモさんは自発的に話すことはなく、どこか不満そうにしており、セラピストからの質問にもほぼ答えない。セラピストは現時点での支援システムのパターンは悪循環を来していると判断した。またトモさんの態度は、どちらかというとセラピストというよりも母親に向けられているもの、すなわち【母親の前では話しづらい】フレームの反映のように感じた。そこで、母親には待合室で待機してもらい、トモさんと個人面接をすることにした。

トモさんとの個人面接では、セラピストがトモさんの得意分野だという絵やポケットモンスターに関心を示すと、トモさんは冗舌になって話し始めた。

Th：得意分野に言及↓トモ：冗舌

良循環が発生したと考え、セラピストはこのまま様子を見ることにする。すると、トモさんは、セラピストに甘えるような仕草をしたり、「今すぐポケモンのWEBを検索しろ」と「命令」したりするようになった。トモさんは勉強や習い事で日頃窮屈な思いをしており、それをこの場で発散しようとしているのかもしれない。セラピストは面接室のトモさんから【のびのびしたい】というフレームを見てとった。そこで、〈検索ね、分かったよ。うーん、やっぱりやめよっかなー〉などとフランクに、かつプレイフルに関わった。トモさんからは「勉強面でついていけるか心配がある」、という訴えも聞かれた。

第3回面接までに父親も来談し、両親はほぼ同じ見解であることが判明。また許可を得て学校に連絡をしてみると、両親からの情報とほぼ同じ情報が得られた。関係者のフレームを整理すると次のようになる。

問題の所在
学校は【心理面】、両親は【学力不足】、トモさんは【学力不足】

カウンセリングの必要性
学校は【必要】、両親は【必要】、トモさんは【どちらともつかない】
カウンセリングの内容
学校は【認知行動療法】、両親は曖昧、トモさんは【プレイセラピーのようなもの】

この時点で、セラピストは支援の方針をまだ示せていなかった。セラピストはそろそろ、以上の各関係者の思惑を踏まえ、関係者全員の【上手く支援をリードして欲しい】フレームに応える必要があった。そこでセラピストは次のように提案した。

Th：トモさんに心理的問題があるようには思えませんが、勉強についての心配をうまく扱えたら、もっと学校生活が楽しくなるかもしれません。認知行動療法のワークブックをやってみませんか？　ワークブックは描画を用いて進める形式になっていて、絵を描くことが得意なトモさんに向くと思います。

トモさんはセラピストの提案に賛成した。その様子を見ていた両親は、トモさんが普段に比べやる気を出しているようだと嬉しそうに述べた。学力に付随する問題を扱うという点ではトモさんと家族に、認知行動療法を行うという点では学校に、絵を描くというところではトモさんに、セラピストは間隙を縫うように合わせようとしたのである。

学力については塾に通うことで補うこととなった。また、学校には後日「不安に対する認知行動療法を実施する」旨を両親から報告することとなった。

こうして、支援の枠組みはできたが、個人面接の進行はお世辞にも順調とは言えなかった。認知行動療法の体ではあったが、実質的には描画を通じたお喋り、といった雰囲気であった。

Th：認知行動療法実施↓トモ：あまり乗らない

セラピストはこんなふうに支援システムのパターンを意味づけていた。トモさんはリラックスしているように見えるし、関係者もカウンセリングの継続に納得している。だから最悪ではないのだが、効果が上がっている気もしない。セラピストはチャンスをうかがうことにした。

そんな中、7回目のセッション。ワークブックのテーマは「心配を両親に話す『心配タイム』を作る」。ワークブックはあくまで個人の認知や行動を変更する目的で作成されており、家族面接の実施を指示する記述があるわけではない。ワークブックの趣旨に基づいて引き続き個人面接を行うこともできるのだが、親子のやりとりを面接の中で直接検討できる、折角の機会でもある。セラピストはこの回を、【のびのびしたい】というトモさんの希望を実現するチャンスととらえ、〈実際にお母さんに心配なことを伝えてみよう〉と提案した。これまでの関係性が役立ったのか、トモさんは緊張の面持ちではあったがセラピストに賛成した。

待合室の母親を呼び入れ検討を始めると、ほどなくしてトモさんは泣き出した。そして、「母親に相談するのは嫌だ。色々うるさく押しつけてくるから。父親は分かりきったことしか言わない。ポケモンのフィギュアになら相談してもいい」と、これまで身体全体を使って表現していた両親に対する不満を、言葉にして初めて述べた。母親は慌てた様子でトモさんに何でも相談するよう伝えたが、トモさんは拒否的態度のまま下を向いている。

トモ：率直な感情を吐露→**母親：**今後の援助要請行動を推奨

場の緊張は高まっているが、このパターンはトモさんが意思表示をした結果生じた支援における新しいパターンであり、言いたいことを我慢せずに伝えられたという点で【のびのびしたい】というフレームにもフィットしている。このパターンは良循環ととらえて維持拡大するべきだとセラピストは考えた。またセラピストは、トモさんから、【(自分は頑張って言いにくい内容を母親に言ったのだから）労って欲しい】、というフレームを見てとった。以上から、〈嫌だと思うことを自己主張できたことは、素晴らしかったね〉とセラピストが述べると、トモさんはぱっと顔を上げた。泣きあとに、驚きと明るさが漂っていた。

この面接以後、トモさんは真剣な表情でワークブックに取り組むようになった。なぜトモさんは変わったのか？　家族関係やトモさんの認知や行動といった観点から後付けの考察をすることはできる。しかし、現場のセラピストはトモさんや関係者のフレーム付けになるべく鋭敏であろうと心がけ、良循環が増え悪循環が減るよう行為していただけであり、真相は藪の中である。ほどなくして、成績は上昇し適応的行動も増加、学校側は安心したようだ、と母親から伝え聞いた。トモさんが大変成長したとの母親の言もあり、面接を終了した。

第Ⅱ部　応用編

第11章　家族療法をコラボレイティヴに活用する①

ポイント

・家族研究由来の諸概念は、家族の適応的特徴としてとらえることができる。
・問題の歴史的経緯を十分加味したい、というクライアントからのリクエストに応える上で、ジェノグラムは役に立つ。
・家族ライフサイクルは、家族が「円環的な存在」であることを教える。
・直線的な因果関係に疑問を持つことから円環的な質問を導き出せる。
・問題を肯定することは、変化のきっかけになりうる。
・パラドキシカルなフレームはもともとクライアントのものである、とすることで、葛藤理解を促進することができる。

ここからは応用編です。

本編以降で登場する各種の理論は、クライアントには何ら関係のないセラピストのフレームに過ぎませんが、コラボレーションを促進する考え方に触れておくことで、セラピスト自身の準備状態を整えておくことができます。

本章では手始めに、家族研究・家族療法で用いられてきた概念や技法のコラボレイティヴな用法について検討したいと思います。

家族研究の知見

家族療法の源流、そのひとつが統合失調症の家族研究です。しかし、家族研究は「必ずしもこの疾患の治療や予防に結びつかなかった（…）むしろ患者および家族に多大な負荷を負わせてしまった」（中村&牧原、2013）。家族研究の消退にはケネディ暗殺が関連している、などという説もあるようです（松本、1996）。[1] 家族研究の是非はここでは措くことにして、本章では、今でも教科書等で散見する家族研究・家族療法由来の概念について、コラボレイティヴに有効利用するにはどうすればいいのか、その方途を探るというスタンスからお話ししていきます。

本章で扱うのは、

世代間境界の混乱
ペアレンタル・チャイルド
ジェノグラム

1　アメリカ大統領ケネディが推進していた精神医療政策の予算は、暗殺によって削減され家族研究もその煽りを受けたのではないか、と松本は記しています。

家族ライフサイクル
ポジティヴ・コノテーション
円環的質問法
パラドックス

といった一群です。

「世代間境界の混乱」「ペアレンタル・チャイルド」

家族研究の結果提出された見解や概念は数多くありますが、ここでは「世代間境界の混乱」「ペアレンタル・チャイルド」を例にとってみましょう。世代間境界は、世代間の区別を表す擬似的な境界線で、親世代の一方と子が密着している状態を「世代間境界が混乱している」などと表現します。ペアレンタル・チャイルドは、親のような役割をとる子どもを指します。これらの概念は病因論から出発しているからか、それらがいかに問題であるかという彩りに満ちています。

例えば、母親と長男の関係が近しく、父親が単身赴任中である家族は「世代間境界が混乱しており、長男があたかも母親のパートナーであるかのような位置にいる」。いささか古い例ですが、「漫画『巨人の星』に登場する星飛雄馬のお姉さん星明子はペアレンタル・チャイルドであり、母親不在の家庭で、星一徹、星飛雄馬親子の面倒を、まるで母親であるかのように甲斐甲斐しくみている。彼女は、自己を犠牲にしている」。

こんなふうに記述していると、世代間境界やペアレンタル・チャイルドがまるで現実に存在するもののように思えてきて、それらしく真実味を帯びた問題のストーリーが展開していきそうになります。しかし、そのようにフレームづけたのは当のセラピスト自身に他なりません。「世代間境界の混乱」「ペアレンタル・チャイルド」という概念を学習すると、いつの間にかその色眼鏡をかけて現実を見ていることがあります。すると、その概念を知らなかった時には持ちえなかった印象をセラピストは持つことになります。

家族研究由来の概念を活用するには

さて、家族研究をコラボレイティヴな臨床実践につなげていくには、2点について考慮する必要があります。ひとつは諸概念を問題のありかと見なすことについて、もうひとつはフレームの所在についてです。

1点目、「世代間境界の混乱」や「ペアレンタル・チャイルド」等の概念は、本来意味的に中立であるはずです。「世代間境界が混乱」していても健康的に過ごしている事例もあれば、世代間境界の混乱と不適応等を結びつけたくなる事例もあるでしょう。家族研究の諸概念は、問題のありかとも適応的な特徴とも、どちらとも受け取れるのです。

では、いずれの見解を採用するのか、個別の事例においてセラピストは何を基準に判断し面接を進めればよいのでしょうか。

2点目がこの点と関わってきます。「世代間境界の混乱」や「ペアレンタル・チャイルド」は専門家側の知識、すなわちセラピストのフレームです。「いえね、我が家の世代間境界は今、混乱していて大変なことになっているんですよ」という主訴は聞いたことがありません。「いえね、家で妻と息子がタッグを組んで私に態度を改めろと迫ってくるので困っているんですよ」という主訴を聞いた専門家が「世代間境界の混乱」という専門家のフレームを用いてラベルづけしているわけです。ですから、「世代間境界の混乱」は、元から家族に備わっている性質を観察した結果ではなく、専門家によってなされる色づけ、枠づけであり、クライアントのフレームとは別の次元に存在していることになります。

クライアントのフレームに目を転じる

セラピストがある家族に「世代間境界の侵犯」を見出し、それを是正する。クライアントのフレームを無視してセラピストの見解のみからそうした対応を行おうとすると、無理のある実践になりかねません。コラボレーションの観点からは、世代間境界の引き方を変えようとするのは、親子関係に関わる問題意識がクライアントにあり、親子関係を変えたいと考えている場合に限られます。

例えば、右の家族の母親に登場願い、子細に話を聞いてみる。すると母親は【私の態度は長男の自立を妨げているかもしれない】というフレームを携えていたことが分かった。そんな時、セラピストから〈お母さんは息子さんととってもいいパートナーシップを築いていらっしゃいます。けれども、その一方で、もっと主体的に部活や勉強をしてくれたらいいのにな、なんて思っていらっしゃるんですね。年相応の自立を願う、素敵なスタンスですね〉などと伝えることがあるでしょう。

ここでも、セラピストの提案は「子どもは思春期になったら母子カプセルの中から出て自立すべきだ」などという、セラピスト自身の理想から動いているのではなく、母親の【息子に自立して欲しい】というフレームからもたらされています。

ペアレンタル・チャイルドも同様です。先の星一家の誰も星明子のあり方を問題視していないのなら、〈お姉さんのおかげで皆さん野球に集中できているんですね〉などと、ペアレンタル・チャイルドを星家の適応的な一部としてとらえるかもしれません。

親子関係について、「長男は年頃なのに、母親と密接過ぎる」などと判断するのは自由ですが、それはセラピストの中の判断に過ぎず、クライアントの賛同を得られるかは未知数です。「世代間境界が混乱していることを伝えても、家族が受け入れない」などという事態は、セラピストの自縄自縛です。専門家側の知見はセラピストのフレームであり、それが支援にまつわる関係性を阻害していないか、チェックを怠らないようにしたいものです。

多世代概念の運用

「ジェノグラム」をご存知でしょうか。家系図と似ていますが、家系図の情報が事実関係に限定されるのに対し、ジェノグラムには「良好な関係である（二本線で表記）」「密着している（三本線で表記）」「敵対している（折線で表記）」といったアセスメント情報も盛りこみます。臨床において基本情報を整理するためのツールとして広く用いられています。ジェノグラムを例示します（図

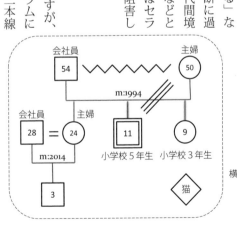

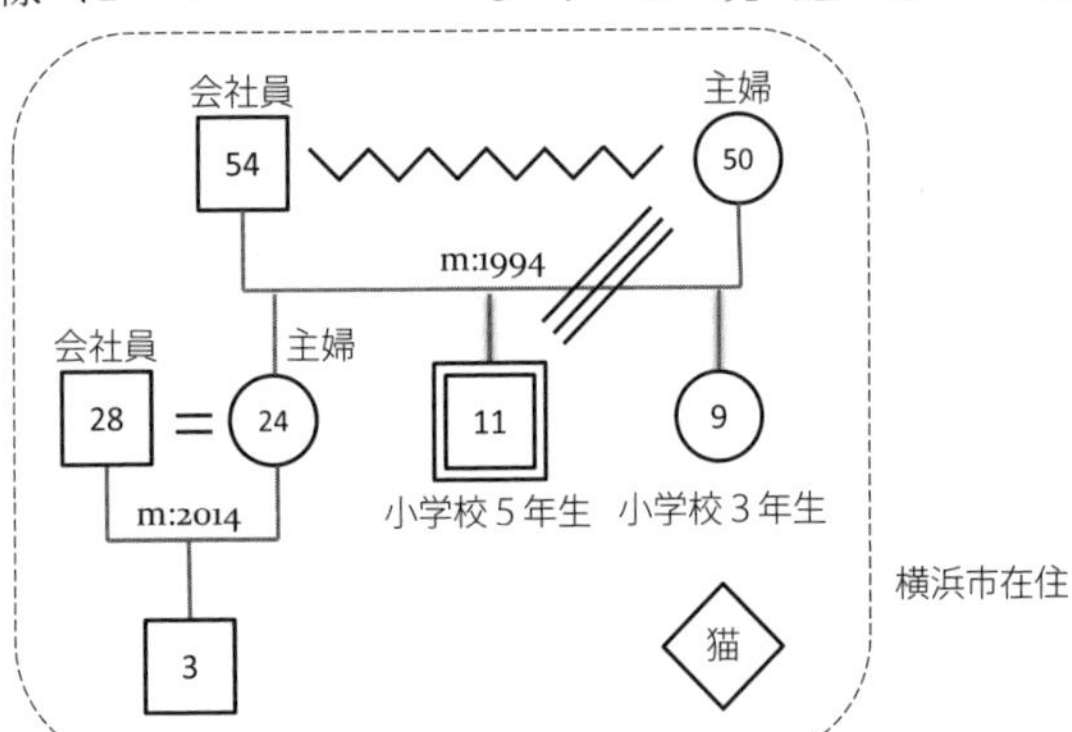

ジェノグラムの例

図 54

54)。

家族療法の中でもボーエン派は、世代を越えて受け継がれる家族の文化、人間関係、ルールが現状の問題と密接につながっていると考えます。そのため、数世代に渡って家族関係を見直す作業に取り組みます。ジェノグラムはそんな時に力を発揮します。

しかし、「問題は家族関係に起因する」というフレームが、セラピストだけのものである時には注意が必要です。情報収集が手荒なものになりやすいからです。クライアントが【細かい経緯を聞かれることには抵抗を覚える】というフレームを携えている場合は、よりいっそう気をつけなくてはなりません。根掘り葉掘り聞かれたと言って傷つくクライアントが出てくるのは、情報収集には、情報収集という名の介入という一面があるからです。クライアントは自販機ではありません。セラピストが求める情報が、「ボタン」を押せばぽんと出てくる、のではないのです。

例えば、年齢は価値中立的な情報に思えますが、女性に年齢を尋ねる行為が、社会的に非礼とされる慣習を思い出しましょう。対人援助の場面だからといって、年齢を無造作に尋ねていいということにはなりません。そんな時、〈ごめんなさい、失礼なことをおうかがいするようですが、よろしいでしょうか?〉と一言添えるのは、当然の心配りでしょう。性別を問わずどの事例でも、情報を尋ね明らかにすることがクライアントに与える影響について、考慮しなければなりません。

また、ジェノグラムをホワイトボードなどに図示する場合は、目の前で家族関係がヴィジュアル的に、一挙に拡がります。気づきもあるでしょうけれども、見たくない現実がある場合、それは否が応でも目に入ります。こちらも要注意です。

それでは、コラボレイティヴにジェノグラムを活用できるのは、どのような場合でしょうか。一例としては、クライアントが【積年の歴史的な事情を加味することが問題解決を行う上で必要である】とのフレームを持っている場合が挙げられます。あるいは、クライアントの、【過去や家族関係を振り返りたい】という期待に応えるためのツールとして、ジェノグラムは重宝します。

事例：姑から明治政府の要人へ

ルミさんは50代の主婦である。80歳を越えた姑との関係に悩み来談した。ルミさんによると、長きに渡る嫁姑の確執について相談するにあたり、家族の状況を話しておく必要がある、ということだった。セラピストは喜んでルミさんの要望を受け入れた。

セラピストは椅子から立ち上がり、ルミさんと質疑応答をしながらホワイトボードにジェノグラムを書いていった。するとどうだろう、数回のセッションの後、気がつけば5世代以上を遡り、時は明治時代から江戸時代に突入していたのである。そのプロセスで、姑は明治政府の要人の血筋であることが確認された。

しげしげとホワイトボードを眺めるルミさんとセラピスト。この時、ルミさんの気はあらかた済んでいた。姑の気位の高さは「要人」のそれなのだ、と感じたからである。

姑の家系について、ルミさんは情報としては知っていた。しかし、それはジェノグラム作成前には嫁姑問題と結びついていなかった。ジェノグラム作成を通じて、ルミさんの姑フレーム（姑に対する意味づけ）は、【何だか分からないが気難しい人】→【血筋上プライドの高さはいかんともしがたい人】とリフレームされた。それをルミさんは受け入れたのだ。

クライアントの期待フレームに合わせ、過去の経緯を探求した結果、面接は速やかに終了した。

家族ライフサイクルという視点

ライフサイクル論は、人生を胎児期から老年期に至るまで、いくつかの段階に区切り、その段階ごとの特色を明らかにしていくアプローチです。各段階の課題、人間関係、身体の変化やそれらの相互関係を扱う視点を含みます。

個人ライフサイクルが時系列順に展開するのに比べ、家族におけるライフサイクルは、複数の段階が同時に展開するのが特徴です。個人の一生に焦点を当てた個人ライフサイクルは一段階ずつ直線的に展開しますが、家族には、例えば、児童期の長男、青年期の長女、成人期の両親、老年期の祖母などが（同居、別居の別を問わず）混在しています。

少し具体的に見てみましょう。青年期の心身の変化に戸惑っている長女がお父さんの小言に「イラッときた」。しかしお父さんは、昇進によって重い責任に晒され胃痛に苛まれている。言いたくもないことを、胃の痛みに耐えかねて言ってしまったのかもしれない。そんなことはお構いなしに、夕食を3分で食べ終えた小学生の息子はゲームを再開する。テレビを占領されて、近頃唯一の楽しみであるドラマが見られないとお祖母ちゃんが嘆く。家族のライフサイクルには、児童期に勤勉性を育むこと、青年期における第2次性徴、中年期危機、老年期の統合といったテーマが一挙に押し寄せています。

自分だって、年を取る。長女や長男が今後直面することになる自らの老いを、お祖母ちゃんが予示しています。あるいは、子どもや若者の不安定さ、勝手さを、お父さんやお祖母ちゃんは過去において経験済みで、熟知しているはずです。

ところが、誰もが皆、今現在の自分の課題で大忙し。他者の経験を捨象して現実をパンクチュエートすると、例えば、

長女：父親がうっとうしいから（原因）、私がイライラする（結果）

祖母：孫がゲームに夢中で（原因）、私はドラマが見られない（結果）

というように、原因と結果を一対一で結ぶ直線的な認識が出現します。

個人個人が現実を区切る。すると、原因－結果という認識が出現する。ところが家族全体を見渡すと、家族それぞれの「原因－結果」が渾然一体となって一挙に到来しているがために、誰が原因で誰が結果だ、などとは到底言えなくなる。

長女がイライラし始めたのは、確かに父親の小言がきっかけかもしれません。しかし、それを維持増大させているのは、祖母がドラマ見たさにソワソワしてあたりをウロウロ動き回っているこ

個人のライフサイクルは時間にそっていて直線的

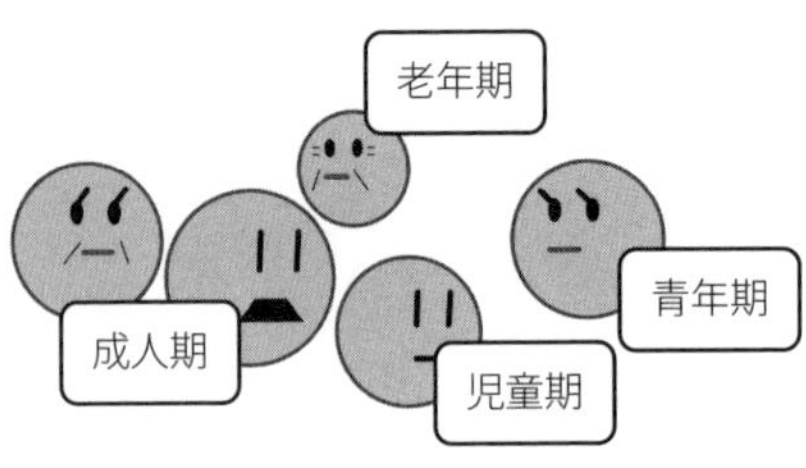

家族のライフサイクルは無時間的に一挙に到来しており円環的

図55

との方かもしれません。

祖母がドラマを見られないのは、孫がゲームをやっているからであるとしても、ろくに食事もしないでゲームに夢中になっているその態度を両親が注意しないことが「原因」なのかもしれません。

誰もが原因であり結果である、それを家族療法は円環的因果律に基づく認識と呼びましたが、家族ライフサイクルの視点に立てば、至極当然の考え方であることが見てとれます。家族ライフサイクルという観点は、円環的な認識、すなわち、「現実は一枚岩ではなく皆それぞれ苦労があって、言い分がある」ということを理解するのに役立つ概念です（円環的認識については本章で後ほど説明いたします）。

家族は変化と安定を繰り返す

こうして騒々しい日々が過ぎていきます。やがて小学生だった長男は成人し、落ち着きのない生活は過去のものとなる。お父さんの仕事も一段落。テレビの空き時間が増えて、お祖母ちゃんはのんびりとドラマを楽しみます。問題は解消し、家族に平和が訪れたようです。しかし、

そんな折、長女が結婚し家を出ることになりました（不安定化）

長女のいない生活にも慣れました（安定化）

お祖母ちゃんに認知症が見つかりました（不安定化）

お祖母ちゃんが施設入所しました（安定化）

お父さんにがんが見つかりました（不安定化）

という具合に、家族は再度不安定化し、また安定するというサイクルを繰り返します。結婚や昇進はおめでたいことではありますが、それまでの生活に変化が訪れるという点で、不安定的になる面があることは否めません。

しかし、裏を返せば、問題を抱えている不安定な状態の中には、安定へと向かう肯定的な要素が含まれている、と見ることもできます（図56）。

安定は不安定を含み、不安定は安定を含んでいる。だから、パンクチュエーションの打ち方、意味づけの仕方によって、問題状況を肯定的に扱うことができる。問題や病気という不安定な状況をあえて肯定的に意味づける技法、ポジティヴ・コノテーションを提唱したのは家族療法のミラノ派でした。

ポジティヴ・コノテーションとは何か

ポジティヴ・コノテーションは、「肯定的意味づけ」と訳されます。ですが、いわゆるポジティヴ・シンキング

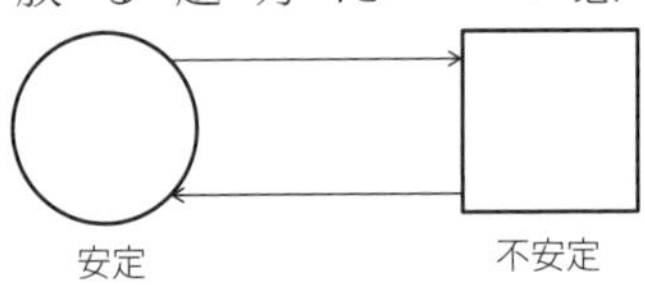

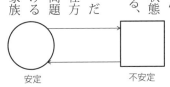

安定（○）と不安定（□）を直接行き来するモデル

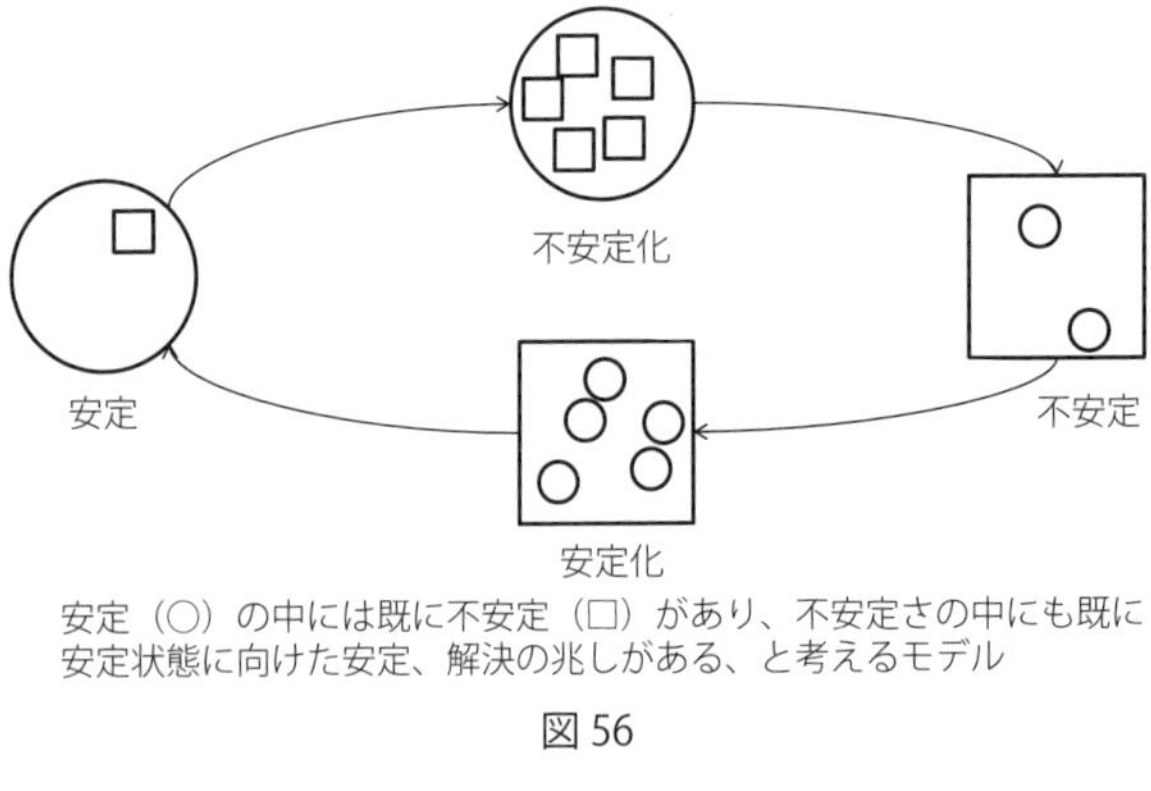

安定（○）の中には既に不安定（□）があり、不安定さの中にも既に安定状態に向けた安定、解決の兆しがある、と考えるモデル

図56

とは異なります。ポジティヴ・シンキングは、「悪い面より良い面を見ていこう」とする姿勢です。一方、ポジティヴ・コノテーション(connotation)を探求する技法です。ミラノ派の文献には、祖父の死後、妄想様の症状を呈した少年とその家族に対して、「少年は症状によって祖父の役割を担い家族をまとめようとしているので、今呈している症状を変えてはいけない」というメッセージを伝え改善をみた症例が登場します(Selvini Palazzoli et al., 1975)。東(1993)の事例では、外出恐怖を、夫婦関係を改善するチャンスと位置づけることで、ぐっと面接の雰囲気が良くなる様子が描かれています。[2]

ポジティヴ・コノテーションは、図57のように図式化できます。

ポジティヴ・コノテーションの仕組み

図の「前」は対人援助が始まる前、という意味です。「肯定的フレームが必然的・偶然的変化によって否定的フレームへと移行す

2　東の事例については、著者はポジティヴ・コノテーションと明言しておりませんが、症状そのものを肯定的に扱うという点で、類似の方法と言っていいでしょう。

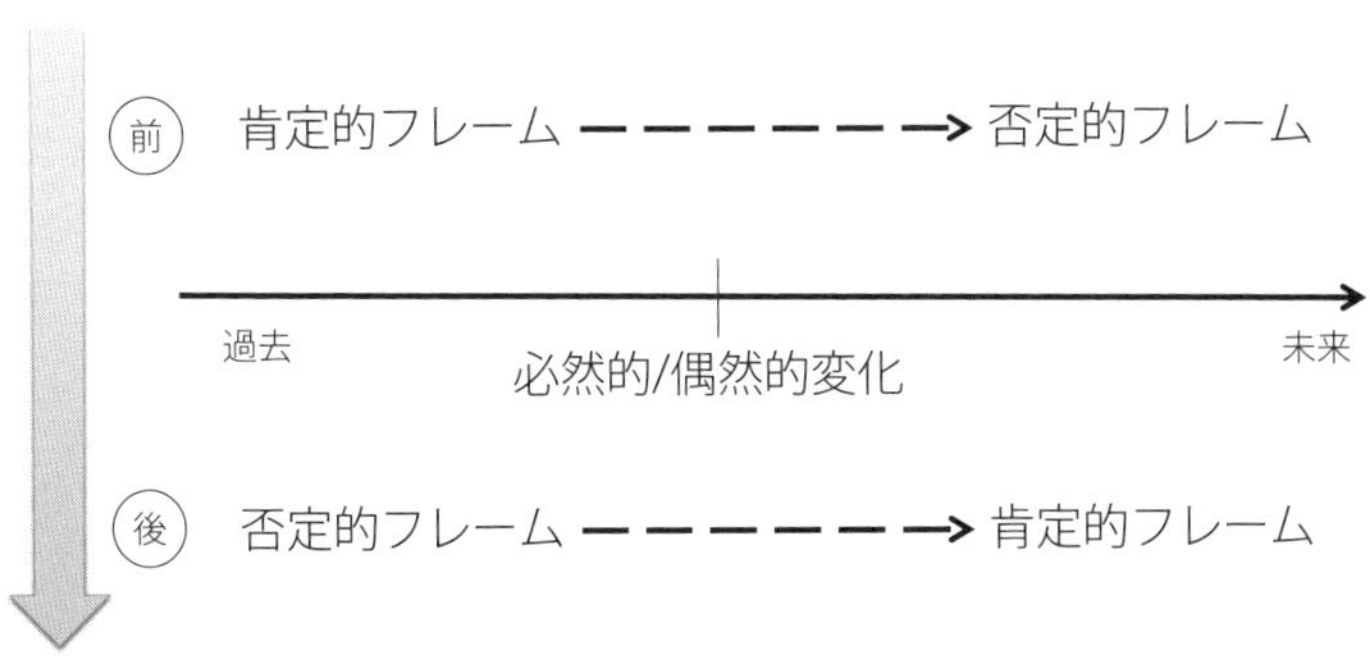

ポジティヴ・コノテーションの基本構造：上段から下段に移行できるよう支援する

図57

るストーリー」、つまり「平和だった日常に何らかの変化が起き、平和がみだされた」、というストーリーを携えてクライアントは来談します。

必然的変化とは、子の誕生、進学、結婚、重要な他者の死など人生の節目で起きる変化、偶然的変化とは、事件、事故、災害、その他の偶発的なきっかけによって起きる変化を指します。

例えば、抑うつ状態になって休職することになったクライアント。出世コースを外れ、人生に絶望していると言います。

この「幸せだったのに不幸せになった」というストーリーを「反転」させるのがポジティヴ・コノテーションです。必然的・偶然的変化が起きる前、幸せだと思っていた過去には、必ずしも幸せとは言い切れない事象もあったはずです。このたびクライアントの身に降りかかったのは、一見芳しくない変化に見えるけれども、それによって引き起こされている良い変化もあるだろう、それをピックアップします。そのようにして、図の下段、「否定的フレームが必然的・偶然的変化によって肯定的フレームへと移行するストーリー」を見出そうとします。

よくよく聞いてみると、このクライアントは多忙のあまり身体疾患の治療を疎かにしており、休職することになったおかげで、その治療に取り組む時間ができた。もし放置していたら取り返しのつかない事態になるところだったのに、抑うつ状態に助けられた。例えばこうした意味づけの変化を目指します。

ポジティヴ・コノテーションの運用

かつて、このような肯定的なストーリーは、セラピストが作るものとされていました。ミラノ派の面接では、面接中に情報を集め、セラピスト・チームが面接中に休み時間をとってストーリーを作り、面接終盤にこのストーリーを家族に披瀝していました。

しかし、クライアントの「否定的ストーリー」には、それが成立するだけの理由が、もちろんあります。ですから、ポジティヴ・コノテーションをしようと画策し、〈病気になって良かったことはありますか？〉などと尋ねても、セラピストが期待する返答が返ってくるとは限りません。むしろ、非共感的な態度として、面接関係を悪化させるリスクの方を考慮しておかなければならないでしょう。セラピストの手による肯定的なストーリーにしても、理解力の不足したセラピストであると受けとられる可能性が高いと考えておくくらいで丁度、なのかもしれません。

クライアントのフレームをベースにする

ポジティヴ・コノテーションのより安全な運用は、やはりクライアントのフレームをベースに進めていくことでしょう。「病気から得たもの」「病気になって良かったこと」というテーマが、病気を治す方向性をとかく是とする支援の場でも話しやすくなるよう配意する、ということです。

そうした雰囲気を醸成する上でキーポイントになるのは、クライアントが主張しようとしていることについて、もう主張する必要がないとクライアントが思えるくらい、セラピストが理解を深めることです。上の例で言うなら、抑うつ状態の辛さをまだまだセラピストに分かってもらう必要があると感じているクライアントが、「抑うつ状態になって良かったこと」という内容を語るとは思えません。クライアントが自分の辛さを十分に分かってもらえていると感じる、だからこそ、既存の発言には含まれていないトピックがクライアントから語られるようになる。たとえ劇的にストーリーが転換することがなかったとしても、これはとてもセラピューティックなことと言えるのではないでしょうか。

円環的質問法

ポジティヴ・コノテーションを実施するための準備として、情報収集を行う上で有用とされたのが、円環的質問法です。

下に挙げた質問例からは、質問者が問題や症状を取り巻く状況を知ろうとしていることがうかがえます。誰か個人の問題とするのではなく、関係者との間でどのように問題が発生し、関係者との間でそれがどのように維持されているのか、関係者とのセットでとらえようとしています。

ところで、円環的質問を含め、各種体系だったできあいの質問法は、現場における目の前のクライアントとは無関係の、セラピスト側のフレームに属します。一方でセラピストがどういった質問をすべきか、それはクライアントのフレーム抜きに語ることはできないはずです。クライアントのフレームに基づきながら円環的質問法を活用するために、まずは円環とは何のことだったか、見ておきましょう。

- 相互作用の差異：それからどうなりましたか？
- 関係性に関する認知の差異：お父さんの意見に近いのは誰ですか？娘さんですか、それとも息子さんですか？その次に近いのは誰ですか？
- 程度の差異：今週の喧嘩は1～10までの間でどれ位ひどかったですか？
- 今/過去の差異：彼女が病気になり始めたのは妹さんの大学入学の前後、どちらでしたか？
- 今/未来の差異：問題がなくなったら、一番喜ぶのは誰でしょう？
- 仮説的な差異：もし彼女が生まれていなかったら、あなたがたの結婚は今とどんなふうに違っていたでしょうか？

円環的質問法の例

図58

円環は循環

円環はcircularの訳語ですが、円環という日本語は日常生活ではあまり見かけません。しかし、同じ訳語でも「循環」となると馴染みがでてきます。円環性とは、つまり、因果関係を循環的にとらえる仕方です。円環性を説明するのに、ベイトソンは木こりの例を挙げています。木こりが斧で木を打ちつける。すると木に切れ目が入る。このように記述すると、木こりが一方的に木を切っているように見えます（木こり→木）。しかし、木の側が切れ目によって木こりの次の打撃を制御している、と（とらえようと思えば）とらえることもできるわけで、その意味で木も木こりに向かって働きかけている（木こり⇅木）。前者は「木こりが木を切る」というように一方的、直線的な因果関係に基づくとらえ方、後者は「木こりは木を切るし、木も木こりを制御する」というように双方向的、循環的な因果関係に基づくとらえ方です。[3]

しかし、この事態を言語で表そうとすると、「木こりは木を切る」というように、主体と対象が分離してしまいます。そして主体が一方的に対象に働きかけているかのような錯覚を引き起こす。言語にはものごとを直線的な因果関係へと変換する性質があります。[4] 言語表現という形式は、空間的に一挙に展開しているもの

3　循環的な因果関係は、木こりと木をセットでとらえるシステム思考に基づいています。さらに、バーマンの表現を借りるなら、ベイトソンは精神が個人の中に潜んでいるのではなく、木こりと木全体のシステムに「帯びるもの」と考えたのです（Berman, 1981）。

4　「言語は主語、述語、目的語のようにある要素に次の要素が接続されて、さらにその次の要素が接続されるというように線型性をもつ。心的システムに線型性が隈なく張りわたされる。これが思惟することの基本をあたえてしまう」（河本、2000）

を時系列に沿ってまっすぐ並べ変えてしまうからです。

例えば、赤いリンゴを視認しようとした場合、それはパッと見る一瞬があれば事足ります。その意味で、空間認知は時間的に完了しています。一方、「ここにあるのは赤いリンゴです」と言葉にして表すには、「ここ」「に」「ある」「の」「は」「赤い」「リンゴ」「です」と、言葉を並べなくてはならない分、幾秒かの時間がかかる。人間は言語の世界の住人ですから、私たちはごく日常的に時間軸に沿った直線的な思考へと引っ張られていることになります。ベイトソンは、このような直線的な因果関係に対し疑問を持ったのでした。

直線的な因果関係に対する疑問

そこで、「円環的質問をしようとする」のではなく、ベイトソンに倣って、「直線的で単純な因果関係を鵜呑みにしないで、あれやこれやと吟味してみる」姿勢をとることにしてみましょう。

例えば、家族面接で父親が、「母親が怒鳴ったから、息子が不登校になった」と主張したとします。単純な因果関係です。

母親が怒鳴った（原因）↓息子の不登校（結果）

この因果関係をつらつらと眺めつつ、インターパーソナルな観点から疑問点を挙げてみます。

1．家族みんなが父親と同意見なのだろうか？

2．母親が怒鳴った時、他の家族は何をしていたのだろう？
3．なぜ他ならぬ母親が怒鳴ったのだろう？

などとブレイン・ストーミングをしてみると、それぞれの思考に対応するように、次のような質問が思い浮かんできます。

1'．〈お母様が怒鳴ったことが不登校の原因であるとするお父様のご意見に、賛成なのはどなたですか？〉
2'．〈お母様が怒鳴った時、お父様は何をされているところだったのですか？〉
3'．〈お母様はいつから息子さんを叱責する役割を担っているのですか？〉

これらの問いはすでに、関係者とのセットで状況をとらえようとする、循環的な認識をベースとした質問になっています。この時、質問は、父親のフレーム【母親が怒鳴ったから息子が不登校になった】から導出されています。円環的質問として具体的に紹介されているような作りつけの質問を、機械的に適用することを意義なしとはしません。しかし、複雑な因果関係を単純化し個別のケースを統制している因果関係（ナラティヴ・セラピーであればそれをドミナント・ストーリーと呼ぶでしょう。「第14章　ナラティヴ・セラピー」をコラボレイティヴに活用する」で少しだけ触れます）に対して、「本当にそうなのだろうか？」と疑問符を打ってみる、そしてそれを家族に問いかける。それらを後から体系立てると「円環的質問法」になる、と考えることもできる、ということです。

こうした問いかけは、ポジティヴ・コノテーションとは関係なく使用できます。そして、特定の因果関係によって排斥されているフレームを見てみることへとクライアントを誘います。

ひとつ、注意しなければなりません。父親の示した因果関係に疑問を呈する、と述べましたが、そこに父親を批判しようという意図は毛頭ありません。父親は悪気があって母親を原因視しているのではない。対人相互行為システム（「第13章　諸理論をコラボレティヴに活用する」参照）の観点からは、「父親はシステムによって母親を原因視させられている」と考えることができます。直線的な因果関係によって父親もまた拘束されているのです。

肯定の思想

クライアントによって語られる否定的な現在もまた、クライアントの大切な一部かもしれない、ポジティヴ・コノテーションや円環的な認識は、ありのままのクライアントを肯定する態度を涵養するのに役立ちます。

ここで、バリデーション（validation）概念を思い出す方がいるかもしれません。バリデーションとは、クライアントの語りや経験を、病的な、筋の通らないこととするのではなく、理に適ったこととして肯定する姿勢を意味します。[5]

5　ミラーら（1997）がバリデーションに言及しています。少し文脈は異なりますが、リネハン（1993）の境界性パーソ

Cl：職場で細かいことをいちいち指摘してくる先輩がいる。もういるだけで嫌。部下にはやたらと厳しくて上司にはペコペコしてる。もういい年なのに、かわい子ぶっちゃって。

Th：随分変な人と同僚になったんですねえ。

セラピストはクライアントのことを他責的であるなどと否定的に評価しません。するとクライアントは幾分楽そうに話をするようになりました。

別な例を。

伯母：キワムくんは結婚するにはちょうどいい年頃だね。酸いも甘いも噛み分けた、ものごとを分かっている女性が、結婚を望んでいるものだよ。

田中：もう諦めてるよ。

伯母：キワムくんは一人で何でもできるからね。それもまたいいね。結婚してストレスになるくらいだったら、自由にやれる方がいいよね。仕事でそういう話をいっぱい聞いているから、結婚なんて嫌になるんじゃない。

田中：うーん、そうなのかなあ。

ナリティ障害におけるバリデーション概念も参考になるでしょう。

伯母：立派にやってるんだから、素晴らしいじゃない。

　これはお恥ずかしながら、私（独身）と伯母とのたわいもないお喋り。どんなに否定的に応答しても、肯定されます。すると、【諦めてるわけじゃないんだよ】【結婚に対する不安もあるんだ】【一方で現状がベストだと思う気持ちもある】などと、私の心中には忙しく、様々なフレームが去来します。セラピストの肯定がクライアントの思考、内言を活発にする。その中にはクライアントにとって新たな発想が含まれているかもしれません。

　ポジティヴ・コノテーションにしろ、バリデーションにしろ、病気や障害を有する、ありのままの現状をいったん肯定してみる。そうすると、不思議なことに変化の兆しが見えてくる。変化変化とせわしなくセラピストが騒ぎ立てるほど、変化は遠のいていくかもしれない。このあたり、逆説的に見えますが実は対人援助がもっとも基本とする姿勢と通底するかもしれません。

天秤のイメージ

　クライアントに共存する【変化を推進したい】と【変化には抵抗がある】。両者は天秤のイメージを使うと見通しがつけやすくなります[6]（図59）。

　天秤の片側に【変化を推進したい】（変化への志向）を、もう片方に【変化には抵抗がある】（不変化への

6　天秤のアイディアについては、ホフマン（1981）を参照しています。

志向）を置く、そのようにイメージしてみます。

問題が生じた時、人はすぐにでもそれを解決したくなるものです。しかし同時に、変化に対して躊躇しているところもあるかもしれない。「早く治りたいけど、治るとお母さんに見向きもされなくなって、見捨てられるのが心配」などとクライアントが述べるのは、珍しいことではありません。変わりたい、でも変わりたくないかも……心のどこかでぐらぐらと揺れている。

早く治りたいと焦りを募らせているクライアントに、〈神様が現れて、困っていることを今すぐに全部治しますよ、と言われたら、お願いしますか？〉そんな問いかけをすることがあります。「是非お願いしたいです」ということなら、それでオーケー。さあ具体的な問題解決に取りかかりましょう。

一方、「今すぐっていうのは、ちょっと……」とためらうクライアントの場合はどうしたら良いでしょうか。

あるいは、慢性疾患など長い経過をたどっているクライアントの場合、クライアントは症状を自分の一部のよ

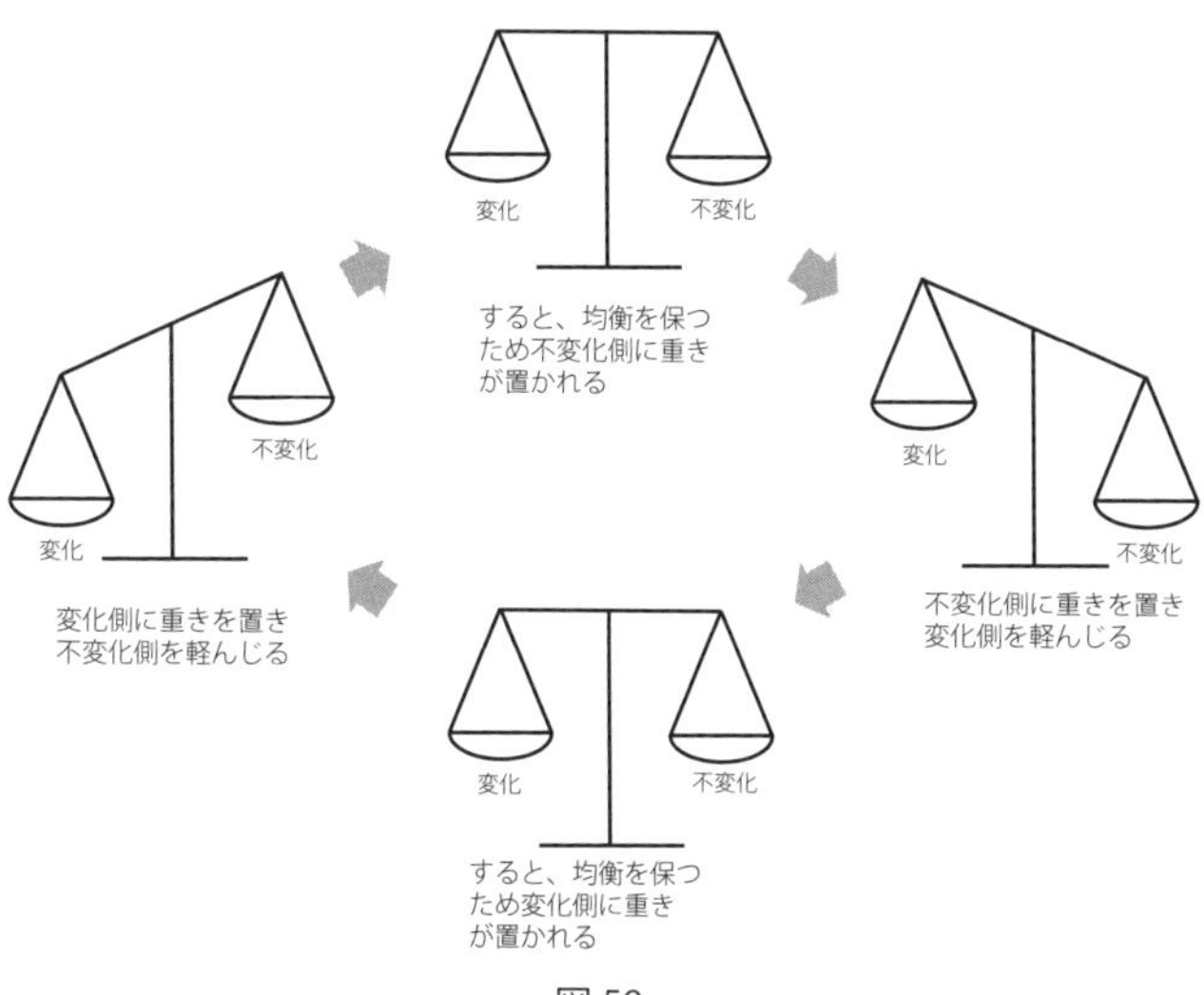
変化
不変化
すると、均衡を保つため不変化側に重きが置かれる
変化
不変化
不変化側に重きを置き変化側を軽んじる
変化
不変化
すると、均衡を保つため変化側に重きが置かれる
不変化
変化
変化側に重きを置き不変化側を軽んじる

図 59

うに感じている場合があります。症状を治そうと努力し、再発に落ちこみ、軽快に安堵する。クライアントの経験は症状と不可分です。治るということを、単純に症状を取り去ることととらえてその支援を提案すると、クライアントは自分の経験をないがしろにされた気分になり、何ともいえない淋しさが生じる、セラピストの無理解を責めたくなる、ということが起こりえます。

怖さ、淋しさなどバリエーションはあるにせよ、こうした【変化には抵抗がある】というクライアントのフレームを無視して、天秤のもう片方、変化を促進する側にセラピストが重みをかけると、不均衡を是正する動きが生じます。すなわち、「変わりたくない」というようにクライアントは態度をより頑なにするかもしれません。そうなる前に、〈変わりたい、変わりたくない、どちらのご意向もお持ちなのですね〉などと、セラピストの仮説を示してみます。【変化を推進したい】と【変化に抵抗がある】、クライアントの揺れに合わるように、両天秤のそれぞれに重心を移しかえながら、セラピストはクライアントの決定を支援します。

面接プロセスにおける天秤イメージの活用

面接を続けるうちに、クライアントから改善が報告されるようになったとします。セラピストは嬉しくなって、つい〈良かったですね〉などと言ってしまうかもしれません。しかし、そのような時でさえクライアントには、【変化を推進したい】と、【変化には抵抗がある】、両方のフレームがあるかもしれないのです。だとすると、セラピストが〈良かったですね〉と変化を肯定し促進すれば、クライアントは天秤のバランスをとるために【変化には抵抗がある】という抑制的なフレームを強化するかもしれません。

私はこのような時、〈良かったですね……というお声がけで、よろしいですか？〉などと両天秤を意識した投げかけをします。

セラピストの思い通りにクライアントの内面をコントロールしよう、などということを提案しているのではありません。また、現状維持に甘んじることを勧めているわけでもありません。そうではなく、クライアントには、しばしば矛盾している（ように思える）フレームが共存しており、そのどちらをも視野に入れるのがコラボレーションではないか、ということなのです。天秤のイメージはその際、セラピストにとっての簡素な羅針盤になるでしょう。

パラドックス

このように、必ずしも変化すれば、解決すれば良いというものではない、対人援助は時にパラドキシカルな要素を含みます。

セラピストが行う支援とパラドックスの関連性については、ジェイ・ヘイリー（1963）が『戦略的心理療法』の中で、ひとつの切り口を示しています。この本の趣旨を粗く2点にまとめるなら、①あらゆる心理療法はコミュニケーションの連鎖である点で共通している、②心理療法の効果はパラドックスによって生まれる、となるでしょう。

議論を②に集中させるために、①については簡単に触れるだけにします。コミュニケーションは「会話をすること」にとどまらず、広義には情報伝達全般を指すことはすでに述べました。クライアントの問いかけに対して沈黙を守る、認知再構成用のワークシートを使用する、これらはコミュニケーションの一部です。精神分析であろうと認知行動療法であろうと、コミュニケーション抜きに実践することはできません。ヘイリーは、コミュニケーションというどの心理療法にも欠かすことのできない共通要素に着目し、コミュニケーションという観点から心理療法の特質を明らかにしようとしたのです。

②はどういうことでしょうか。クライアントの「どうしたらこの苦しみから逃れられますか？」という発言に対して、精神分析であればセラピストは沈黙をもって反応するかもしれません。来談者中心療法であれば、〈苦しみから逃れるやり方を教えて欲しいとお感じなのですね〉と返すかもしれない。いずれも、質問をしても、正面からは答えてくれない。「気晴らしにぱーっと飲みに行こうか！」「忘れちゃいなよ」といった日常的な人間関係における、「愛のある答えや反応」も返ってきません。そのため、クライアントはこれまでとは異なる思考や行動を考案せねばなりません。

心理療法の場は「温かい」場であるにもかかわらず、質問には答えないなど「素っ気ない」対応をされるので、クライアントがこれまで繰り返してきた行動が通用せず、従来とは異なる構えをとらざるをえない、その結果変化が生じる、というのがヘイリーの主張です。「温かな場」と「素っ気ない対応」が相反するので、パラドックスが成立するというわけです。

「クライアントの質問に直接的には答えずクライアント自身が考えることができるよう投げ返す」というのは心理的支援の基礎的な部類に入る態度です。そうした態度が温かな場を作りあげているのですから、セラピーや対人援助というのは、不思議な場ではあります。それをパラドックスという形式にまとめ上げるヘイリーの手さばきは、大変鮮やかです。

パラドックスは誰が作っているのか

しかし、心理療法のそうした規定は、セラピー状況を第三者的に眺めているヘイリーによるものです。現場のクライアントの中には「セラピーとは峻厳な緊張する場である」と感じている方がいるかもしれない。また、場合によっては、セラピストは「温かな対応」をしているかもしれない。セラピーを「峻厳な緊張する場」であると感じているクライアントに対して、セラピストが「温かな対応」をすることが絶妙にフィットし、効果をもたらすこともあるでしょう。

つまり、ヘイリーは、心理療法とセラピストの対応について、数多くの要素の中から、「温かな場」と「素っ気ない対応」を選び取り、そのふたつを組み合わせることによってパラドックスを作り出している、そして、そこにセラピーの効果を見出している、そんなふうに考えることができるわけです。

セラピューティック・ダブルバインドの場合

パラドックスというアイディアを、具体的なセラピーの技法に落としこんだものが、セラピューティック・ダブルバインド（therapeutic double bind）です。セラピューティック・ダブルバインドとは、「実行してもしなくても治療的有効性を発揮するパラドキシカルな介入」のことです。

例えば、不眠を改善するために、必死に眠ろうと努力しているクライアントに対して、「覚醒を保つこと」を指示する。もし眠れなかったら、セラピストの指示に従っているので治療的、もし眠ってしまったら、それはクライアントが望んでいた結果なのだから治療的、どちらにしても治療的、ということです。

しかし、本当にそうなるでしょうか？　クライアントは次の面接で「え？　覚醒を保つ？　何のことですか?」とすっかり課題の存在を忘れているかもしれない。「セラピストは不眠解消に向けた建設的な助言をしておらず、セラピストとしての役割を果たしていない」と立腹し、関係各所に訴える、という展開だってありえるはずです。

先ほどのヘイリー同様、セラピューティック・ダブルバインドによる介入後の2つの展開は、数ある面接展開の中からセラピューティックに進展する筋道を選びとってきた上で、どちらに転んでも治療的であった、というように、観察者としてのセラピストが事後的に組み合わせたもののように見えてしまうのです。

パラドキシカル・アプローチの困難

パラドックスが事後的に臨床実践を考察し整理する時に見出されるカテゴリーなのだとすると、臨床現場で行為者として振る舞うセラピストが「パラドックスを用いる」ことは、果たしてできるのでしょうか。実際、世のセラピスト達はパラドックスの扱いに難渋したようです。やがて、家庭内暴力に対して、暴力は家族の役に立っており有用だから続けなさいとセラピストが介入した結果、暴力がよりひどくなってしまった、そんなヒヤリとする事例が報告されるようになります。[7] こうしてパラドキシカル・アプローチは、扱い方がきわめて難しい方法論となっていったのではないか、そんなふうに想像します。[8]

7　かつての担当セラピストからそのような介入を受けた、とクライアントが語っている事例が東の文献（東、1993）に記載されています。また、東は別のところで「反社会的な症状や問題に対してこれらの技法（筆者註：パラドキシカルなアプローチなど）を用いてはならない」と述べ、禁忌としています（東、2013）。

8　例えば、浅田らとの対談で精神科医の花村誠一は次のように言っています。「ダブル・バインドからの脱出が単に臨床

観察者の視点を行為者の経験に戻す

それでは、パラドックスを有効利用するには、どうすればよいでしょうか。「観察者と行為者」という対置から紐解いていきましょう。

ここでは、長い歴史を有するパラドックス研究の世界に参入することはしません。パラドックスが観察者によって構成されたものであると考えた場合、現場の行為者にとってパラドックスはどのように立ち現れてくるのか、その点についてのみ、検討したいと思います。まずは観察者から行為者へと視点を移す上で好適な「クレタ人のパラドックス」を参照してみましょう。

クレタ人のパラドックス

クレタ人が「クレタ人は嘘つきだ」と言ったとします。「クレタ人は嘘つきだ」という言明が真なら、クレタ人は嘘つきなのだから、「クレタ人は嘘つきだ」という発言は嘘になります。その発言が嘘だということは、つまり「クレタ人は嘘つきではない」ということです。嘘つきではないクレタ人が「クレタ人は嘘つきだ」と言ったら、その発言は真であり、間違っていないということになるので、「クレタ人は嘘つきだ」という発言をしている当のクレタ人は嘘を言っていることになる。すなわち、「クレタ人は嘘つきだ」という発言は嘘である、ということになる。以下、堂々巡り。いつまでたってもクレタ人が嘘つきなのかそうでないの

症状に終わらないように導くという治療戦略が当面の自分の関心事なのですが、なかなか容易にはいきません。セラピューティック・ダブル・バインドを実践してみてはいるのですが活路を見出せそうで見出せないのです」（浅田、1985）。

か、判断がつきかねる、ということになります。
脳がねじれそうになりますね。

クレタ島へ行ってみる

では、気分を変えて、実際にイタリアはクレタ島に行ってみることにしましょう！　市場で出会った美しい女性パトリシアと田中は、早速恋に落ちました。

パトリシア：愛してるわ。
田中：ぼくもだよ。
パトリシア：フフフ、クレタの女は、嘘つきなのよ。
田中：愛しているよ、パトリシア。

前段とはうって変わって、「クレタの女は嘘つきだ」という言明は、何の混乱もなしに「愛の囁き」として受けとることができるでしょう。
かくのごとく、現場にいる行為者にとってパラドックスは氷解しています。先に見た「クレタ人のパラドックス」の言明は、現実生活から切り離されています。しかし、行為者とは常に日常というコンテクストの中で行為する者のことです。[9] 右の例では、「クレタの女は、嘘つきなのよ」というセリフは、恋愛というコンテクストに修飾され、「挑発を伴う愛情表現」として解釈できます。このコンテクストでは、パトリシア（＝クレタ人）の発言が嘘か本当かは問題化していません。

次にロベルトの場合を見てみましょう。

田中の隣でロベルトは、随分と酒に酔ってしまっていて、そしてうつむいている。つい先日、学校帰りの娘を交通事故で亡くしたのだという。「救急車の中で、娘に『絶対助ける』と約束したのに、果たせなかった。俺は嘘つきだ」。田中は何も言うことができず、黙って座っていた。

ここでの「俺（＝クレタ人）は嘘つきだ」という文言は、「娘をその日学校に行かせず引き留めていれば事故には遭わなかったのではないかという後悔」「加害者に対して激怒している」「娘がいなくなって淋しい」等々、様々なフレームの集積を意味するのであって、だからこそ田中は黙りこんでいるのです。少なくとも田中は、「クレタ人のパラドックス」に倣って、「ロベルトが自身のことを嘘つきだ、と言うのなら、娘の死についてのロベルトの話も全部嘘だということになる」とはとらえていないようです。

9　ベイトソンは、「時間が無視されるところにパラドクスが生じる」と言っています（Bateson, 1979）。真偽のもつれを取り扱う論理学がパラドックスのベースにあります。論理には時間がありません。パラドックスは生活世界における経験とは異なる次元の関心事と言えそうです。ルードヴィッヒ・ヴィトゲンシュタインからの引用も添えておきます。「言語（…）について語るとき、（…）日常の言語を語らなくてはならない」（Wittgenstein, 1953）。

パラドックスは事後的な構成物？

以上から判明するのは、観察者の見立てるパラドックスと行為者の経験には、乖離があるということです。パラドックスが、論理から離れた現実の場面でパラドックス化しているとは限らない。事例を振り返ったり論文を書いたりする時に、セラピストが観察者として後から面接を再構成し事後的にカテゴライズしたものをパラドックスと呼ぶのだとすると、パラドックスは、コンテクストの中で現に仕事をしているセラピストが介入のために用いようとするものではないのかもしれません。

では、パラドックスという概念を面接で活用するには、どのようなとらえ方が必要でしょうか？　ここで事例を見てみましょう。

事例：息子のことを心配するタカヨさん

タカヨさんは高校2年生の息子がろくに勉強をせず、ゲームばかりしていると嘆いた。成績は進級できるギリギリをなんとか維持しているが、いつ下降するとも限らない。中学校の時にも似たようなことがあり、学校を休みがちになった経緯もある。その時は何とかサポートして乗り越えた。だが、今勉強するよう注意をすると本人は猛烈に反発する。父親は「放っておけ」と言うばかり。試しに何も注意しなかったことがあるが、そうしたら本人は本当に何も勉強しなかった。父親は大企業の要職についており、今も海外に単身赴任中であまり会話をする時間がない。家の中には私と息子しかいないので、私がなんとかしないといけない。また大学受験も近いのに、こんなことで大丈夫なのかと不安になる、さりとて打つ手もない、とのこと。

どうしたら不安がなくなるかと問うタカヨさんに、セラピストは、

〈お母様がとても気をつけてみてくださっているので、息子さんはギリギリ、現状を保てているのだと思います。お父様が単身赴任でなかなか息子さんへの目が行き届かない中で、お母様がいてくださるから安心できるのでしょう。その分、お母様はとても気を揉むポジションにいらっしゃる。だからこそ、今、お母様が安心してしまったら、息子さんはどうなってしまうのでしょう？　それこそどうなるか分かったものではない。お母様、変な言い方になってしまいますが、今はお母様があえて安心しないでいることが、息子さんのためになっているとは言えないでしょうか？　もしも、「しばらくの間、お母様の不安を無くさない、むしろ時々不安になっていただくくらいで、今は丁度いいのかもしれない」、などと申し上げたら、お母様には酷でしょうか？〉

と伝えると、タカヨさんは涙ながらに首を横に振った。泣き止むと笑顔で「その通りだと思う」と述べ、また、「安心しました」（！）と笑顔を見せて面接室を後にした。

本事例から見てとれるのは、タカヨさんの葛藤フレームです。【不安を解消したい↕不安を解消してはいけない】という葛藤です。葛藤的な思考は、相反する2つの思考が相容れないから悩ましいわけで、両者が共存した時、それはもはや葛藤ではなくなります。

【不安を解消したい】は誰にとっても肯けるフレームです。しかし、それと対立する、【不安を解消してはいけない】というフレームは、一般的に理解を得るのがより難しいでしょうし、タカヨさん自身、納得のいかない思いが伴うでしょう。

ところが、それがいかに正当な根拠を持つ考えであるか、セラピストが支持すれば、葛藤は収まるかもしれない。とはいえ、〈不安を解消するな〉ではクライアントは困惑するでしょうから、セラピストは仮定法を用いるなど留意しています（「もしも、『しばらくの間、お母様の不安を無くさない、むしろ時々不安になっていただくくらいで、今は丁度いいのかもしれない』、などと申し上げたら、お母様には酷でしょうか？」のくだり）。【不安を解消したいという思いは当然のことである。そして、不安を解消してはいけないという思いもまた、当然である】というリフレーミングがタカヨさんに起きれば、セラピストは一仕事を終えたことになります。

パラドックスの出所としてのクライアントの葛藤フレーム

この時、【不安を解消してはいけない】という、これまでパラドキシカルであると位置づけられていたフレームは、セラピストが必死になって考案したものではなく、タカヨさん自身のフレームに由来していることに注意しましょう。なんのことはない、パラドキシカルなフレームは、実はクライアントがあらかじめ持ち合わせていたフレームだったのです。セラピストはそのフレームを知ろうとし、合わせようとしているだけです。クライアント自身のフレームに合わせ、活用することは、これまで見てきた通り、コラボレーションにとっては既定路線です。以上を観察者の視点から事後的に整理すると、「不安を解消してはいけないと指示するパラドキシカルなアプローチ」としてまとめられてしまうのです。

葛藤フレームと関係性

ところで、【不安を解消してはいけない】というクライアントに葛藤を引き起こしているフレームが、クライアントにとって受け入れるだけの意味あるものとなるためには、セラピストとクライアントの関係が十分に良好でなければなりません。

関係性が良好になると、クライアントは、セラピストからの提案や助言が重要であり意味のあるもの、と見なすようになります。すれ違いざまの他人に「服装がダサいよ」と言われても、腹が立つだけです。しかし、尊敬している人物に同じことを言われたら、自分のファッションについて「気をつけよう」と真剣に考え直すことでしょう。

セラピューティック・ダブルバインドの場合

密接な関係性はメッセージを有意味なものにする、その臨床場面における一例として、ベイトソンの論文「統合失調症の理論化に向けて」に登場する精神科医、フロム＝ライヒマンによる「神Rの事例」を挙げます。

フロム＝ライヒマンは「神R」が存在するという妄想を呈している患者に対して「神Rと話がしたいのでその旨を神Rに伝えて欲しい」と述べます。そのような実践は、「セラピストの提案通り神Rに話しに行けばセラピストの提案通りになるので治療的、セラピストの提案に乗らず患者が神の存在を疑うようになれば、それもまた治療的」、すなわちセラピューティック・ダブルバインドである、というのがベイトソンの説明です。

ここで、これまで縷々述べてきたように、行為者としてのフロム＝ライヒマンが現場において行っていたことと、観察者としてのベイトソンが後から組み合わせて構成したセラピューティック・ダブルバインドとは区別する必要があります。

フロム＝ライヒマンは、患者の言わんとするところを粘り強く知ろうと努める医師でした。「神Rと話がしたい」という発言は、そうした態度のひとつのあらわれだと考えられます。フロム＝ライヒマンは、患者の言動を丁寧になぞり、少しでも症状が改善するよう治療に取り組んでいた。患者にとってみれば、さぞ信頼に足る医師だったことでしょう。[10] すると、「神Rと話がしたいのでその旨を伝えて欲しい」というフロム＝ライヒマンの要請に対して、患者が「神Rのところへ行って世間話をしてくる」「そもそもセラピストの提案を忘れてしまう」などというように、主題からそれる行動をとる可能性は、ある程度抑えられるのではないかと考えることができます。

10　フロム＝ライヒマンの治療を垣間見てみましょう。ある患者が、日中は問題なく経過していたのだが、夜間になると「各国の権力者から迫害される」との被害妄想を呈していた。患者の状態は主治医であるフロム＝ライヒマンに報告されていたが、伝聞に基づく診察を日中になってから行うのでは妄想について不十分にしか取り扱えないと感じたフロム＝ライヒマンは、患者の妄想体験に「参加」しようと決意する。夜になって、患者の妄想が始まった際、フロム＝ライヒマンは看護師に起こしてもらい、「権力者」から逃げようと机やタンスの上によじ登る患者についていき、「何かあったら守ってやろう」と言って安心させようとした。その後、日中の診察で妄想を取り扱うことができるようになったという（Fromm－Reichmann, 1950）。

また、同書あとがきにおいて訳者阪中は次のように指摘しています。「（フロム＝ライヒマンのような）支離滅裂な患者を前にしてさえも忍耐強く寡黙に、しかし積極的な通信があらわれた場合にはすかさず明敏に応じうる医師の態度こそ、これまで『聴きいられる』という体験をもたなかった患者にとってはひとつの大きな驚きであり、したがってそれはまた患者が自分の自発性を開発する重要な契機ともなりうる」。

こうした流れを外部の観察者から眺めると、「フロム＝ライヒマンは、どちらに転んでも治療的となるような対応をしている」というように、パラドキシカル・アプローチを構成できてしまう。しかし、効果のある支援をパラドックスという観点から整理し理解できるからといって、支援の現場で作為的にクライアントをパラドックス状態に置けば効果が出るかというと、必ずしもそういうことにはならないでしょう。もしも、フロム＝ライヒマンが、「セラピューティック・ダブルバインドをしかけよう」などと考えながら治療に当たっていたら、彼女の持ち味が活かされた本来の治療とはかけ離れた雰囲気になっていたのではないでしょうか。そうではなく、行為者としてのフロム＝ライヒマンは、患者のフレームを尊重し、患者との間に信頼関係を築こうとしていた。私たちが学ばなければならないのは、そのような実践の痕跡を、行間から読みとることではないでしょうか。

パラドキシカル・アプローチについての小まとめ

パラドックスという概念を活用するために、差し当たって私たちにできることは、セラピストがセラピストの中でパラドックスを作り上げることではありません。私たちがパラドキシカル・アプローチから学べることとして、以下を提案いたします。

①クライアントとの関係性が良好なものとなるよう、努めること
②クライアントの葛藤的なフレームのどちらにも理があるとすること

一連の流れをまとめると次のようになります。

クライアントのフレームを想定し合わせる
↓すると関係性は良好になる
↓セラピストはクライアントの葛藤に由来するパラドキシカルなフレームを肯定する
↓密接で良好な関係性において、パラドキシカルなフレームはクライアントから肯定的に受け取られる
↓その様子を外部から観察すると、パラドキシカルなアプローチを行っているように見える

もちろん、パラドキシカル・アプローチには多様な側面があり、以上の説明は、パラドックス概念を網羅するものではありません。あくまで、パラドックスという概念をコラボレイティヴに活用することを第一に考えた時の、ひとつの切り口だとお考えください。

事例：酢を飲む主婦

とある精神科病院。50代の主婦カオリさんは家で気に入らないことがあるとヒステリックになり暴れる、時に酢をがぶ飲みするなどの行為に及ぶという。閉鎖病棟への何回目かの入院時、主治医はセラピストに心理療法をオーダーした。

心理療法の時間になると、セラピストはカオリさんを病棟に迎えに行き、面接室に案内する。面接室の少し先にはガラスの扉があり、そこから病院の前庭が見渡せる。小さなロータリーと、手入れの行き届いてい

ない植栽が目に入る。

その日、カオリさんは面接室の前をすっと通り過ぎると、ガラスの扉に近づき外をのぞきこんだ。一見穏やかな時間が過ぎているように見えて、こういう時、病院の一スタッフとしては離院のリスクが頭をよぎる。外来の一角に位置するその扉は施錠されていないので、その気になればそのまま出て行くことができるからだ。

しかし、カオリさんは、ゆっくりとセラピストの方を振り返り、「一生病院にいてもいいなあ」と、ポツリと言っただけだった。我に帰ったセラピストは、〈うん、そうしましょうか〉と少しだけおどけをまじえながら、静かに言った。するとカオリさんは笑顔を浮かべたが、セラピストには「それは無理。私は帰らなければならない」と言っているように聞こえた。

クライアントは時に、「それは賛成しかねる」とセラピストに思わせるような発言をすることがあります。「一生病院にいてもいい」などと言われたら、セラピストは共感的に受けとる努力を忘れ、早く退院する方向に、改善する方向に考えてもらえるよう、働きかけたくなるかもしれません。しかし、クライアントとしては、「うーん、前に進むといっても、そんなに上手くはいかないんだよね」と思いたくなっても不思議ではありません。セラピストは少し目先を変える必要があります。

カオリさんのフレームは葛藤フレームととらえることができます。【退院しなければならない↕退院したくない】。なぜ古びた決して居心地が良いとは言えない病院から退院したくないのかといえば、退院すると過酷な現実が待っているからだと推測されます。

　ですから、セラピストは〈そうしましょうか（＝病院にいましょうか）〉と言うことで【退院したくない】フレームに合わせ、同時におどけを加えることで「そうしましょうか、というのは半分だけ本気なのであって、ずっと病院にいるわけにもいきませんよね」というメッセージを発している、すなわち【退院しなければならない】フレームにも合わせているつもりです。

　「ずっと入院しているわけにもいかないんだよなあ、どうしようかなあ」などと、カオリさんは少しだけ、これからの身の振り方を考えただろうか。それとも、おかしなことを言うセラピストだと思っただろうか。あるいは、そのどちらでもないのか、セラピストには想像することしかできません。

第12章　家族療法をコラボレイティヴに活用する②

ポイント

・複数面接の進め方は、家族療法から学ぶことができる。
・複数の関係者による様々な見解が共存するには、セラピストが自らの動きを調整する必要がある。
・関係者それぞれの善意の意図を汲む。
・支援の関係性を「左右上下遠近」からとらえ、クライアントのフレームと齟齬を来していないかチェックする。

対人援助において、個人面接が絶対的な地位を占めていた20世紀中葉、ネーサン・アッカーマンが家族合同の複数面接を開始します。それまで対人援助で扱われていた家族は、クライアントが語るクライアントの中の家族イメージでした。一方、複数面接では、セラピストの目の前で家族がコミュニケーションを繰り広げます。こうして、家族の様子は視覚的に観察ができるようになりました。

前章で触れた家族ライフサイクルが時間に基づく視点だとすると、構造は空間に基づく視点です。構造は家族の関係性を図式化することで表現されます。こうした図は、構造的家族療法では家族地図（family map）と呼ばれます。

図60は最も単純な家族地図の一例で、「母子関係が過度に近しく、夫婦は距離がある。父親は仕事が忙しく、父子の行き来はあまりない」といった情報から、セラピストが描いたものです。この時、数多ある家族の姿をこのような形に集約し、図に描いているのはセラピストですから、この図は家族の性質を表しているようで、実は「セラピストのフレーム」を表していることになります。

セラピストが家族の問題点をセラピストの専門性から描き出そうとする。それがもともとの構造的家族療法のスタンスです。本書の指針はセラピストのフレームを保留することにありました。したがって、本章では構造的家族療法の知見をベースにしつつ、複数面接をコラボレイティヴに行うにあたっての留意点について述べることにしましょう。

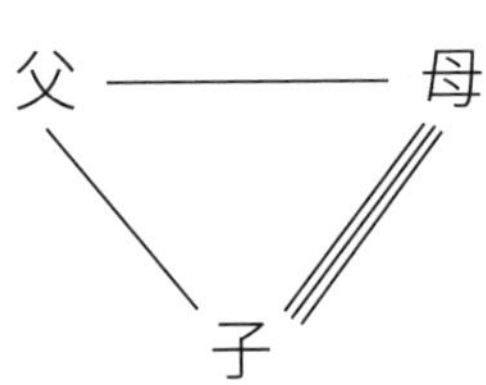

最も単純な家族地図

図60

複数面接はいたるところに

「複数の人が関与する話し合いの場面」というふうに複数面接を広くとらえると、対人援助の現場には、そのような機会は数多く見られます。スクールカウンセリングにおける職員室での雑談、それは雑談に見えて生徒に関する重要な情報交換の場になっています。病棟で、担当している患者と看護師が立ち話をしていて、そばを通りかかったところ、呼び止められた。そのようにして始まるお喋りは、小さな3者面接です。複数の関係者からなるコミュニケーションを「複数面接」ととらえるなら、その関与の仕方を知っておいて損はなさそうです。

そしてやはりここでも、「クライアントのフレームを活用すること」が鍵になります。

多声的な支援に向けてセラピストがすること

どのように複数の関係者と関わるのか、その基本的な指針として「多方面への肩入れ（multidirected partiality）」を挙げることができます。面接参加者が面接に意欲的に参加しようと思うためには、セラピストが面接参加者全員に気を配る必要があります。

では、気を配るとは何をすることなのか？　ここからは前章で登場した天秤のイメージを再度、携えていくことにしましょう（図61）。

天秤に付いている2つのお皿のそれぞれに乗っているのは、今度は面接参加者だとしましょう。例えば、葛藤的な

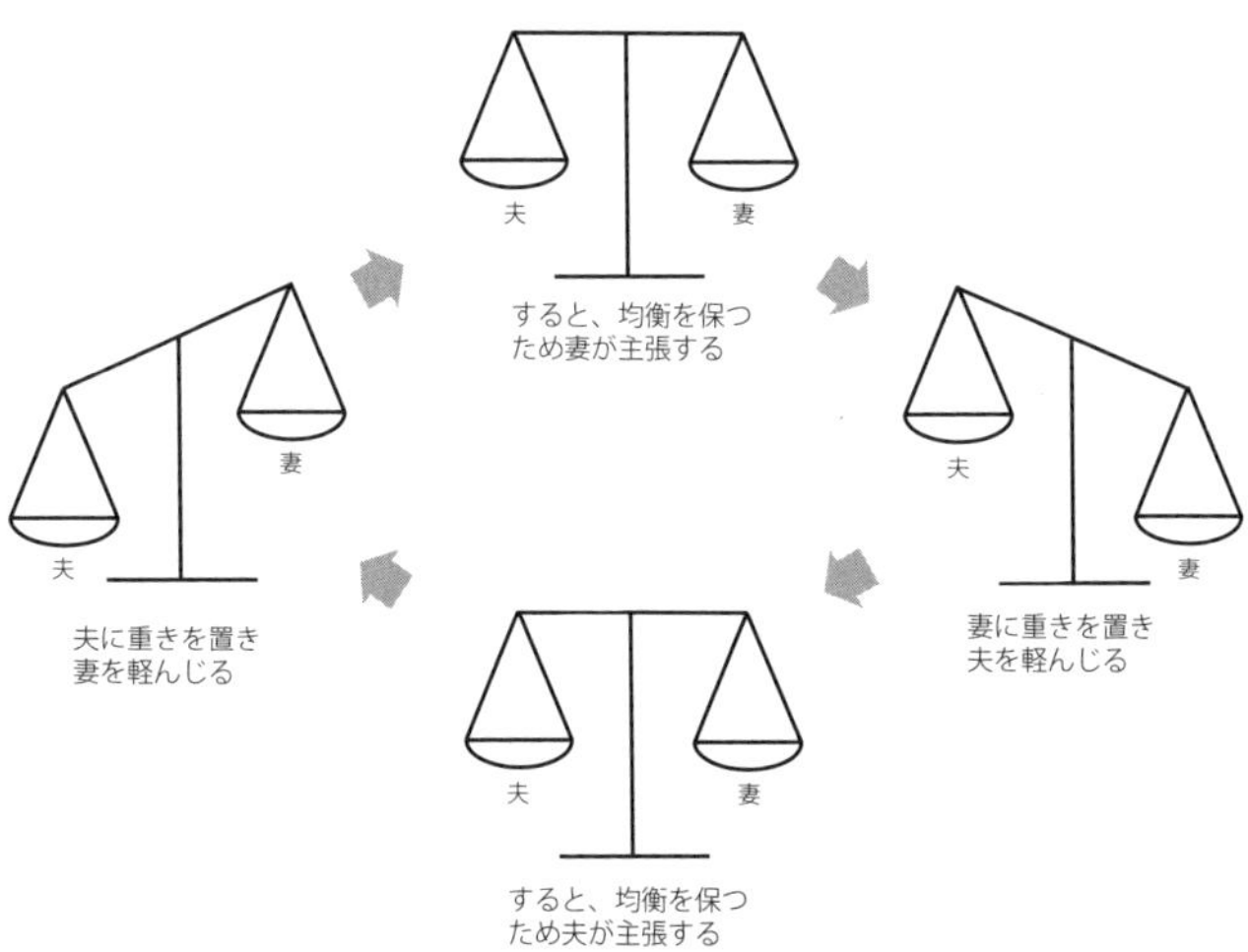
夫
妻
すると、均衡を保つ
ため妻が主張する
妻
夫
夫
妻
夫に重きを置き
妻を軽んじる
妻に重きを置き
夫を軽んじる
夫
妻
すると、均衡を保つ
ため夫が主張する

図61

関係にある夫と妻だとします。天秤のどちらかに重りを入れると、天秤は傾きます。同じように、夫の意見だけに重きを置けば、妻の天秤はぐぐっと上がる、すなわち妻を軽んじることになるでしょう。話の内容だけではありません。賛成せずとも、ずっと夫の話だけを聞き続けていれば、同じように妻は軽んじられたと感じるかもしれません。

軽く扱われたと感じた妻は、語気を荒げ強く自己主張し始める、あるいは沈黙をもって異議申し立てをするなどして、天秤に重りを置く。そのようにして「元の鞘に収まる」。家族療法が教えるところによれば、夫婦だけでなく、人間関係には破綻しないようにバランスを取る動きが多かれ少なかれ見られるものです。[1]このような動きに着目して面接を進めることができます。まず、面接をしながら、天秤をイメージします。図62にあるように、夫が【リンゴ大好き】、妻が【リンゴ大嫌い】というフレームを持っているとします。

セラピストは〈リンゴは美味しいですね〉と言って夫のフレームに合わせることから始めました。この時、天秤をイメージしていれば、天秤を夫側に傾かせることで、セラピストが夫に重きを置いたことを視覚的に

1　ジャクソンの家族ホメオスタシス概念に触れておきます。ホメオスタシス（homeostasis）はクロード・ベルナールによる概念で、生体が一定の秩序を保ち続ける仕組みを指します。ここから、家族にもホメオスタシスのように一定の平衡状態を維持しようとする傾向がある、とジャクソンは考えました（Ray, 2005）。本概念は後に、家族が変化しないことを説明する概念という本意ではない地位を獲得してしまったようです。しかし、ジャクソンが家族ホメオスタシスを通じて示したのは、家族間の錯綜した会話をセラピストが整理し家族が率直に悩みを話せるようにするという治療の方法でした。田中は次のように指摘しています。「病的な状態には変化に抗う力があるとして、ではどう治療者は振る舞うべきなのか。家族ホメオスタシス概念の本質は、そう問う局面に存するように思う」（田中、2015）。

イメージすることができます。その状態が続くと、妻のフレームが置いてきぼりになります。夫との話が盛り上がるに越したことはありませんが、それは妻との距離を遠ざけかねない。天秤の傾きを思い浮かべながら、そのことに注意を向けます。

面接参加者全員のフレームが表明されやすくなるよう努力するのが、セラピストの役割です。夫との会話がひとしきり済んだら、今度は〈リンゴは嫌いな人も多いですね〉などと、妻のフレーム【リンゴ大嫌い】にもしっかり合わせていく必要があるでしょう。合わせられたと思ったら、天秤をもとの位置に戻します。このように、セラピストと夫婦それぞれとの連合の度合いを天秤の傾きになぞらえるわけです。

支援に関わる様々な見解が共存することは、しばしば「多声的」と言われますが、多声性はセラピストが理念として抱いているだけで自動的に実現するものではありません。相反する見解が支援の場で共立するには、クライアントのフレームを意識しながらセラピス

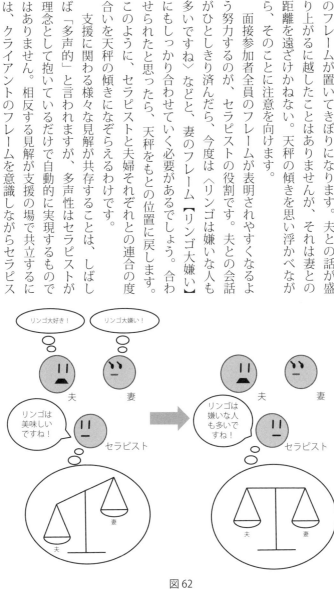

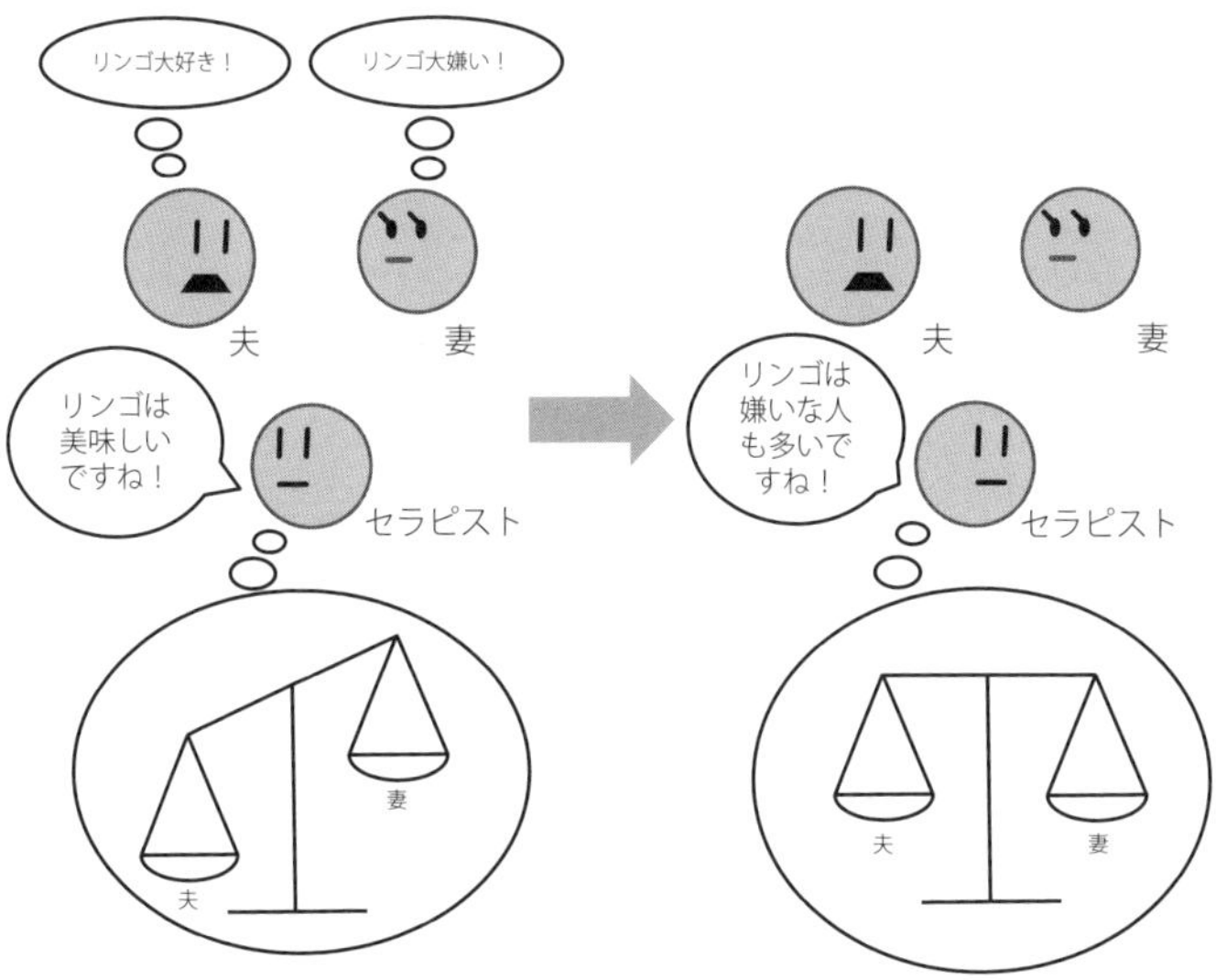

図 62

トの動き方を具体的に調整することが必要です。

多方面への肩入れは、「二方面」への肩入れ

このように、多方面への肩入れは複数面接における指針を簡潔に描いてくれます。その一方で、セラピストが場当たり的な「八方美人」になる恐れも内包しています。それは、多方面への肩入れという言葉が「多くの方面＝多くの人」というように面接を個人の集まりとしてとらえる思考を喚起するからかもしれません。

確かに、複数の面接参加者が意見を異にしている場合、それを「個人と個人の対立」ととらえることもできますが、「異なる意見が共存する単独のシステム」として理解し、そのようなシステムに合わせる、という実践イメージを持つこともできます（図63）。そうすると、「あちこちにせわしなく太鼓持ちのように合わせる」実践をせずに済むかもしれません。

善意の意図の誤解

もうひとつコツをつけ加えます。それは、「善意の意図を明

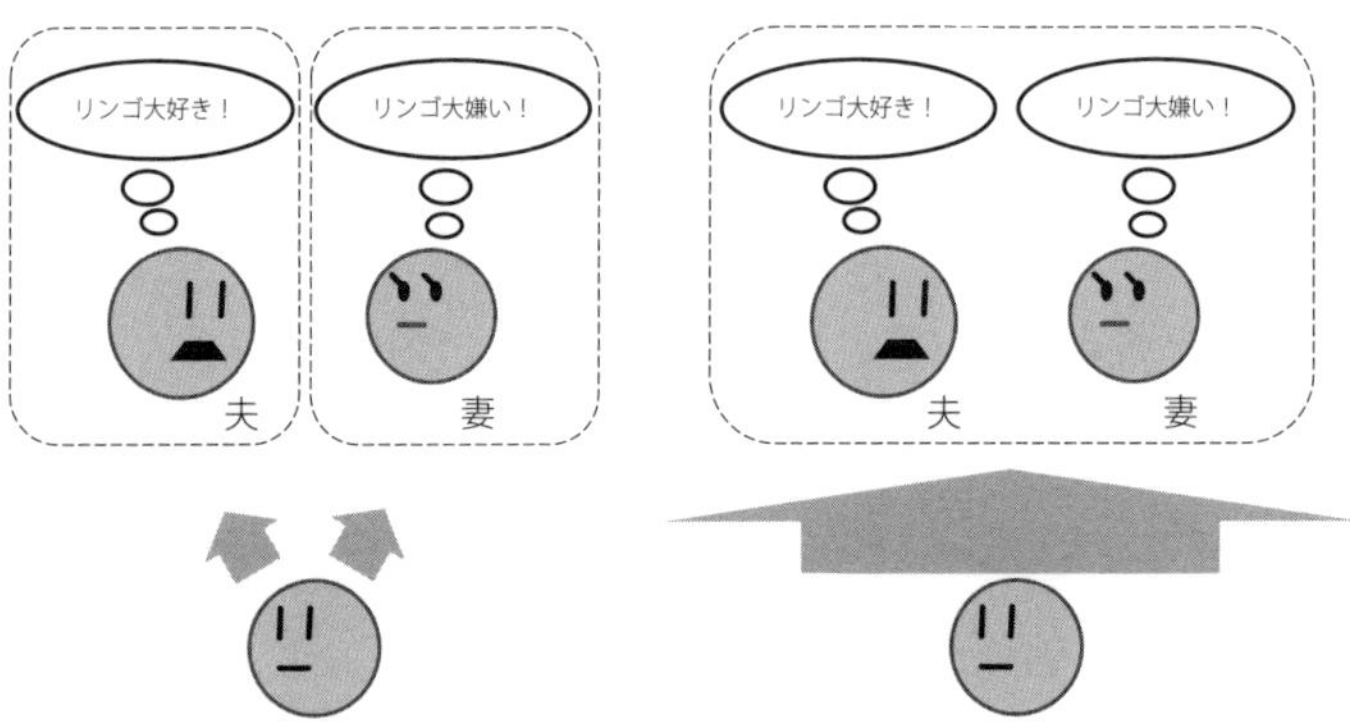

対立意見を持つ個人にそれぞれ合わせる実践イメージ　　対立意見が共存するひとつのシステムに合わせる実践イメージ

図 63

らかにする」ことです。

家族のように複数の関係者が働きかけをしている場合、一方の関係者からすると理解に苦しむ対応であったとしても、もう一方には「良かれと思ってそうした」という想いがあるものです。しかし、意見の相違が生じると、なぜそのように対応したのかという意図は語られにくくなります。セラピストは、〈そういう対応をすることで、どういう良い結果が起きるといいな、とお考えになっていたのですか?〉などと尋ねつつ、それぞれの事情や考えをうかがいます。

語られることのなかった善意の意図が語られると、同席者はしばしば驚いたり、意外に思ったりするようです。それだけでも、面接は小さく（あるいは大きく）展開したことになります。また、「誰もが皆、善意に基づいて対応をしたのだ」、とセラピストが面接参加者に肯定的に関わることができるのが、この方法の良いところです。

多方面への肩入れは「全員をひいきすること」などとパラフレーズされますが（中釜、2010）、全員をひいきするような面接を実現するには、セラピストが各面接参加者をひいきするだけの根拠が必要になります。善意の意図が明確になると、セラピストは格段に肩入れをしやすくなります。

善意「がある」、善意「である」

とはいえ、中には「あの人に善意などあるわけがない」などと、善意があることに疑問を持ちたくなるようなケースがあるかもしれません。しかし、その関係者に真に善意「がある」かどうかにこだわる必要はありません。クライアントの行為が善意に基づくもの「である」とセラピストが認識してみることが（＝セラ

表2

	父親	母親
対応	叱った	食べ物を買い与えた
善意の意図	娘の主体性を育もうとした	家探しや万引きを未然に予防しようとした
行為の意図せざる結果	娘の反発が強まった	娘の改善に向けた意欲が低下した

娘の過食嘔吐への対応を整理した例。善意の意図は肯定し、行為の意図せざる結果とは区別する。ただし、善意からとはいえ、それがもたらした結果が好ましいものでなければ、対応の仕方を再検討する。

ピストのフレームをまず変えようとすることが）、関係者の意味づけを変えることにつながるかもしれない。「悪意にまみれた人物に見えるが、そう言われてみると一抹の善意が見えてこなくもない」、かろうじてそんな話が立ち上がることだってあるかもしれない。そこから変化が増幅されるかもしれない、その可能性を潰さないようにしたいわけです。

行為の意図せざる結果

ただし、善意の意図を肯定できたとしても、それが引き起こした結果を肯定できるとは限りません。いくら愛情あってのことだとしても、暴力が許されないのと同様です。

そこで「行為の意図せざる結果」（長谷、1991）という観点を用います。善意の意図がどのような行為を引き起こしたのか、両者をセットで検証する、というスタンスです（表2）。

左右上下遠近

さて、天秤の「左右」のバランスを取るだけでなく、セラピストのポジションには「上下」と「遠近」の軸があります。

上：アップ・ポジション

「セラピストが知を有する立場を取っていると、クライアントがフレームづけるセラピストの言動」のこと、それがアップ・ポジションです。[2] 例えば、病気の知識を伝える、面接の見通しや解決方法を伝える、助言する、診察中ＰＣの画面をずっと見ている、足を組む、などもアップ・ポジションにつながる可能性があります。

アップ・ポジションには良い作用と悪い作用があります。良く作用すれば、専門家の適切なリードへとつながり、クライアントが安心して支援の枠組みに乗れる、ということになるでしょう。例えば混乱して不安が高まっているクライアントは、往々にして【安心できるようリードして欲しい】というフレームを携えています。そのような時に意図してセラピストがアップ・ポジションを目指せば、足を組む様子が「頼りがいのある姿」に見えて、面接はスムーズに進むかもしれません。

一方、悪く作用すると、クライアントとの関係形成を阻害します。【カウンセリングそのものに不信感がある】【自分自身で考え行動したい】、といったフレームがクライアントにある場合、専門家然としたセラピストの態度がクライアントにとっては鼻につくかもしれません。例えば、ベテラン教師と若手カウンセラー。ベテラン教師は、ただ思うところを整理する場所が欲しくて来談した。【カウンセラーには具体的な解決策など求めていない、答は自分の中にある】と思っている。そんなクライアントに対して不用意に助言をすれ

2　アップ・ポジションとダウン・ポジションを支援対象者同士の評価軸として用いることももちろん可能です。例えば、「問題行動を起こしている生徒が担任よりアップ・ポジションに立っているようだ」などというように。

ば、クライアントはセラピストが不必要なリードしようとしている、などとセラピストに腹を立てるかもしれません。

下：ダウン・ポジション

「セラピストが知の所在を明け渡した立場を取っていると、クライアントがフレームづけるセラピストの言動」のこと。元々はクライアントに逆説的な課題を実行してもらうため、セラピストがひとつ下のポジションからクライアントを褒めたり、クライアントの能力にフォーカスを当てたりする戦略的な行動を指しました（Fisch, et al., 1982）。それをコラボレーションに転用します。

大変知識が豊富で、社会的な地位も築いているタケシさんがクライアントだとしましょう。自分が積み上げてきた業績には自負がある、そんなタケシさんに支援の指針を示す際、専門家として単に提言することは簡単です。しかし、よりコラボレーションを志向するならば、【私は有能である】というタケシさんのフレームに触れることができるはずです。例えば、〈お話をおうかがいして、タケシさんは広く世界のためを考えて仕事をされていることが分かりました。それに比べると、私はカウンセリングというきわめて狭い、小さいところしか見ていないのだと思います。そこからのお話なのですが、お聞きいただけますでしょうか？〉などという前置きをすることができます。「戦略」がセラピストのフレームに由来する動き方なのだとすると、ここでのセラピストの発言はそれとは真逆、このクライアントのフレームを活用しようとしているのです。それによってセラピストからの提案を気持ちよく聞いてもらえたのなら、セラピストはダウン・ポジションへと移行できたことになります。他にも、クライアントからの質問に対して、〈分からない〉と答える、セラピストから〈教えてください〉と質問する、などは、ダウン・ポジションへとつながる可能性のある行動です。

ダウン・ポジションにも良い作用と悪い作用があります。それはやはりクライアントのフレームと相関します。良い形で作用すれば、セラピストとの信頼関係が強まり、クライアントの内省や自己決定を促すことになるでしょう。

例えば、【自分の辛さには長い歴史がある。それは他人が簡単に分かるものではない】というフレームを携えている、慢性的な経過をたどっているクライアントとの面接に際して、「支援の初期にはアセスメント結果を示さなければならない」というフレームにセラピストが囚われていたとします。もしも、クライアントの一言では語り尽くせない経験を無理矢理既存の疾病概念に当てはめ、図式的に示したならば、それはセラピストの悪しきアップ・ポジションととられるかもしれません。〈私自身、まだよく分かっていないところが多分にあります。○○障害、などという診断や見立ても必要かもしれませんが、そういうことは少し控えて、まずはこれまでのご経験を少しずつ教えてください〉とダウン・ポジションを目指すことが、このクライアントにはフィットするかもしれません。

この場合、「クライアントは一方的に観察される存在である→クライアント自身の経験に価値がある」というリフレーミングが起きていることになります。ダウン・ポジションはその意味で、クライアントを肯定することとセットである、と言い換えることもできるでしょう。

ダウン・ポジションの悪い作用、その典型は、クライアントに【頼りないセラピスト】と思われることです。一例を挙げます。対人援助の中でも、いわゆる受容共感的なカウンセリングでは、セラピストは傾聴を主体とし、クライアントは自由に心の内を話します。

しかし、「あなたには、人に気を遣わず、思っていることを気兼ねなく話せる場が必要かもしれませんね」などと、受容共感的アプローチがそのクライアントにとって有益である、という流れをセラピスト自身が作った上でなければ、あるいは主治医や担任などに作ってもらった上でなければ、オウム返しや反復、また質問に応答せず〈あなたはそれについてどう思いますか？〉と質問を仕返すことなどは、クライアントに「奇妙なコミュニケーション」と受け取られかねません。良かれと思って主導的な関わりを控えているつもりでも、【頼りない】【何を考えているのか分からない】【うなずいているだけのセラピスト】と判断されてしまうかもしれません。

遠近：近しい関係性、遠い関係性

関係性は、近ければ家族や友人、恋人のようになるでしょうし、遠ければ他人になります。両極の間は関係性のグラデーションになっており、支援における適切なゾーンがあると考えることができます。関係の望ましさは、職種やセラピストが身を置く労働環境によって決められるところもあるでしょうし、拠って立つアプローチによって好ましいとされる関係性もあるでしょう。クライアントの身体との関わりが日常的に生じている看護師と、そうではない心理士とでは、社会的に望ましいとされる関係性の距離感にも違いがあります。そうした差異を踏まえた上で、最大限援助的になるような関係性を、ひとりひとり現場のセラピストは考えているはずです。

ところで、クライアントとの近しさや遠さが、職種や職域、各種アプローチ方法による望ましさによって規定されるにしても、それらはその都度現場のコミュニケーションによって再生産され続け、時に揺らいだり変化を蒙ったりします。コミュニケーション上、関係性の遠近を規定する要因は様々です。婉曲なのかストレートなのかといった会話の内容はもちろんのこと、セラピストの着席位置、服装、表情、丁寧語と「ため口」の按配等々を含みます。例えば、セラピストが白衣を着ていれば、それは医療という「権威」の象徴として、そもそもの関係性はやや遠いところから始まるかもしれない、と考えておく必要があるでしょう（クライアントが医療者であればまた話は別ですが）。

いずれにせよ、コラボレイティヴな支援の中で、どのような関係性を望ましいとするかはクライアントのフレームによって決まります。

主導権争い

関係の近しさ、遠さについて、クライアントのフレームを考慮しながら調整する仕方を例示する前に、「主導権」という観点について少し触れておきましょう。

昔の家族療法は、支援を主導権争いとしてとらえる傾向がありました。いわく、症状はクライアントにとって、対人コントロールの手段である（例：頭痛を起こすと妻から大事にされる）。クライアントにとって症状には利得があり、だから容易には手放せない。妻に対してだけではなく、セラピストに対しても利がある。というのも、頭痛を持ち続けることは、病気を治す立場にあるセラピストの働きかけを無効にすることと同義であるから、セラピストに対しても対人関係上の主導権を確保できる、というわけです（Haley, 1976）。

これに対して〈頭痛がなくなったら、あなたは大切なものをなくすことになります。頭痛は治すべきではありません〉などと現状維持を推奨することで、セラピストが状況をコントロールし主導権を取り戻す。するとコントロールの手段としての頭痛は役に立たなくなるので、症状は消失する。以上が症状を対人関係における主導権という観点からとらえる大まかな論調です。こうした経緯を経て、症状にまつわるセラピストとクライアントのコミュニケーション全般を、主導権の取り合いとしてとらえる視点がもたらされました。

「主導権」は概念であり、セラピストのフレームですので、使用することも保留することもできます。試しに、この主導権争いという観点を用いてセラピストとクライアントの近しさ、遠さが問題となるような場面を取り上げてみましょう。

あなたならどうする？

通常の面接では適切な距離感を保っていたとしても、関係が急接近したり、遠退いたりするタイミングがあります。例えば、クライアントがセラピストの私生活について尋ねる、自傷痕を見せる、セラピストを賛美する、等々です。セラピストを罵倒する、暴力に訴えるといった、分かりやすい関係性規定の仕方もありますが、ここではコミュニケーション上、もう少し解釈の仕方が微妙な場面を取り上げたいと思います。

「カウンセリングに来る前に美容室に行ってきました。美容師のお姉さんに可愛くしてもらっちゃいました♡」

20代女子、ファッショナブルなクライアントが、中年期男性セラピストに継続面接の冒頭でこのように言ったとしましょう。主導権という観点からは、セラピストとの距離を近いものにしようとクライアントが主導的な役割をとろうとしている、と受け取れます。セラピストはこの場面で、どういう態度を選択することができるでしょうか。〈え、えーと（目が泳ぐ）。そ、そうだねえ〉などと動揺するセラピストがいるかもしれません。これは、主導権という観点からみれば、セラピストが主導権を失い、クライアントがその場のコミュニケーションをリードしていることになる、と解釈できます。クライアントの主導、リードは次第に面接内の様々な局面において発揮されるようになり、セラピストの援助的意図を持った関わりが無効化されるようになる、という考え方につながるかもしれません。

他にセラピストが採れる選択肢はないでしょうか。〈（冷静な態度で）ああ、そうですか。よかったですね〉と言ってみることもできます。セラピストらしい（？）確固とした態度です。ただし、クライアントの醸し出す情感を半ば無視するような形で主導権を維持したセラピストに対して、クライアントは例えば面接に非協力的な態度をとることで、再度主導権の奪取を企てるかもしれません。

では、どうすればセラピストは動揺することなく、突き放すでもなく、コラボレイティヴに関係性をキープできるでしょうか？　ここまで主導権という概念を軸に描写してみましたが、セラピストの行動指針は主導権争いという発想からは出てきにくい気がしてなりません。「コントロールの主導権を取り返すこと」が前提になりますから、少々乱雑な言動が導き出されてしまう恐れもあります。

そこで、クライアントのフレームを手がかりにすると、そうした副作用を避けつつ、適度な距離感の調整に取り組むことが可能になります。ここでのクライアントのフレームとは、【気軽な話に応じて欲しい】や、

【褒めて欲しい】、あるいは【恥をかかせないで欲しい】なのかもしれません。セラピストはそうしたフレームに導かれるように、例えばやや軽い調子で〈可愛いー♡〉と言う、との選択をしてみてもいいでしょう。

セラピスト側の「面接とはこうあるべし」「主導権は確保しなければならない」という方針から出発するのか、クライアントのフレームから出発するのか。どちらが正解とは言えませんが、コラボレーションは後者のスタンスから生まれやすいのではないかと思われます。

左右上下遠近を実践的に活用する

さて、この左右上下遠近、実は定義の部分に特徴があります。「と、クライアントがフレームづけるセラピストの言動」の部分です。セラピストが何か特定の言動をすれば、それがアップ・ポジションやダウン・ポジションになるかというと、そうではありません。セラピストがアップ・ポジションをとろうとして、腕組みをして足を組む。その様子をクライアントは、「専門家にしてはくだけた先生だ」とダウン・ポジションとして受け取るかもしれません。判断は常に、クライアントに委ねられています。

しかし、その判断の結果がクライアントから語られる機会は、そうはありません。したがって、セラピストは面接中、「クライアントはセラピストをアップ・ポジション、ダウン・ポジションのどちらとみなしているのか？」「現時点のポジションは適切か？」というチェックをすることになるでしょう。チェックといってもクライアントに〈今私はダウン・ポジションになっていますか？〉などと尋ねるわけにはいきませんから、そうする代わりに、セラピストが「今、セラピストとクライアントの関係性は、左右上下遠近でいうと、どうなっているのか」と仮説を立て続けることになります。

面接をしながら、平素よりそのようなチェックをしておくと、良いことがあります。第10章の「個人面接における支援システムのコミュニケーション・パターン」のくだりでもお話ししましたが、どうも面接がうまくいっていないな、という時に、左右上下遠近を調整すべく、セラピスト自身の動きを変えてみることができるのです。うなずきを少なくする、笑顔を真顔にする、傾聴から質問主体にシフトする、助言をやめる、等々。

行き詰まってから考え始めるのでは遅いのかもしれません。常日頃からクライアントがセラピストに求めているのはどのポジションなのか、クライアントのフレームを意識したいところです。そして、セラピストとクライアントの間の悪循環は小さいうちに解消しようとする、その積み重ねがコラボレーションへとつながるのです。

第Ⅲ部　理論編

第13章　諸理論をコラボレイティヴに活用する

ポイント
・理論はセラピスト側のフレームであるが、クライアントのフレームに近づくためのヒントが備わっている。
・脱構築は、動かしがたく見えるものであっても変化しうることの根拠を与えてくれる。
・ネオ・サイバネティクスを通じて、対象自体へのアプローチではなく、対象についての理解を、加えて、セラピストの自己理解も扱うことができる。
・対人相互行為システムはセラピストがクライアントに不可避的に関与し影響を与えていることを強調する。
・オートポイエーシスのシステム－環境図式によって、セラピストの理解が常に限定されたものであることを再認識できる。

本章の目的は、いくつかの理論を取り上げることで、コラボレーションの背景を知り実践の屋台骨とすることです。近年の理論や実践の方が様々な議論を経て洗練されたものになっており、したがって有用性が高いと考えることができる一方で、故きを温ねて新しきを知る、ということもあるでしょう。

インターベンションからパーターベイションへ

一部の対人援助では、クライアントや家族の中に問題を見出し、それを治す、というスタンスが取られています。それは、医療における身体の治療や機械の修理になぞらえることができます。

歯痛で歯科を受診します。患部をレントゲン撮影し問題を特定、歯科医が歯を削るなど然るべき処置を行う。患者は大人しく座っているという形で協力する必要はあります。そして時に「インプラントにするかしないか」といった判断や注文をすることはありますが、作業の進め方について主導的に関与することはほぼありません。歯科医の専門性によって治療は進行していくからです。冷蔵庫の修理なども、その道の専門家でなければ素人ではとても太刀打ちできません。

同様に、対人援助の分野でも、専門家が問題を特定し、インターベンション（介入）を行うという方法が採用されてきました。しかし、対人援助で支援の対象となるのは、歯のような人体でもなければ冷蔵庫のような機械でもありません。人間が人間の精神を、物に対してそうするようにコントロールすることなどできないのですから、対象を外部からコントロールする、という前提は不適切です。

そういうわけで、対人援助ではコラボレーションが注視されるようになります。コラボレーションには、インターベンションよりも、「パーターベイション（perturbation）」概念がフィットするでしょう。オートポイエーシス（後述）の発案者ウンベルト・マトゥラーナは、変化を与えることはできるがその内容を特定することはできない、そのようなシステムからシステムへの影響の仕方をパーターベイションと呼びました。[1]

パーターベイションの見地からすると、セラピストがクライアントを一方的に安心させたり、力づけたりすることはできません。できることと言えばせいぜいその手前、セラピストの言動によってクライアントが「うずうずする」（Borch, 2011）段階までと考えておかなければなりません。その後クライアントが何を感じどう思うのか、については、クライアントの中で起きることであり、セラピストの手は届きません。

このように、セラピストの影響は偶発性、不確実性を含みこんでいる、と見ることができます。こうした非コントロールの思想に拠って立つコラボレイティヴな支援は、どのような理論的基盤の上に成り立つのでしょうか。以下、社会構成

1　パーターベイションは「攪乱」と訳されることが多いのですが、この訳語からはややネガティヴな印象を受けます。パーターベイションはもともと、ある天体の動きが他の天体の影響で変わる現象「摂動」を意味する用語で、こちらの訳語を参照することもできます。

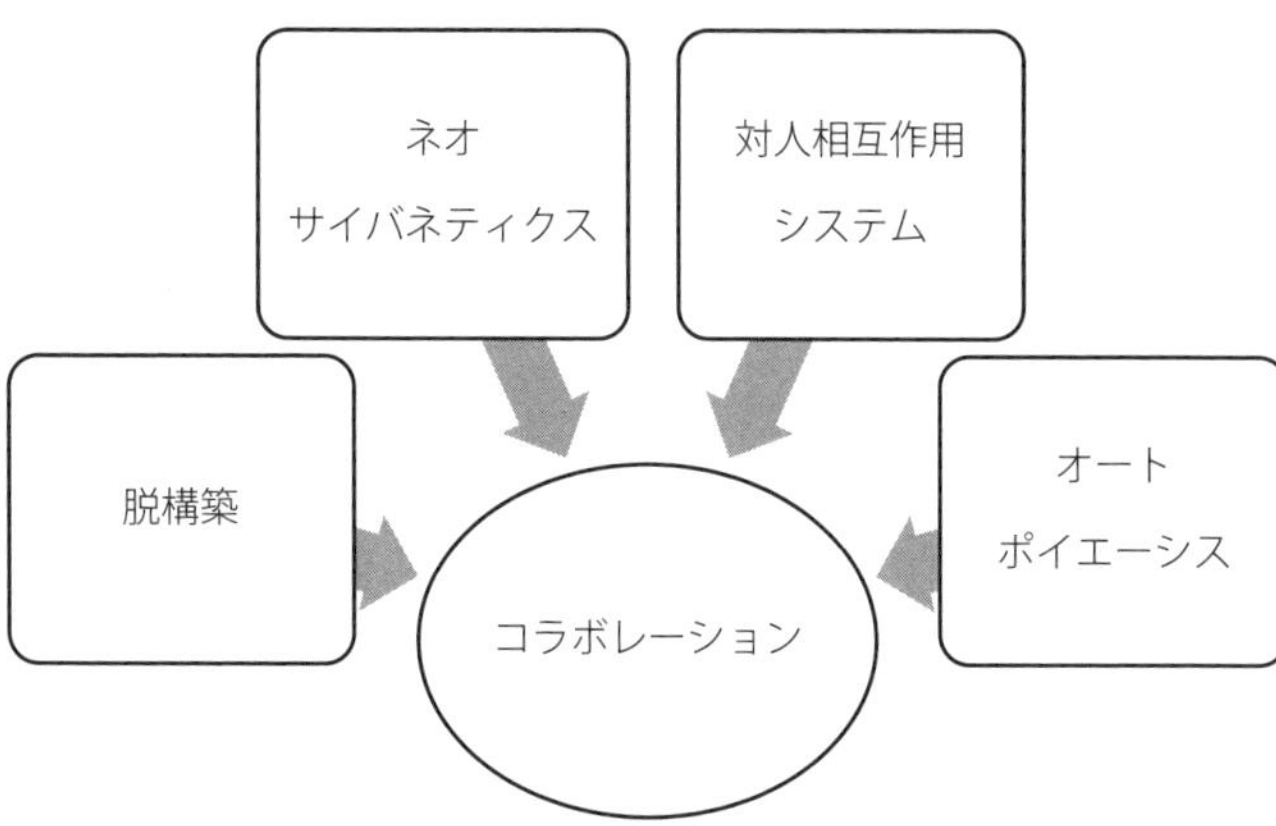

コラボレイティヴな実践をするための4つの手がかり

図64

主義からスタートし、脱構築、ネオ・サイバネティクス、対人相互作用システム、オートポイエーシスの順に見て参りましょう。

社会構成主義

社会構成主義は、「世界は人間の認識とは別に存在しない」、と考えます。バーは、社会構成主義を微視的視点と巨視的視点に分類しています(Burr, 2015)。人同士が相互作用する日常の中で起きる社会的な構築を取り扱うのが微視的視点であり、バーはその中に、対話による理解を強調するガーゲンやジョン・ショッターの研究を含めています。インターパーソナルなアプローチは、個人の内部よりも人と人との間に注目し、対人コミュニケーションによって新たな意味や変化を呼び寄せようとする営みです。日常生活では思いも寄らなかったことが、カウンセリングで話をしてみたら、「ハッと気づきました」ということが起こる。あるいは葛藤が解決する。そのような事態を新しい「現実の構成」ととらえるのだとすれば、インターパーソナルなアプローチと社会構成主義は相性が良いことになるでしょう。

その一方で、お喋りや世間話といった「微視的」な営みをどんなに繰り返しても、それらが科学的な知見として認定されることはありません。私たちには、規約に適う、特定の科学者集団によって認証された「事実」だけが「押しつけられて」(戸田山、2005) いるからです。科学に限らず、客観的事実に見えるものは組織や集団、さらにはもっと多数の人間によって認定され構成された事実である、そのことを扱うのが社会構成主義の巨視的視点です。

私たちは会話を通じて対人援助をしようというのだから、そのように大袈裟に考える必要はないのではないか、そんな反論が聞こえてきそうです。

しかし、例えば「家族は同居してこそ幸せである」「女性は料理が上手くできて当然である」「男は辛くてもやせ我慢しなければいけない」といった臨床現場でもしばしば懸案事項となりそうな価値観は、個々人に由来すると考えることもできますが、同時代の風潮がよしとする文化社会的な状況によって規定されていないとも限りません。社会構成主義の巨視的視点は、社会的な制度や慣行が私たちの生活の隅々に入りこみ、まるで私たちに固有の信念であるかのように振る舞う、そんな側面を明らかにするのです（「第14章　ナラティヴ・セラピーをコラボレイティヴに活用する」の冒頭、ディスコースのくだりで再度触れます）。

したがって、臨床実践において社会構成主義を持ち出す時には、微視的視点と巨視的視点のどちらか片方に偏るのではなく、両者の接地面、すなわち「社会からの拘束のもとで対話を続けることがもたらすことの可能性もしくは不可能性」が記述され、俎上にあげられなければなりません。

社会構成主義と多元主義

社会構成主義は「徹底的な多元主義」をとると言います（Gergen, 2004）。ところが、多元主義の成立は特権的な地位あってのことでもあります。[2]

世界地図を広げて幾つかの国、例えば日本と南アフリカとイギリスを眺めてみましょう。その時、私たち

2　「多元主義は、複数の立場を鳥瞰的に見おろす観察者の立場でしかない。そのため多元主義は謙譲の美徳を身にまといながら、多くの立場を箱庭鳥瞰的に見おろす特権的な視点をとってもいる」（河本、1995）。

は「天空」から諸国を見下ろす位置にいます。多様な何かを広く見渡すには、俯瞰的な、特別なポジションが必要になるのです。

臨床実践ではどうでしょうか。対立する夫婦との面接で、「先生はどちらの意見に賛成ですか？」と尋ねられる。それに対して〈どちらのご意見にもうなずけるところがありますね〉などと、「多元主義」の立場をとる。その時セラピストは、良く言えば公平に振る舞っている、しかし悪くすると、夫婦へのコミットを避け特権的な専門家のポジションに逃げこむ口実として多元主義を利用していることになるかもしれません。一見、階層的で固定的な秩序を嫌うかのように見えて、多元主義は特権性の再生産をうながす一面があることに注意を払う必要があります。多元主義を謳うセラピストは、特権的な身分も同時に引き受けているのです。

このように、少し覗きこんでみただけでも社会構成主義には要注意点がちらついており、決して丸呑みできるものではないことがうかがえます。そもそも何であれ「主義」と名のつくものは強力なセラピストのフレームになりうるのであり、また主義は「反主義」を敵対化させてしまいます。したがって、徒に称揚するのではなく、社会構成主義の臨床実践への具体的な適用を目指したい。そこで、ひとつの切り口として社会構成主義の「各論」として登場する、「脱構築」に触れておくことにしましょう。

脱構築

フランスの哲学者、ジャック・デリダは脱構築概念を通じて、「当たり前のこととされる頑強な認識の中には、相反する要素が含まれている」と考えます。キーワードは「二項対立」です。例えば、生と死、自己と他者、内と外、等々。一見生と死は互いに相容れないもののように見える。しかし、私たちの生は、細胞レベルでの細かな死を日々抱えこんでいます。反対に，死してなお爪は伸び続ける（Derrida, 2005）。

デリダは，「赦すー赦さない」という二項対立から，「赦しがたいものを赦すことこそが赦しであり，赦せることを赦すというのはそもそも赦しではない」という考え方を導き出しています。そのようにして，赦すー赦さないという構図自体に疑問符を打とうとする。デリダほど鋭い思考はできずとも，例えば，「人の振り見て我が振り直せ」のように，「他者の中に自分を見る」ことがあるでしょう。

脱構築的な考え方で現実を眺めると，世界の見え方が一変します。「意欲がない」と思っていたクライアントの中にやる気満々な一部分を，「死にたい」の中に「生きたい」を，見出すようになるかもしれません。まずセラピストのクライアント像から変わり始める。それらしく見えること，動かしがたく思えることは，実はセラピストのフレームによる思いこみに過ぎないのかもしれない。

コラボレーションを行う上で脱構築を参照することの利点は，ひとつには，相反する二項を想定することで，セラピストのフレームが暴走するのを阻止できる点にあります。セラピストがクライアントを「強気な人だなあ」と思ったとしましょう。そこで反対の極「クライアントには弱気なところもある」というフレームを頭の中に試しに設置してみる。すると，強気も弱気もセラピストのフレームに過ぎないということに気づきやすくなります。そこからですと，「だとすると，クライアント自身はどう思っているのだろう」というように，クライアントのフレームへと関心をシフトさせやすくなるでしょう。

ファーストオーダー・サイバネティクス

次は，ネオ・サイバネティクスです。サイバネティクスは，かつて家族療法を支える理論の中核にありました。サイバネティクスとは「舵を操る人」という意味です。当初のサイバネティクス、ファーストオーダー・サイバネティクスは、船の舵が波というコントロール不可能なものを「操る」がごとく、本来制御しえないものを制御しようとする思想でありました。

サイバネティクスは、観察対象を、変化を抑制するネガティヴ・フィードバックと変化を促進するポジティヴ・フィードバックの観点から理解しようとします。例えば、私たちの生命は死に向かって動き続けている。しかし、ポジティヴ・フィードバックが過剰になり、あまりにも変化が加速し過ぎると、あっという間に死に至ってしまう。だから、変化を抑制するネガティヴ・フィードバックの働きが備わっている、などと考えます（河本、1995）。

人間関係を例に取ると、セラピストの目の前で続いている夫婦ゲンカの模様を、「夫婦ゲンカはポジティヴ・フィードバックばかりになると、つまりエスカレートし続けると別居や離婚へとつながりかねない。その恐れから、夫婦がどこかで『手を抜く』ことで決定的な破局を回避している。このようなネガティヴ・フィードバックによって、関係は破綻しなくて済んでいるのだが、問題は解決されないまま維持される」などととらえます。

セカンドオーダー・サイバネティクス

しかし、この説明にはセラピストの関与が抜けています。私たちは観察者と観察対象を切り分ける科学的な思考に馴染んでいます。アサガオの観察を思い出してみましょう。アサガオをじっと見つめたからといって、アサガオがポッと花の色を赤らめて葉っぱを引っこめる、などということは起きません。観察者が派手な服装をしていようが、ヤクザな言葉遣いで独り言を言いながら観察しようが、アサガオの花の色や葉の枚数が変わることはありません。

一方、面接中クライアントをじっと見つめ、ヤクザのように振る舞ってみます。面接は異様なものになるでしょう。アサガオと違ってクライアントはセラピストの動き方次第で、異なる様相を示します。ですから、対人援助ではセラピストの関与を含めて記述する必要がでてくるのです。

そうすると、先の夫婦ゲンカの例では、より包括的な視点として、「『夫婦をシステムととらえるサイバネティクスの視点』を成立させている、セラピストも含めたサイバネティックなシステム」を記述することが必要になります（ややこしいですが）。こうして、「夫婦ゲンカはセラピストが何もしないことで維持されている」などといった、セラピストの影響性を加味した説明が可能になります。

このような視点は、セカンドオーダー・サイバネティ

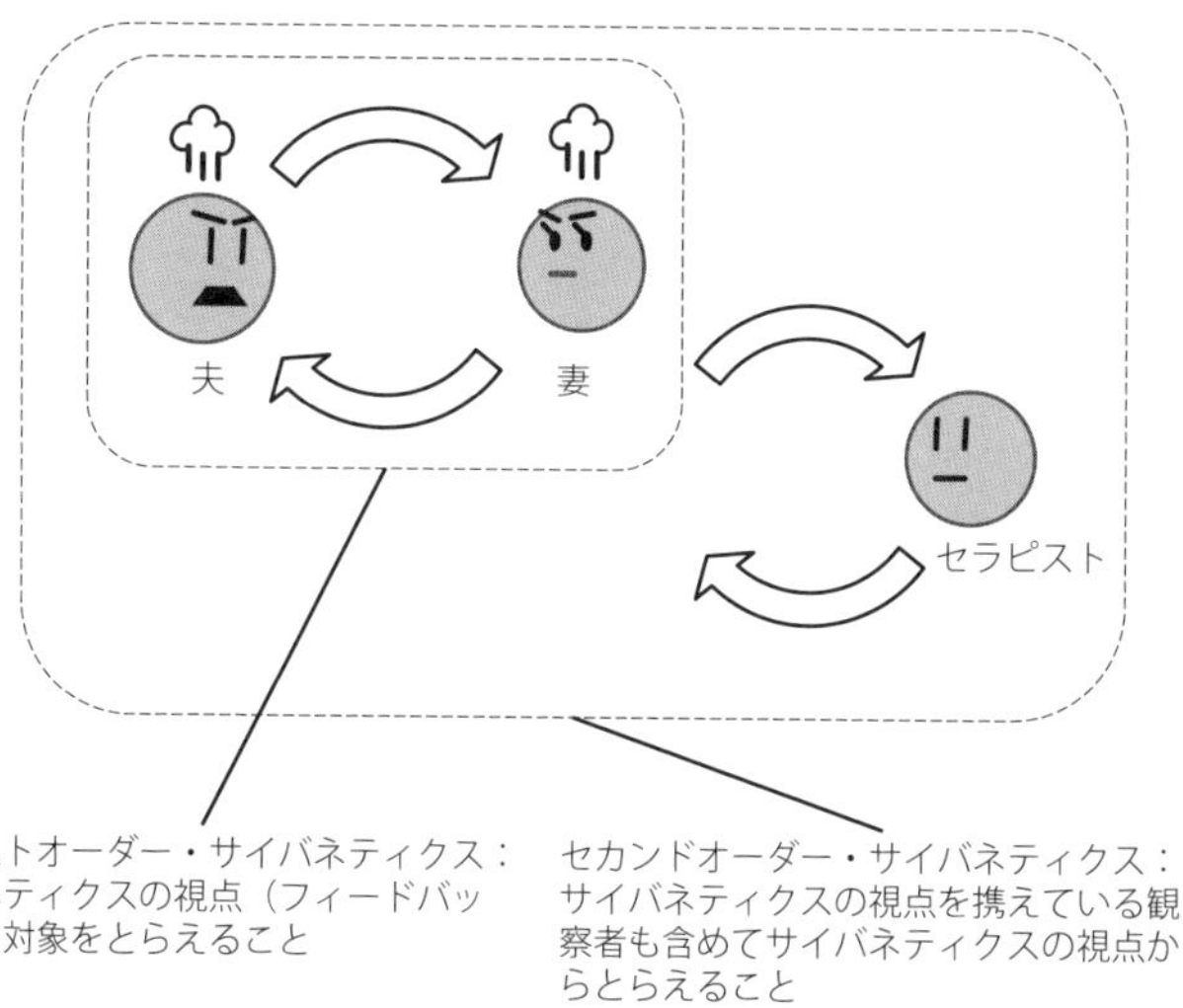
夫
妻
セラピスト
ファーストオーダー・サイバネティクス：サイバネティクスの視点（フィードバック）から対象をとらえること
セカンドオーダー・サイバネティクス：サイバネティクスの視点を携えている観察者も含めてサイバネティクスの視点からとらえること

図65

クスによってもたらされました。セカンドオーダー・サイバネティクスは、ハインツ・フォン・フェルスター が示した概念です。フェルスターは、自身の記憶研究から、観察者の認知は外界を直接表象するのではなく、過去の記憶を参照することを含む統合的なシステムであることを示しました。情報は外界からインプットされるのではなく、記憶とともに観察者の中で「構成」される。現実とは構成された二次的な（second order）世界である。これが構成主義と呼ばれる考え方です。

かつてベイトソンはアルフレッド・コージブスキーの表現を借りて「地図は土地ではない」と言いました。地図が現地ではないのと同様、コミュニケーションにおいて言葉の意味するところは、言葉の額面通りの意味とは違っている、という事象とフレームの差を分かりやすく教えてくれる謂いでした。

一方、フェルスターはこの表現を「地図こそ土地である」ともじっています（Hoffman, 1985）。フェルスターは、学習とは、外界の何かを脳のどこかに押しこむことではなく、脳が安定的に携えることができるように外界なるものを計算することだと言います。また、オートポイエーシスを創設したマトゥラーナは、カエルの色知覚実験から、外界からのインプットとカエルが知覚する色彩が対応していないことを見出しました。いずれも、「現地」「外界」など、客観性を素朴に措定する考え方から距離をとっています。

このように、「外部を正確に写しとること」よりも「内部で独自に構成されること」に関心を寄せる構成主義は、対人援助にも影響を与えるようになり、個人の意味づけの仕方により焦点が当てられるようになりました。面接では、夫婦それぞれが構成している現実の理解の仕方が取り扱われる。あわせて、セラピストが構成しているフレームも観察対象としなければならない。こうしたスタンスは特に家族療法の中では、「セカンドオーダーの家族療法」と称されるようになりました。

ちなみに、構成主義は個人の中の現実構成に注目し、社会構成主義は人と人とのまじわりの中で現実が構成される点を強調する、などと区別されることがあります。[3] しかし、フェルスターは、実在が２人以上の観察者によって成立することを reality ＝ community という象徴的な表現で示しています（von Foerster, 1973）。構成主義は独我論ではなく、コミュニティで共有されうるものが現実であるとする、社会構成的な視点を当初から持ち合わせていたことになります。[4]

対人援助におけるサイバネティクスの運用に対しては否定的な論調も囁かれましたが、[5] ２０００年代に入り、「ネオ・サイバネティクス」概念が登場します。[6] ネオ・サイバネティクスは、フェルスターのセカンドオーダー・サイバネティクスを再評価し、フェルスターと共に研究に当たっていたマトゥラーナのオートポ

3　例えば、「構成主義は、西洋における個人主義の伝統から抜け出ていない。すなわち、知識の源泉を、個人の頭の中のプロセスに求めている。しかしそれに対して、社会構成主義は、人間行為の源泉を関係性に求め、『個人の行動』を理解するにはコミュニケーションが必要であると主張する」（Gergen, 1994）、「社会構成主義と構成主義とは相互に入れ替え可能とされる。しかし、後者は前者とは異なる。構成主義は歴史的に、自律的な個人が心の中で精神を構成するという考え方に着目してきたのであって、社会的な部分に注目していない」（Anderson, 2012a）。

4　フェルスターの考え方については、橋本（2010）が参考になります。また、構成主義の重要な担い手であるピアジェも構成主義における社会的な相互作用の重要性に言及しています。エルンスト・フォン・グレーザーズフェルドは『ラディカル構成主義』の中で次のように記しています。「ピアジェは、最も頻繁に生じる調節の原因は他者との相互作用、とりわけ言語的な相互作用であると何度となく強調している」（von Glasersfeld, 1995）。

5　例えばアンダーソン&グーリシャン（1990）を参照。

6　ネオ・サイバネティクスについてはクラーク（2009）を発端とみることができます。

イエーシス、オートポイエーシスを社会学に適用した社会学者のニクラス・ルーマンの理論等の重要性、活用可能性に注目しました。[7]

セラピストの自己観察

セカンドオーダー・サイバネティクスの教えるところを重視するなら、対人援助の実践にせよ記述にせよ、そこにはセラピストの自己観察が含まれなければなりません。セラピストの思考、感情、行動、それから身体感覚も、支援を構成する一部です。本書におけるコラボレーションは、セラピストのフレームとクライアントのフレームを区別するところから出発しました。区別をするには観察が先立たなくてはなりません。セラピストの自己観察（アンダーソン（2003）は「自分自身との対話的会話を維持する」という表現をしておりますが）は、コラボレーションの前提であることになります。

7　ルーマンの理論については、インターパーソナルなアプローチで言及されることはあまりありませんが、実はアンダーソンらが取り上げています（Anderson, et al., 1986）。所与の社会システムによる制限に関心を寄せるタルコット・パーソンズに対置させる形で、ルーマンがコラボレイティヴなアクションと言語を通じて社会システムが形成される過程に注目していることを、重大な理論的変化であると指摘しているのです。その後、アンダーソンは次第にルーマンに言及しなくなります。しかし、少なくとも一時、アンダーソンのコラボレイティヴ・アプローチ、言語システム論の形成過程でルーマン理論を「コラボレイティヴ」という語を用いながら描いていたという事実は、ここで指摘しておきたいと思います。

対人相互行為システム

セラピストのフレーム次第で、例えば脱構築的視点を携えることで、セラピスト自身が新しい見方に気づく。しかし、そうした見方はまだセラピストの中に閉ざされている状態です。それではクライアントの変化にはつながりません。それは、クライアントとのコミュニケーションを経ることで、新たなる「現実」として根づいていきます。このことを理解するのに、「対人相互行為システム」というアイディアが役立ちます。

図66を見てみましょう。セラピストの前で、上司と部下がやりとりをしています。上司が部下の意向を確かめようとすればするほど、部下が「分からない」との態度を強め、両者のやりとりはエスカレートして険悪になっていく。こうした場面で、私たちは、「反抗的な人だ」「強制的な人だ」と険悪になった原因を「個人の性質のせい」にしたくなります。

この時、個人への原因帰属をグッと我慢して、「対人相互行為システムにさせられている」、という観点を取

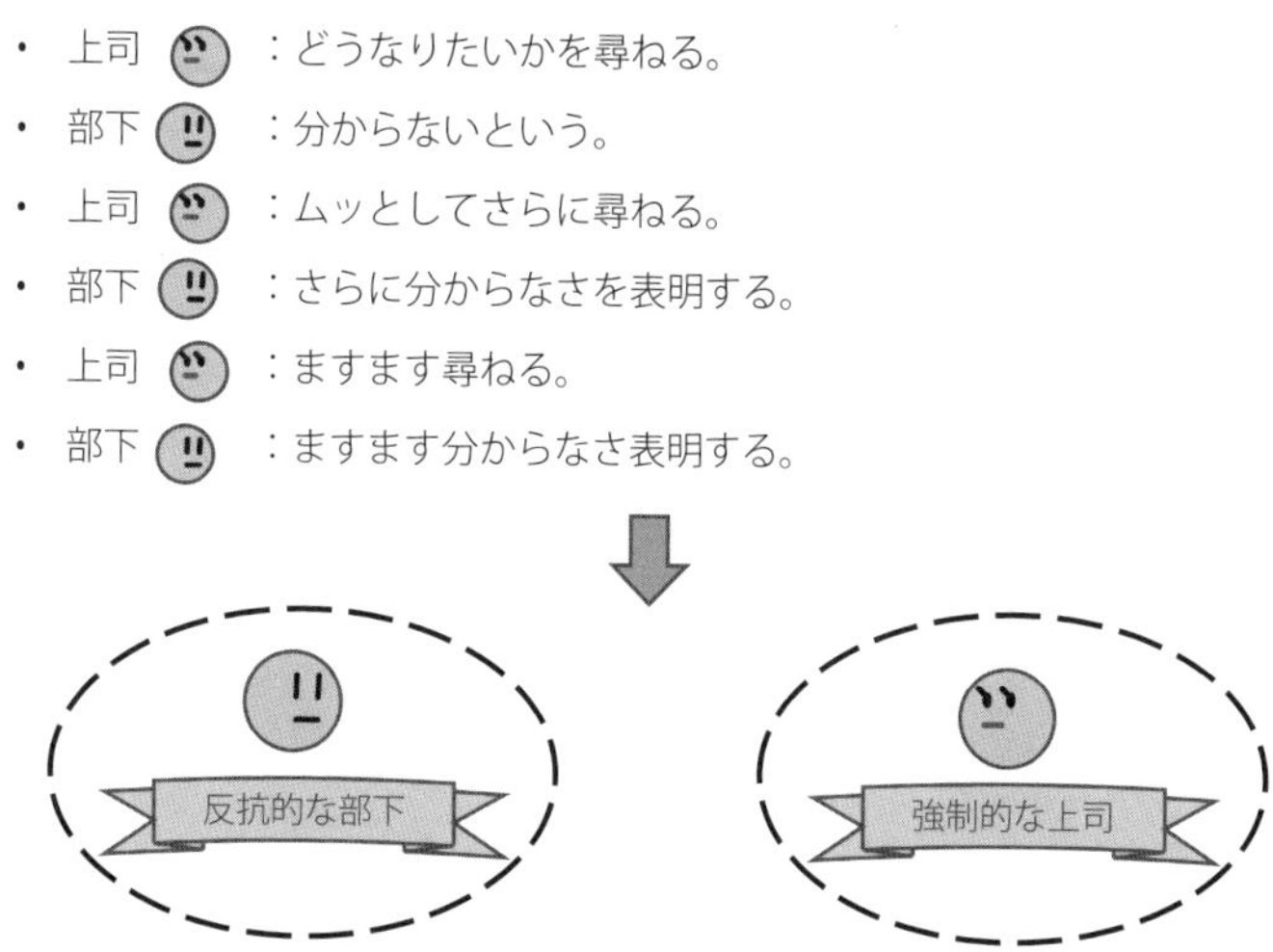

・上司：どうなりたいかを尋ねる。
・部下：分からないという。
・上司：ムッとしてさらに尋ねる。
・部下：さらに分からなさを表明する。
・上司：ますます尋ねる。
・部下：ますます分からなさ表明する。
反抗的な部下
強制的な上司

出来事を個人の性質から説明すると、「反抗的な部下」「強制的な上司」が「できあがる」

図66

り入れてみます。「上司は、２人の間の対人相互行為システムに、部下のことを反抗的な人だと思わされている」「部下は、２人の間の対人相互行為システムに、上司のことを強制的な人だと思わされている」、ととらえてみます。

無人島に人が一人いるだけでは、その人は「反抗的な人」でも「強制的な人」でもありません。いずれも、誰かと比べた時に「比較的反抗的」「比較的強制的」なのであり、相対的なものです。「個人の性質」は個々に備わっているもので、それがコミュニケーションの起点になっているという考え方もできますが、それは、２人以上の人間がコミュニケーションを経た結果生じた、幻想とまでは言わないまでも、システムに思わせられているところのひとつの「視点」であると考えることもできます。

すると、図66－67において続いている言い合いで発生していると思われる「引くに引けない感覚」は、システムの仕業によるものなのかもしれない、という観

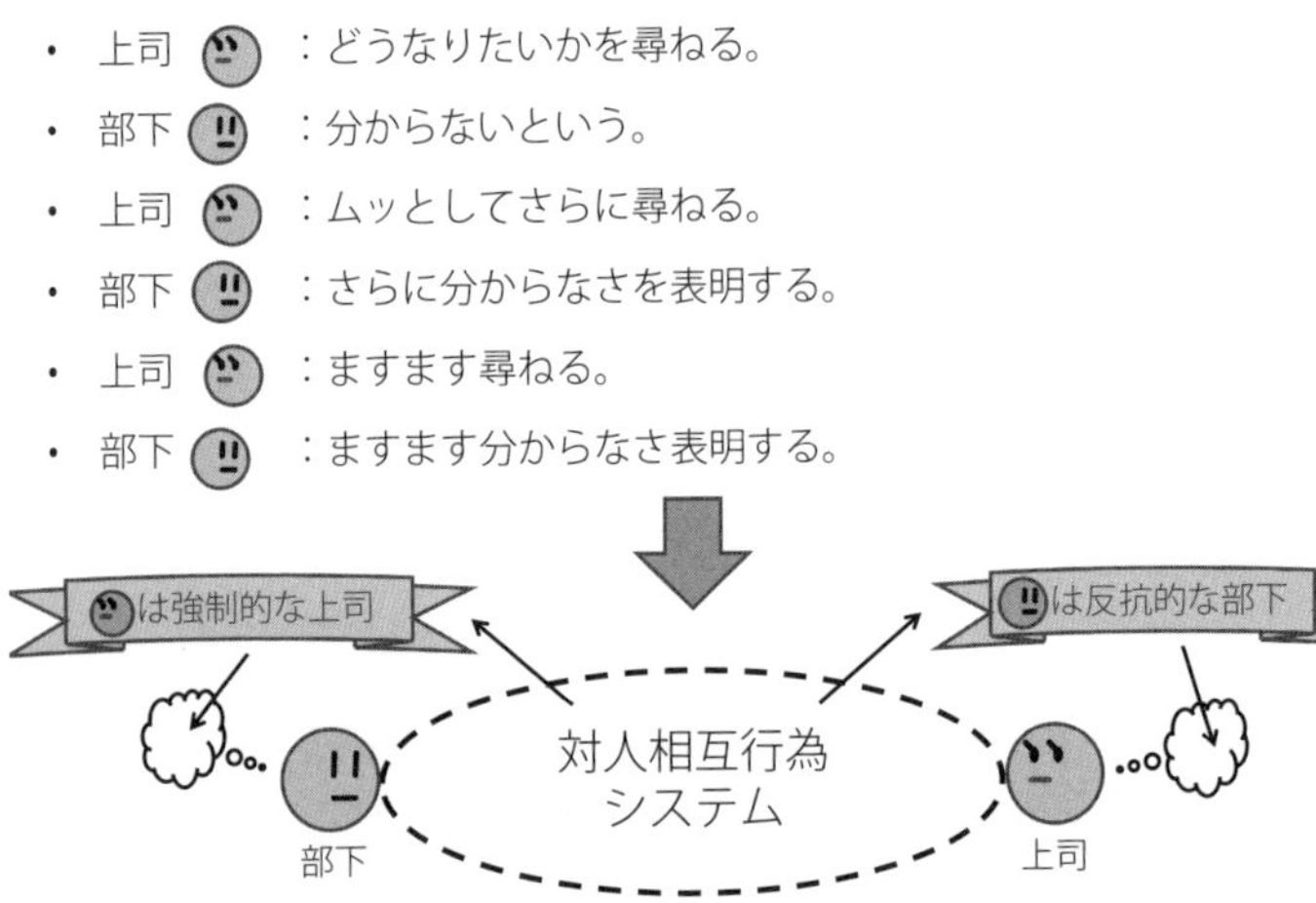

・上司：どうなりたいかを尋ねる。
・部下：分からないという。
・上司：ムッとしてさらに尋ねる。
・部下：さらに分からなさを表明する。
・上司：ますます尋ねる。
・部下：ますます分からなさ表明する。
は強制的な上司
は反抗的な部下
対人相互行為システム
部下
上司

出来事を「対人相互行為システム」から説明してみる。対人相互行為システムのルールによって拘束されているコミュニケーションの性質が、「個人の性質に起因するもの」といわば「システムに思わされている」

図 67

点が得られます。言い合いをしたくてしているのではない、それはあくまで対人相互行為システムが惹起しているものであって、個々人の胸の内では【もう言い合いを止めたい】と思っているかもしれません。セラピストはそのようなフレームに合わせて、互いに引くことができるよう言い合いに割って入る、という行動選択をすることもできます。「割って入る」などというと、一見セラピストの能動的な動きに見えますが、それをもたらしているのはクライアントのフレームであることになります。

規則の発生とコミュニケーションの制限

対人相互行為システムはいきなり出現するものではなく、少しずつ形成されていきます。コミュニケーションは、反復するうちに特定の規則を帯びていきます。

例を挙げます。ヨウタさんとヒサミさんは恋人同士。食事場面で、ヒサミさんが職場の出来事を話し始めました。うなずきながら聞くヨウタさん。するとヒサミさんは今日職場で起きた腹立たしい上司の話を勢いよく話し始めました。「あちゃー、長くなりそうだなあ。今度の休日の話は当分できないな」と感じるヨウタさん。

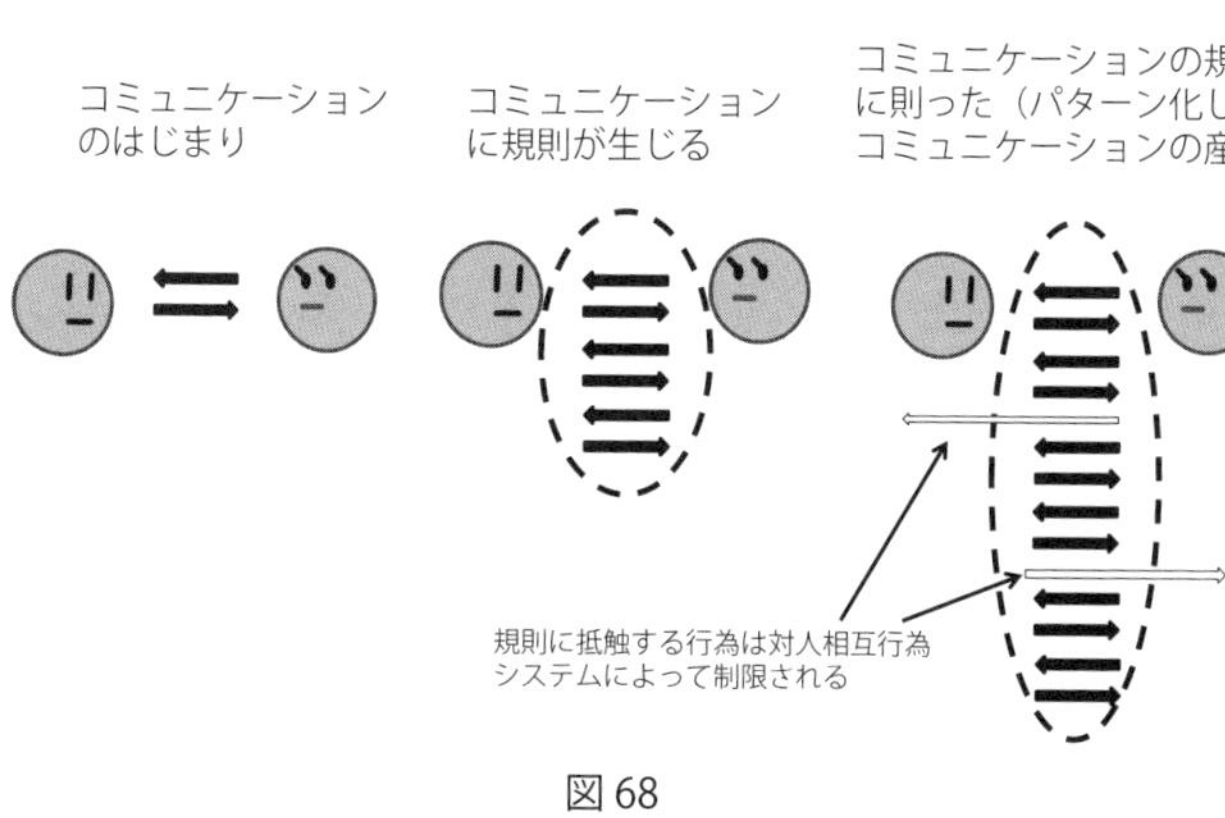
コミュニケーション
のはじまり
コミュニケーション
に規則が生じる
コミュニケーションの規則
に則った（パターン化した）
コミュニケーションの産出
規則に抵触する行為は対人相互行為
システムによって制限される

図 68

この時、コミュニケーションの規則（今はヒサミさんの話をヨウタさんが聞く）がコミュニケーション参加者の動きを制限するため、その場のコミュニケーションにそぐわない話（例えば「休日の話」）はしづらくなるのです。強引に休日の話を持ち出しても、ヒサミさんにスルーされるかもしれません。その際、「ヒサミさんは人の話に耳を貸さない人だ」などとヒサミさんのせいにするのではなく、「今この場において限定的に発生している対人相互行為システムがヒサミさんに休日の話をスルーさせている」、ととらえるのです。

システムの制限はヒサミさん自身にも及びます。腹立たしい上司の話をしたことで、ヒサミさんは「上司の腹立たしくない一面」については、話しにくくなるでしょう。

インターパーソナルなアプローチは伝統的に統語論（言葉同士の関連に関心を持つ）や意味論（言葉と外部世界の関連に関心を持つ）よりも語用論（言葉の使用に関心を持つ）、つまりコミュニケーションが行われる状況に注目してきました。（Watzlawick et al., 1967）。一見個人の性質に見えることを、試しに「これは今この場において限定的に発生している対人行為作用システムの影響によるものだ」ととらえてみます。すると、事態に変化を呼びこめるかもしれません。二人三脚のように互いに影響を及ぼし合える関係にカップリングしているのであれば、一方が変わることで他方も変わるかもしれないからです。先に挙げた上司と部下の例で、上司の質問に「分からない」、とふてくされた態度で返答した部下に、もしも上司が「多方面から検討中ということね。結構、結構♪」などと鷹揚に構えたら、おそらくその後の部下の態度は、「反抗的」とは異なるものになるでしょう。

ここまでの小まとめ

小さくまとめてみます。脱構築的思考によって、相反する要素を抽出する、セカンドオーダー・サイバネティクスの視点からセラピスト自身の姿勢を観察し調整する、対人相互行為システムの中でこれまで語られていない視点を提示する。すると、セラピストとクライアントの関係から変化が生まれ始めます。その繰り返しが、新たな現実を構成する、というわけです。

システムについての補足

システムというと、一般的に何を指すでしょうか。「今年度から有給休暇取得のシステムが変わります」という時のシステムは「手続き」を、「施設予約システム」「オペレーション・システム」という時のシステムは「コンピューターなどの仕組み」を、「政治システムの混乱」という時のシステムは「組織や集合体における人の動き」を指します。いずれも、「要素

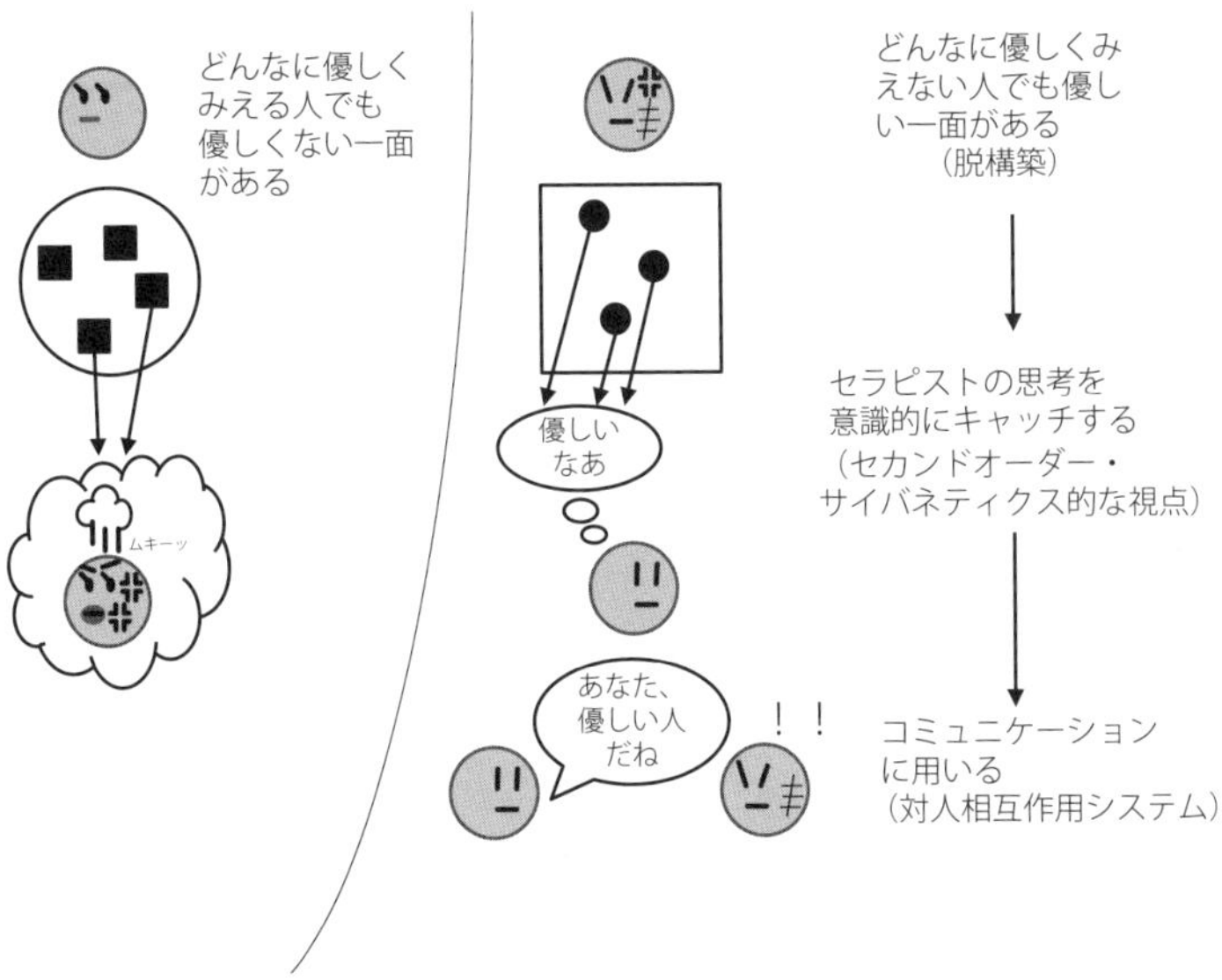
どんなに優しくみえる人でも優しくない一面がある
ムキーッ
どんなに優しくみえない人でも優しい一面がある（脱構築）
セラピストの思考を意識的にキャッチする（セカンドオーダー・サイバネティクス的な視点）
コミュニケーションに用いる（対人相互作用システム）
優しいなあ
あなた、優しい人だね
！！

図69

が互いに影響を与え合い、そのようにして構成される全体が一定の動き方をする」のが共通の特徴です。

初期の家族療法は家族をシステムとしてとらえて理解し支援しようとしました。その試みは、効果を発揮することもあれば、失敗することもありました。家族と共にシステムという切り口を活用するのではなく、セラピストが家族をシステムという枠に押しこめ、システムという観点からしか考えられなくなると、それは硬直した実践につながります。システムもまたセラピストのフレームです。クライアントのフレームを無視してシステムというセラピストのフレームを貫こうとしても、上手くはいきません。

いつも「他者」に目を向ける

現在においても色褪せることのないシステムの魅力を挙げるとしたら、それは「他者への志向性」ということになるでしょう。人間を個人という観点だけからとらえようとするのではなく、家族、友人、同僚といった他者との結びつきから理解しようとするからです。

お寿司が至上の味わいをもたらすのは、素材同士が一体となっているからです。マグロの切り身、米、酢、ワサビをバラバラに口に放りこむ、それではお寿司を味わったことにはなりません。いやいや、にぎり寿司をバラせばそれは「ちらし寿司」になる、などという意見があるかもしれません。しかし、ちらし寿司にしても、それは「にぎり寿司をランダムにばらしたもの」ではなく、にぎり寿司とは別のルールによって要素同士が結合したシステムであり、だからこそちらし寿司ならではの味わいが生まれる（創発する）のです。

現象を個に還元せず、周辺や関係性に目を向ける。そのような「システムというサングラス」をかけると、世界の見え方は一変します。あらゆる物体はサングラスの茶色や黒に色づくだけでなく、「眩しくて見えなかったもの」が見えてくるかもしれません。

例えば、強面の総理大臣が強引な発言をすると、「総理大臣は上から目線だ」などという見出しが新聞紙上に踊ります。その前提には「発言は総理大臣個人の性格に起因する」という考え方があります。システムのサングラスに馴染むと、「そのように言ったり振る舞ったりしなければならないやむをえない事情」に思いを馳せられるようになります。「党の方針で言わされているのだろうな」「財務大臣との関係上、強気に見せているのだろうな」、等々。ベイトソン流に言うなら、「生態」に目が向かうということであり、循環的な認識に切りかわる（＝すぐに個の性質に切り詰めるような直線的な思考に「待った」がかかる）ということです。

ただし、サングラスをかけて視界が良好になったからといって、サングラスは進む方向を決めてはくれません。システムによってたくさんの切り口が見えてくる、しかしそれらはどれもセラピストのフレームであり、どう活かすかはクライアントのフレーム次第、ということです。

人間を「他者との結びつきから理解する」とは、「自分の中に他者を見て、他者の中に自分を見るあり方」ということを意味します。このことを分かりやすく示しているのがSNSです。「自分」のサイトやページの中には「友達」のコメントや感想が、自分の書きこみと分かちがたく入りこんでいる。ネガティヴな意見、気に入らない意見も、自分の領域に投げ入れられる。そのどこまでが「自分」なのか、少なくともインターネット上では、自他の境界は曖昧です。個を個として頑強に打ち出す近代的思考に対して「ちょっと待って」と言っている。それがシステムの思想です。

オートポイエーシス

システム論はその後、「オートポイエーシス」へと展開します。本書でもすでに登場しておりますが、オートポイエーシスとは、「自分（auto）を作り出す（poiesis）システム」です（反対に、機械のように自分を作り出さないシステムをアロポイエーシス（allopoiesis）と呼びます）[8]。本書ではとてもその全体像について論じることはできませんが、以下、ほんの少しだけお話ししたいと思います[9]。

先ほど触れたように、システム論はもともと観察者のメガネであり、要素同士をセットでとらえる思考方

8　以下がオートポイエーシスの定義です（オートポイエティック・マシンとありますが、オートポイエーシスのことです）。「オートポイエティック・マシンとは、構成素が構成素を産出するという産出（変形および破壊）過程のネットワークとして、有機的に構成（単位体として規定）された機械である。このとき構成素は、次のような特徴をもつ。（i）変換と相互作用を通じて、自己を産出するプロセス（関係）のネットワークを、絶えず再生産し実現する、（ii）ネットワーク（機械）を空間に具体的な単位体として構成し、またその空間内において構成素は、ネットワークが実現する位相的領域を特定することによってみずからが存在する」。

アロポイエーシスについては、「物理的空間内の人工機械、たとえば自動車にも、プロセスの連鎖による有機構成がある。だがこれらのプロセスは、自動車を単位体ならしめるような部分を産出するようなプロセスではない。自動車の部分は、自動車の有機構成とも作動とも無関係な別のプロセスによって産出されているからである。こうした機械は、非オートポイエティックな動的システムである」としています（Maturana & Varela, 1980）。

9　入門にはマトゥラーナ&ヴァレラ（1984）が適しています。解説書としては、河本（1995）や山下（2009）が挙げられます。山下（2007）の第一部にはコンパクトにオートポイエーシスの全体像がまとめられています。オートポイエーシスとインターパーソナルなアプローチとの接続については管見の限りですが、吉川（1997）、十島（2001）、田中（2013）等の研究が挙げられます。対人援助に対するオートポイエーシスの適用は、まだまだ発展途上の分野です。

法を指しました。他方、マトゥラーナらはカエルやハトの実験を通して、外部からのインプットと内部の知覚が対応していないことに気づきます。生命を外部から観察するのではなく、生命そのものに起きていることを記述する必要があるが、そのための概念がない[10]。ここから、システムをインプットやアウトプットから考えようとするのではなく、システムをシステム自体の自律的な作動から記述するオートポイエーシスが構想されました[11]。

一般システム論が観察者によるものの見方であるのに対し、オートポイエーシスはシステムを産み出す動きの連続をシステムと考えます。このことを説明するために、河本（1995）は、結晶と結晶化の差異を引き合いに出します。雪でも塩でも、「結晶＋結晶＋結晶……」というように、構造の集合をシステムと見なすのではなく、結晶を産み出す「プロセス↓プロセス↓プロセス……」という産出プロセスの連鎖をシステムととらえます。

ここで、物体となった結晶は観察できても、結晶化の動き自体を観察することはできません。結晶が次第に大きくなっていく様をパラパラ漫画のように追っていくことはできますが、そこからは結晶化の「動き」は抜け落ちています。手や足は観察できても、「生命」を観察できないのと同じことです。対象の観察結果

10　「生命システムに出会えばそれが生命システムであると認めることはできるが、それがなんであるかを語ることはできない」（Maturana & Varela, 1980）

11　「生命システムを、環境によって規定される開放系とみなすことはやめねばならなかった。そして記述されたシステムないし実体の特徴として自律性を保持しながら、自律的システムを記述できるような言語が必要となった」（Maturana & Varela, 1980）

とシステム自身の動きはずれてしまう（恐れがある）のです。こうして、オートポイエーシスは、観察者の見方を保留し、観察対象とされているものの動きや経験に沿うことを求めます。

他方、マトゥラーナは人間同士が関与する社会システムに、オートポイエーシスをうまく組み入れることができませんでした（というより、組み入れたくなかったようです）。[12] 社会の要素を人間とすると、社会システムは、「人間＋人間＋人間……」というように人間の集まりによって成立することになります。しかし、これですと、人間が社会に従属するモデルになりかねません。

では何をシステムの要素と考えればいいのか？　ルーマンは、「コミュニケーション」を要素として、コミュニケーションを産み出す産出プロセスの連鎖、もしくは「コミュニケーション→コミュニケーション→コミュニケーション……」というようにコミュニケーションがネットワーク状に連鎖していく様をシステムと考えました。

ルーマンは経済システムや法システムなどの社会システムだけでな

12　フェルスターはインタビューに応えて次のように言っています。「彼ら、マトゥラーナとヴァレラはオートポイエーシスの社会理論への適用を欲していなかった」（Clarke, 2009）。

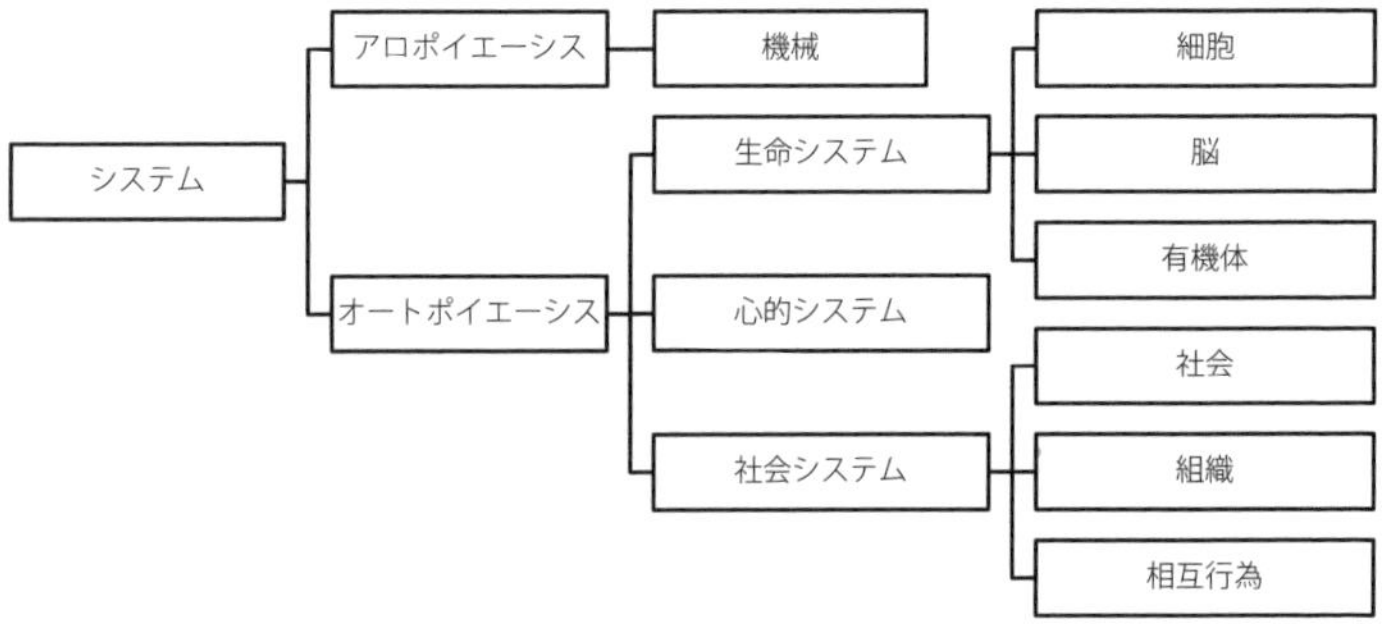

ルーマンに基づいたシステムの分類

図70

く、会社などの組織システムやお喋りのような対人相互行為システムにオートポイエーシスを導入し、コミュニケーションという動きからシステムを記述しました。

システム－環境図式

マトゥラーナやルーマンの理論は、魅力的な内容を数多く含みますが、ここでは対人援助上、コラボレーションを行う上で役立つと思われる「システム－環境図式」にのみ言及しておきたいと思います。「システム－環境図式」では、システム同士の相互作用という観点が保留されます。

「相互作用」はシステム論の根幹をなす概念であり、その理解はインターパーソナルなアプローチにおいて必須です。

しかし同時に、相互作用という言葉は、セラピストが神様のように広く見渡す観察者の位置から対象同士のやりとりを観望できるかのような誤解を与えます。

例えば、「学校システムと家族システムの相互作用」という記述からは、セラピストの姿が（巧みに）消失させられています。そして、「学校システムと家族システムの相互作用」という記述は、システム間の相互作用が実在しているかのような錯覚を与えます。

しかし、システムの相互作用を観察することはアサガオの観察とは異なり、あくまで擬似的な観察にとどまっています。正確を期すなら、セラピストは「観察」しているのではなく、システムの相互作用についての「仮説を思い描いている」に過ぎません。そのことを再認識させてくれるのが「システム－環境図式」です。

図71の左が従来のシステム観です。現象を個物の中に押しとどめず、システム同士の相互作用からとらえる方法です。この図式は、複数のシステムからなる全体像を擬似的に見渡すことを前提に作成されています。システム同士の関係性は観察者が思い描いた結果であり、静的です。そのようにシステムとしてとらえる仕方の有用性についてはすでに述べた通りです。

一方、右は「システムとそれ以外」しかない、システム環境図式です。産出プロセスが連鎖しオートポイエーシス・システムとなると、システムでないものはすべて環境となります。

先述の通り、社会システムをシステム外の環境から区切っているのは、コミュニケーション（もしくはその産出プロセス）の連鎖です。川は流れ続けるから川なのであって、動きが止まってしまえば、それはもはや川ではなく水たまりです（井庭、2011）。サッカーのフォーメーションはある選手の動きに呼応して他の選手が動きを連動させることで立ち現れるのであり、ボールがラインを割って選手が動

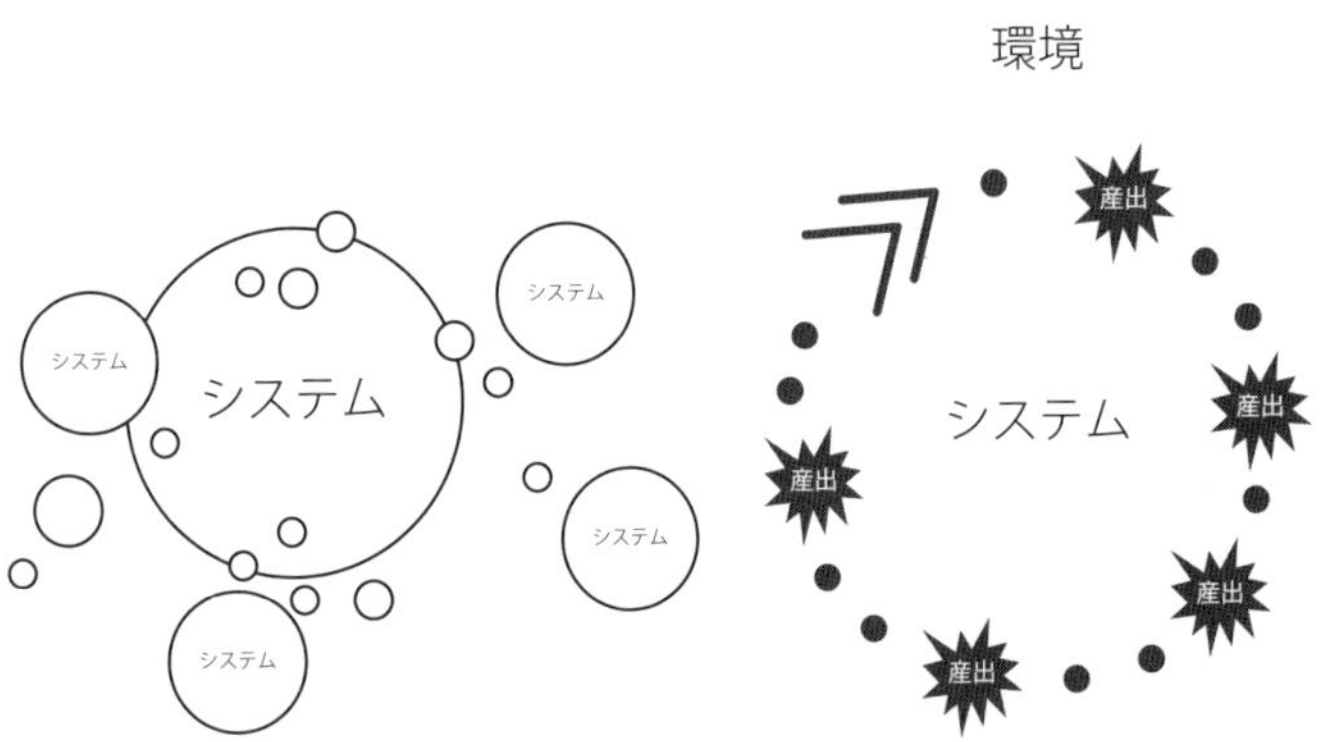

システム－システム図式：
複数のシステムを見渡し、システムとシステムの相互作用を取り上げる

システム－環境図式：
システムは動き続けることで環境からシステム自身を区切り成り立たせる

図71

きを止めれば、フォーメーションもまた消え去ります（河本、1995）。このように、動き続けることでしか存続できないものがあり、システムも同様であると考えます。

そのようなシステムから見て、システム以外はすべて環境です。環境があることは分かっても、システムは閉じており、外部の他のシステムは見通せません。

以上をサークル活動になぞらえてみましょう。

例えば、趣味のサークル（というシステム）は、ただサークルを立ち上げれば存続し続けるかといえばそうではありません。人間が集まって、ただぼーっと立っているだけでは、サークルの体をなしません。料理やバンド、山登りといった、特定のテーマに基づいたコミュニケーションが始まり、続いていくことによって、サークル活動は充実していきます。

そして、そういったテーマに関心を持たない人やテーマとの関連性が希薄なコミュニケーションをサークルはサークル外に区切ります。また、他のサークルの状況は、サークル内からはよく分かりません。複数のバンド・サークルが集まってライヴを計画したとします。しかし、他のバンドがどんな曲をどんな風に演奏するのかは、当日になってみないと分かりません。もしかすると曲やアレンジが重複するかもしれませんが、分からないなりに、自分たちのサークル内でよく話し合って準備を進めるしかありません。

サークル内のコミュニケーションが滞れば、サークルは活動休止、解散することになるでしょう。

コミュニケーションが継続しシステムが作動し続けるよう行為する

このように、システム－環境図式では、システムを観察者が描く静止した観察対象としてとらえるのではなく、作動し続けることによってその都度固有のシステム自身を形作るものとして記述します。本図式のメリットは、システムの「動き」と「閉じ」に目を向けられる点にあります。

私は、システム－環境図式はコミュニティに身を置きながら支援を行う場合に、とりわけ有用であると考えています。対人援助は密室の中で行われる個人面接に限定されません。コミュニティ心理学によれば、コミュニティに具体的に参加しながら実践に当たる職域があります（山本、1986）。

例えば、スクールカウンセリングや産業臨床、あるいは訪問看護や介護の現場は、支援の構造が比較的緩やかであり、その分セラピストは様々な動きの中に巻きこまれています。誰かが突然会話に参加してきたり、電話がかかってきたり、突発的な事態に対応しつつ流動的な状況と折り合いながら業務に当たらなければなりません。そのような状況下で、システム－システム図式に依拠し、全体の相互作用を遺漏なく把握しようとすると、膨大な情報処理をしなければならず、その作業自体がセラピストの動きを制限しかねません。

見切ることができないものをいつまでも立ち止まって考え続けていたのでは、業務に支障がでます。その代わりに、システムが存続するようセラピストが動き続ける、とりわけシステムの要素であるコミュニケーションが途切れないよう動くこと、それが結果的にシステムを形作る、そう考えてみます。

こうした、システムをまず想定してから行為を決定するというこれまでのシステム的アプローチと逆方面からの発想は、コミュニティの中で支援を行う際、セラピストの動きを後押ししてくれるでしょう。[13]

13　田中はスクールカウンセリングにおいて、システム全体の大域的な仮説を設定するのではなく、「関係者とのコミュニケーションが継続するような仮説」を設定し続けることを軸に据えた臨床実践の例を示しています（田中、2013）。

システム－環境図式は「全体像」が見通せないものであることを、私たちに教えます。セラピストができるのは、セラピストに到来するクライアント像を、セラピストのフレームの範疇から理解することでしかない。

本書を通じてお話ししてきたことは、セラピストのフレームを保留してクライアントのフレームを活用する、という指針でした。セラピストのフレームが限定されたものであるという認識から出発するコラボレイティヴな身振りと、システム論におけるシステム－システム図式からシステム－環境図式への移行は、相似形をなしていると考えられます。本図式はコラボレーション実践の支柱となるでしょう。

第14章　ナラティヴ・セラピーをコラボレイティヴに活用する

ポイント

・ディスコースという視点によって、クライアントの価値観が個人的に形成されたものなのか、社会的な影響によるものなのか、検討することができる。
・ナラティヴ・セラピーの諸概念もセラピストのフレームに属する。
・リフレクティング・プロセスの形式がもたらすメリットとリスクを意識しておくことは、コラボレーションを推進する上で有用である。
・閉ざされた内部を開けようとするのではなく、どこまでも見通せない他者性（＝知りえないこと）を踏まえることが「オープンな対話」の前提となる。

ナラティヴ・セラピーは、家族療法を母胎として発展したアプローチです。簡素なあらましは序章で示しました。詳細は成書に譲りますが（White & Epston, 1990; Andersen, 1991; McNamee & Gergen, 1992；高橋&吉川，2001；高橋&八巻，2011など），かつての家族療法への反省から，クライアントとのコラボレイティヴな関係が目指される点は，本書の趣旨からすると見逃せません。

ディスコースとは

ナラティヴ・セラピーは，対人援助を社会との関連でとらえようとします。そこでキーワードとなるのがディスコース（discourse）です。ディスコースを辞書で引くとまず出てくるのは「会話」「言語」です。より重要なのは，同時代の文化や社会において当然視されている考え方であるとか，あるいはそこからものごとを視たり，判断したりするよう誘惑してくる価値観や慣行を意味する側面があることです（Burr, 2015; Monk, et al., 1997）。

例えば，一戸建て販売のコマーシャルで三世代家族が楽しそうに談笑している，そこから「家族は一緒にいてこそ幸せである」というディスコースを読みとることができます。料理を作るバラエティ番組で，手順を間違えた女性芸能人が顔を赤らめ，「自分はいつも料理をしており，今間違えたのはたまたまだ」と悔しがる。彼女が負けず嫌いであると「個」の視点から考えることもできますが，そこに「女性は料理が上手くできて当然である」というディスコースの影響を見てとることもできます。

しかし，集うことが苦行であると感じている家族は稀ではありませんし，料理の出来は女性，人間の価値とは無関係です。ですから，ディスコースは，いわば時代の空気感のようなものなのです。

では，ディスコースという考え方は臨床実践でどのように役立つのでしょうか？　例えば，【男は辛くてもやせ我慢しなければいけない】との信念を頑なに持ち合わせているクライアントがいたとしましょう。しかし、それが「第二次世界大戦後、家父長制の残り火や高度成長期に支配的だったモーレツ・サラリーマンを是とする風潮を一身に受けて生きてきた、戦前生まれの父親の影響によるものだった」ということに気づいた時、【男は辛くてもやせ我慢しなければいけない】というクライアントのフレームは、もはや絶対的なものではなく、選び直しのきくフレームとして相対化されるでしょう（実際に選び直すかどうかはともかくとしても）。

クライアントに固有のフレームだと思っていたものは、実はディスコースが「侵入」することで形作られていたものだった、と意味づけられることで、クライアントの大事だけれども自らを縛り苦しめる価値観は、「自分を統制するストーリー（dominant story）」へと変貌する、つまりリフレーミングが起きる。自分にとって大切な価値観を変えたくないのは当然です。でも、それが社会からの押しつけの結果だったとしたら？ クライアントは自らの価値観を再考しようとするかもしれません。

ところで、システム論的なアプローチではシステムの階層性に基づき、スープラ・システム（より上位のシステム）を視野に入れようとします。しかし、いいところ学校や会社といった組織や地域の連絡会といった目に見える関係どまりで、「社会システム」の影響を臨床実践において直接的に活用することには限界があったのではないかと思います。そこに、社会は個人の中に分かちがたく織りこまれているとするディスコースの視点を付加すると、社会情勢を視野に入れることが可能になります。そのようにして、「自分固有の価値観⇅ディスコース」というリフレーミングの筋道が得られるのです。

所有を表す助詞「の」の罠

ナラティヴ・セラピーを象徴するタームである「ストーリー」は、時間を組織化するメタファーです（河本、1995)。クライアントの時間、すなわちクライアントの歴史性、これまでの人生は、対人援助において尊重すべきことであり、そのことに疑いの余地はありません。

その一方で、注意しなければいけないことがあります。ストーリー概念はしばしば所有を表す助詞「の」を伴う形で用いられます。例えば、「がん患者のストーリー」とか、「不登校経験のストーリー」という具合です。この時、これらのストーリーは誰に属するのでしょうか？　こうした表現が浸透すればするほど、「がん患者」や「不登校経験者」があらかじめ完結したストーリーを彼らの内部に所有している、という印象を持ちやすくなってしまうように思います。

ですが、私たちが自分自身の考えを誰かに語る時、経験と言語の間には不可避的な断絶が伴います。加えて、話しているうちに別な考えが思い浮かんできたり、いざ言葉にしてみると「こういう表現ではないな」と思って訂正したりという、コミュニケーションをとる中で起きてくる現象を考慮しないわけにはいきません。ですから、話の聞き手であるセラピストは、ストーリーの「共著者」に位置づけられるのです。「第1章フレーム」で述べたことではありますが、クライアントが自分の中に元々貯蔵していたストーリーを、倉庫から荷物を運び出すかのごとく対人援助の場で持ち出す、というイメージには一定の留保が必要でしょう。

こうして、セラピストの話の聞き方次第で、結果として出来上がるストーリーの内容に幅が出てきます。これまで述べてきたように、セラピストがどのようにクライアントのフレームをとらえるのか、そこに含まれる他のフレームをどう想像し、どうリアクションをするのか、それによってストーリーは多様なものになりえます。

助詞「の」はセラピストとクライアントのコミュニケーションを排斥しようとしますが、ストーリーは、その形成過程にセラピストが関与しています。ナラティヴ・セラピーにおいてストーリー概念とともに、「対話」が強調されるのは、こうした事態に対する警鐘ととらえることもできます。セラピストは対話のプロセスへの参与の仕方、そしてその結果に対して責任を持つ必要があります。[1] にもかかわらず、「の」はストーリー作りからセラピストを免責しようと、そそのかしてくるのです。[2]

ストーリーと主観

クライアントとセラピストの間でストーリーが形成されるプロセスで、セラピストはつい、「クライアントの主観を大事にする」という言い方をしたくなるかもしれません。ところが、「主観」という言葉は、「主観－客観」という対置、すなわち「客観＝唯一の正しい世界、主観＝個人の思いこみの世界」という観点を密かに招き入れます。

客観性に基づいて支援を実施し評価するという姿勢は、科学的知見に支えられた対人援助を行う上で、必ず携えていなくてはなりません。しかし、クライアントとのコラボレーションと、クライアントの発言が有する客観性の程度を評価する態度とは馴染みがよくありません。ですから、客観性は、どこかに保持しつつ

1　「治療者／コンサルタントは、（…）コラボレーションするに至るプロセスに責任を持つ」(Anderson, 2003)。
2　「語り」という表現にもストーリーと同様の陥穽が潜んでいるように思います。「語り」にも他者がいないのです。「語り」は「語らせ」とセットで取り上げられなければなりません。

も、コラボレーションのためには「いったん保留」する必要があります。

ところが、そこで「クライアントの主観を大事にする」、と「主観」という語を使用してしまうと、その刹那、「客観的な状況はともかくとして」という留保が伴ってしまう。主観を大事にすると言いつつ、セラピストはいつの間にか、客観的情報を重視する評価者に逆戻りしている。このように、主観を大事にするという言い方と、客観的事実を第一とする考え方は、一見相反するように見えて共犯関係にある。したがって、主観という言葉の使用には気をつけなければなりません。

念のために付け加えますが、クライアントが「主観的な意見に過ぎないのですが」とか、「客観的に自分を見られるようになりたい」などと述べる時の「主観」や「客観」は、クライアントのフレームです。前者は【控え目な態度を示し礼節を維持したい】、後者は【冷静な自己観察ができるようになりたい】などを意味しそうです。あくまでも、セラピスト側の考え方として主観―客観図式を保留しようとしているのであって、クライアントと哲学論争をしたいわけではありませんから、クライアントの用いる「主観」「客観」といった言葉遣いは否定せず、その意味するところを汲もうと努めなければなりません。

「とりあえず話を聞く」が隠してしまうこと

研修等でコラボレイティヴな面接の練習をしている時に、セラピスト役に「今、何をしている最中なのですか？」と尋ねると、「とりあえず話を聞いています」と答える方がいらっしゃいます。しかし、「話を聞く」というふうにひとくくりにされる中にも、多くのクライアントのフレームが見受けられるはずです。

例えば、「担任に暴言を吐かれたんです」とクライアントが言った瞬間、【担任を断罪して欲しい】というフレームを見てとり、〈ええっ！〉と、「教師の暴言はありえないことであり、その教師が加害者としての責任をとることは当然のことである」というメッセージをこめた発声をすることもできれば、【まずは冷静に話を聴いて欲しい】というフレームが同時に存在していると仮定し、そちらを優先して、あえて〈なるほど〉と静かに応じることもできるでしょう。

クライアントのフレームを想像することなく、「（まだまだ語られていることは少ないから）とりあえず話を聞こう」という大ざっぱな態度をセラピストが取る時、セラピストは話の内容に注目していて、クライアントの非言語メッセージや発話の前後関係といったコンテクストから、クライアントのフレームを数多く想像できることを忘れているのかもしれません。

ナラティヴ・セラピーに含まれる専門性

さて、本書ではコラボレーションにあたってセラピストのフレームを保留することの重要性について、これまで繰り返し述べてきましたが、ナラティヴ・セラピーにも独自の専門知識や技法が含まれています。問題の外在化技法や、[3] ストーリーの改訂版を作る、リ・メンバリング、定義的祝祭、治療的手紙を書く、共同研究を行うといった指針、それからディスコースといった視点もやはり、セラピスト側のフレームです。[4] こうしたセラピストの技法や知識も、やはりいったん保留する対象となります。コラボレーションにとっ

3　児島（1990）は外在化をより広く三項構造という観点からとらえています。また、よく似た技法として一括りにされやすい「虫退治」については東（1997）、吉川＆東（2001）を、小ぶりのまとめとしては田中（2019）を参照のこと。

4　詳細はモーガン（2000）等を参照のこと。

てナラティヴ・セラピーの諸技法より大事なのは、クライアントのフレームだからです。

リフレクティング・チームとは

家族療法家はかつて、「三種の神器」を揃えることに腐心していました。三種の神器とは、インターフォン、ビデオ、ワンウェイミラーの3つです。面接室の隣には観察室が作られました。スタッフが観察室から三種の神器を使って家族面接の様子を観察することで、セラピストの動きを修正したり、面接と並行してスタッフが課題を作成したりすることができるようになりました。

ところが、このような大がかりな装置を用いても、支援が上手くいくとは限らなかったのです。そのような家族療法のやり方をがらりと変えたセラピスト、その一人がアンデルセンです。

アンデルセンは、観察室内のスタッフ同士の会話（リフレクションと呼ばれています）を家族に公開しました（Andersen, 1987）。そして、そうした手法をリフレクティング・チームと名づけました。こんな具合に面接は進行します。家族面接を行う。次に、それについて観察室でスタッフが感想を述べ合う様子を家族が観察する。ひとしきりスタッフ同士の会話が行われたら、今度はそれを受けて家族面接を再開する。家族はスタッフの感想を参考にしてもいいし、しなくてもいい。頃合いを見計らって、再度スタッフ同士の会話を行ってみる。こんなふうに家族面接とスタッフ同士の会話を交互に行いながら面接は進みます。

この時、家族とスタッフは別室におりますので、両者のコミュニケーションは遮断されており、家族は家族同士、スタッフはスタッフ同士で話すことになります。こうしたスタイルによって、家族はスタッフの会話を見聞きすることに集中でき、すると家族それぞれの内的な対話（内言）が活性化する、とされました。私もいくつかの現場でこのやり方を導入してみたところ，スタッフ同士の会話にクライアントが納得を示す，意外なアイディアが出てくるといった経験をしました（中野&田中，2004；高橋ら，2007；田中ら，2008；安江&田中，2009；田中&安江，2009；矢原ら，2011；市橋ら，2013）。

ただし，すべての現場が潤沢なスタッフや観察室を備えているとは限りません。ですので，例えば，個室の面接室しかない場合には，部屋の一隅にスタッフが待機し，リフレクションの際はセラピストがスタッフの方を向いて会話をする，という形式にしてみます。家族とスタッフは別室ではなく，同じ室内にいます。ですから，家族とスタッフが交替で話す形式を採用していても，クライアントは気になることがあると，「すみません，ちょっと私も言いたいことがあるんですけど，言ってもいいですか」などとスタッフに話しかけることができてしまいます。こうして，家族とスタッフの交替形式が成立しなくなる事態が起きました。そんな時には，少し発言を待っていただく，あるいはいったんスタッフ同士の会話を取りやめて，クライアントの見解を聞くようにするなど，幾らかの試行錯誤が必要となりました。

リフレクティング・チームはその後，「リフレクティング・プロセス」と呼ばれるようになります。リフレクティング・プロセスとは「外側との話し合いと内面での話し合いを行き来すること」を意味します。アンデルセンは，「相手の言葉を聞きいれ，それについて考えをめぐらし，それをまた相手に返す」（Andersen, 1992）ことを重視し交替形式にこだわらなくなりました。この定義によって，チームがいなくても，セラピスト一人でもリフレクティング・プロセス実践は可能である，ということになったのです。柔軟な実践が可能になったその一方で，何をすればリフレクティング・プロセスなのかが，見えづらくなってしまったように感じられました。

コラボレイティヴなリフレクティング・プロセス実践

そこで、リフレクティング・チームの形式は用いつつ、必要に応じて形を変えてゆく、そうした実践のあり方を図72のように整理してみます。

アンデルセンが最初に行ったように、交替で会話を行うという形式には、一定の効用があるでしょう（①）。話すことと聞くことを同時にしなくて済む分、内省が深まるという主張も十分肯けます。家族、クライアントからは多様なアイデアが提出されそうです。その一方で、先に挙げた例のように、セラピスト同士が会話をしている時にクライアントがその会話に触発され、会話に参加したくなる、ということもありうることです。この場面で、セラピストは何に気をつけなければならないでしょうか？

本書で繰り返してきたコラボレーションの視点から見ると、特定の面接形式のみに盲従することは、他者を無視した権力的な内閉でしかありません（②）。ですから、一般に面接形式というものは遵守することが基本とされますが、ここではただ交替形式を続けさえすればいい、ということにはならないでしょう。むしろ、クライアントのフレーム【会話に参加したい】を十分考慮する必要があります。その結果、交替形式を取りやめてしまうこともできる。そうすることで、盲目的に専門的知識を振り回す、などということを回避できるかもしれません。[5]

5　リフレクティング・プロセス形式の変更については、以下の研究で言及されています。

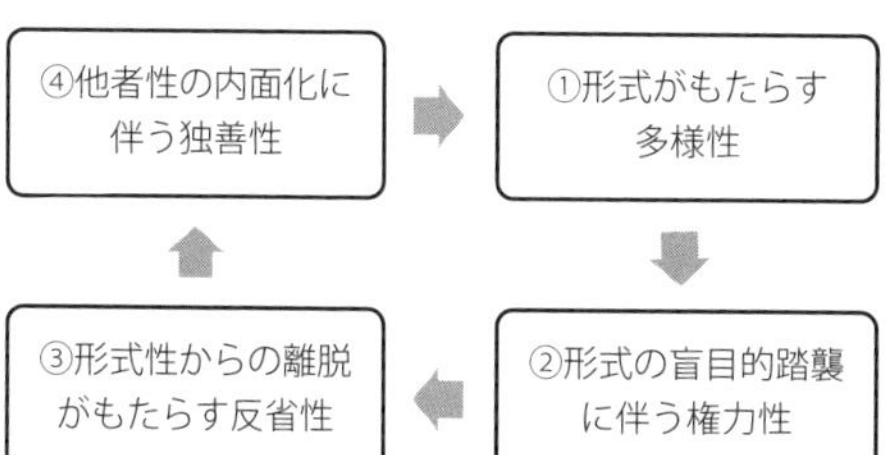

図72

ただし、形式性が希薄になったからといって、リフレクティング・プロセスの実践ができなくなるかといえば、そういうわけでもありません。「相手の言葉を聞きいれ、考えをめぐらし、相手に返す」ことがリフレクティング・プロセスだったからです（③）。「セラピストが1人だけの場合は、彼／彼女は時々推測的な考えを自由に口にする」とアンデルセンは記しています（Andersen, 1991）。ですが、それがセラピスト個人の内的なものである以上、独断に陥る危険とは隣り合わせです（④）。他者の考えは自己の内部に取りこまれれば、それはもはや他者ではなく自己だからです。そんな時、自分の考えが独善的な思いこみになっていないかどうか、他のスタッフの意見を聞いてみる。すると、思いもよらないアイディア、盲点が提示され、いかにセラピストの視野が狭くなっていたか思い知らされる、そんなことが起きてくるでしょう（①に戻る）。

このように、どのような形をとるのであれ、リフレクティング・プロセスの形式性が持つメリットとリスクのループを意識しておくことが、クライアントとのコラボレイティヴなリフレクティング・プロセス実践の一助となるかもしれません。

田中らは、幻聴を呈した大学生の娘への対応について両親と行ったリフレクティング・プロセスの実践例を挙げ、両親の面接への参加意欲を優先し、家族と複数のセラピストが同じテーブルに着席するよう面接形式を変更した結果、父親の発言機会が多かったそれまでの面接経過に比べ、母親がセラピストらに話しかける形で発言する機会が増えるなど、多様なコミュニケーションが生じた、と報告しています（田中＆安江，2009）。

また、アンドリューズは、話者を交替するまで記憶が保たない高齢者とのリフレクティング・プロセス実践において、クライアントとチームが同席することでクライアントがすぐに反応できるよう形式を変更した結果、クライアントの自発的反応が増えたと報告しています（Andrews, 2012）。

内外の境界区分

「オープンであること」という表現は、とても肯定的に響きますが、事はそう単純ではありません。開くこと／閉じること、オープン／クローズと言えるには、内と外という区分が必要です。内外の境界線をどこに定めるか、これはインターパーソナルなアプローチが長年連れ添ってきたテーマでした（Keeney, 1983）。

イントラサイキックなアプローチは、個人の周辺に境界を引きます（図73① Indivisual as a system）。

それに対して初期の家族療法は、家族における人間関係に視野を広げました（② Family as a system）。

セカンドオーダー・サイバネティクスの視点が導入されると、今度は家族の周囲に境界線を引くことに疑問が呈されるようになりました。セラピストも含めた支援システムをひとつの単位とし、観察者と観察対象を切り分けない、つまりセラピストの言動、観察の仕方も観察することが必要であるという見解がもたらされました（③ Therapy as a system）。

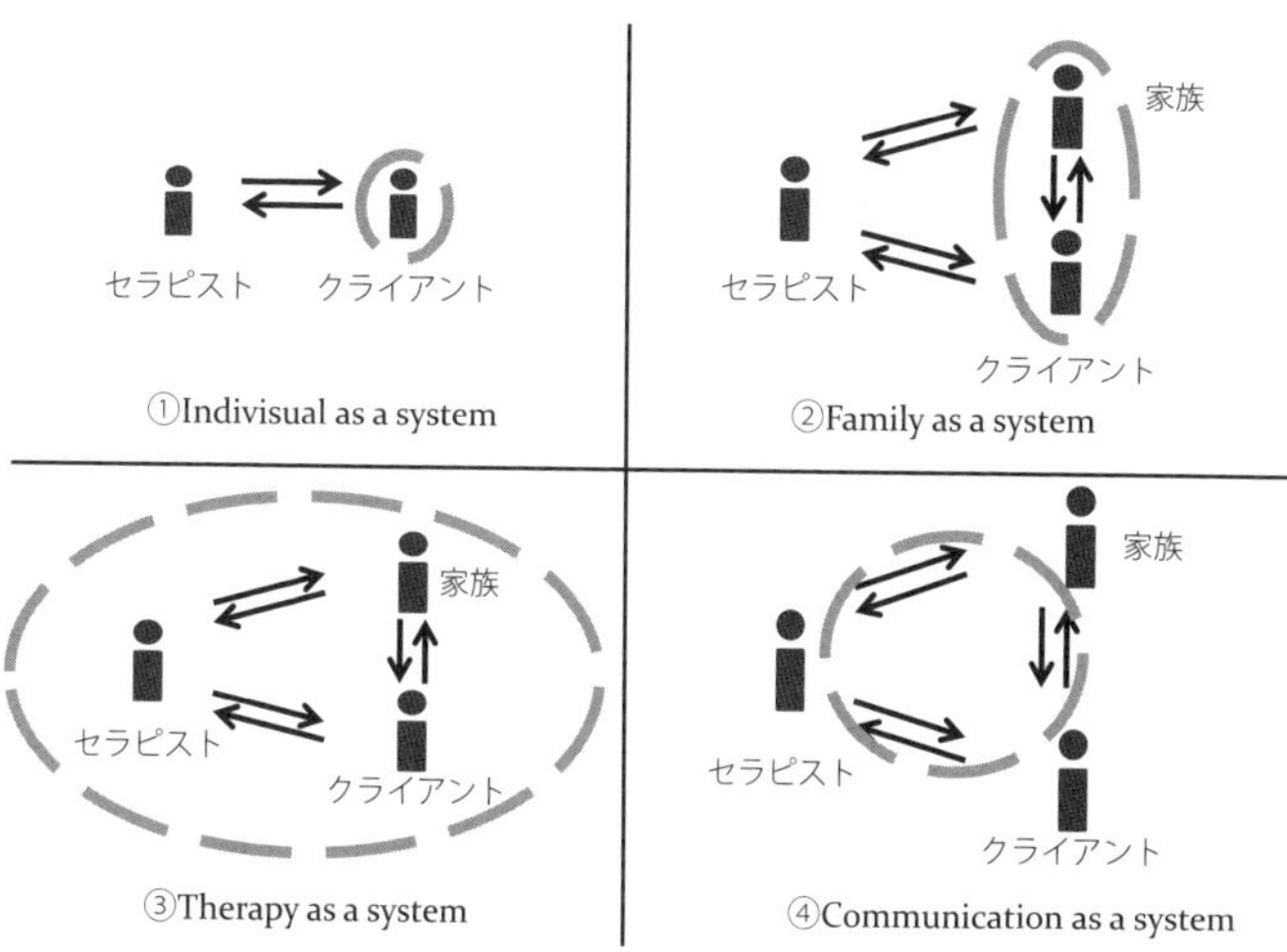

図 73

④は、コミュニケーションの連鎖をシステムとみなすということです（④ Communication as a system）。アンダーソンとグーリシャンによる「言語システム論」は④のイメージと重なるかもしれません。[6]

空間という前提

境界によって内と外ができる。その内奥をオープンにする、という時、私たちはおそらく内外を空間的にとらえています。閉まっている箱を開けるイメージです（図74）。

6　言語システム論は、家族や学校、会社といった既存の集団や組織をシステムとしてみなす考え方を採用しません。そうではなく、関係者が「あの人は問題だよね」と話をする。誰かが「そうだね」と発言する。こうして連鎖する言葉の連なり、セットをシステムと考えます。支援で行うのは、言語によって成立しているシステムが解消すること、つまり問題についての話し方が変わったり話されなくなったりすることだとされます。先に触れた「対人相互行為システム」とよく似ていますが、対人相互行為システムはルーマンによる用語で、言語システムはアンダーソンらによるものであり、出自に違いがあります。

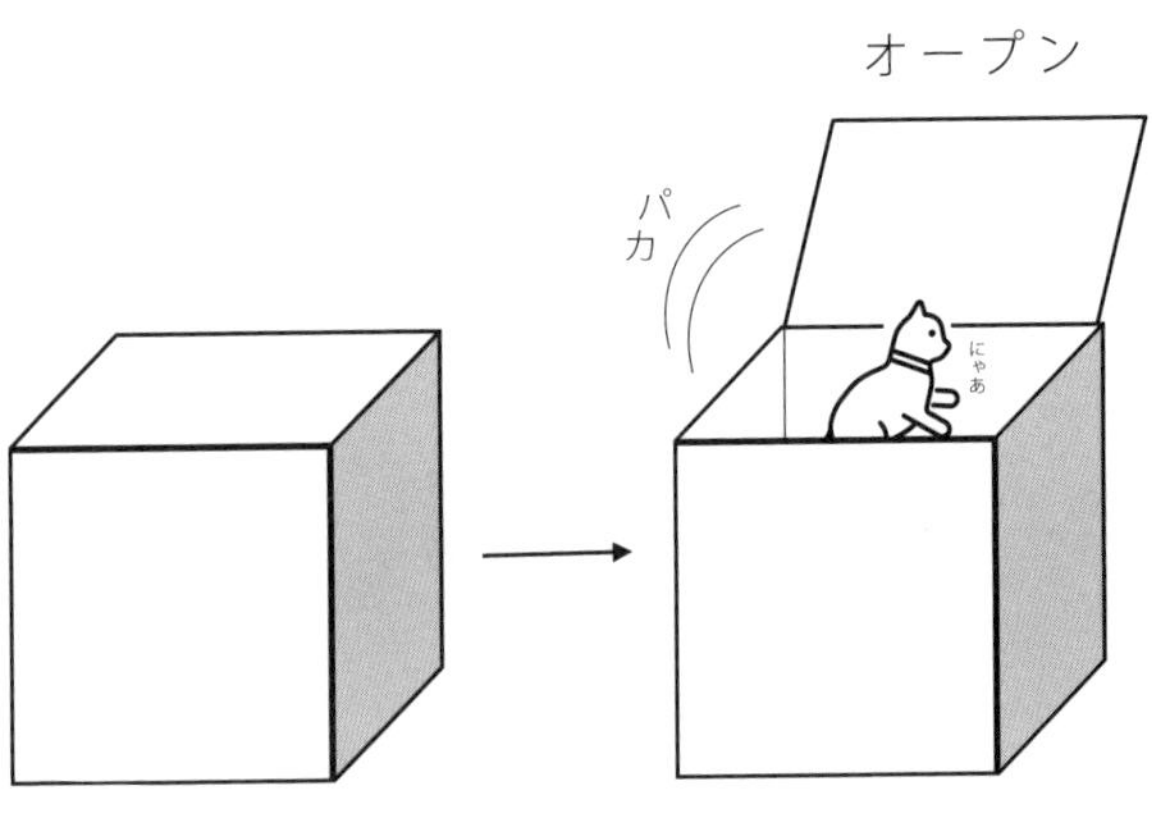

オープンとはこのような事態なのだろうか？

図74

箱を開けると、猫が隠れており、隠れているものを外に出す、これをオープンと呼んでいる。こうして空間前提は、「オープンな対話」などといった時に、どこかに潜んでいる本音を率直に語ること、という帰結をもたらします。

社会的な抑圧からの解放や、「本音で語る」といった実践に異を唱えようというのではありません。しかし、区切ることによって内と外が出現するのであれば、本音を言うというように内を外に出した途端、今度は別の内側が出現することに注意しなくてはなりません。ルーマンが布石としたスペンサー＝ブラウンが指摘しているように、何かを指し示すためにはその前に区別することが必要だからです（Spencer-Brown, 1969）。内側の本音と言えるためには、外側の建前と区別される必要があります。外側に出た本音はもはや内側にはありませんから、それが外にあると言えるためには、「新たな内側」が必要となります（図75）。

建前をよしとせず（②）、本音（①）と思しき発言を思い切ってしてみた（③）、しかしその後よくよく考えてみると、「さっき言ったことは、本音ではなかったかも。実は別な本音があった気がする」、などという所感を持つことがあります。[7] それは、「新たな内側、新たな本音」が過去の本音から区別されている（④）

7 「ハリー・グーリシャンはかつてこんなふうに言っていた。『自分が何を考えているのか、それは口に出すまで分からない』」（Andersen, 2012a）。口に出す、とは独り言を意味するのではなく、誰かと会話をしている状況ととらえるのが妥当な解釈でしょう。「何かを思い浮かべる→それを発言する」という慣れ親しんだ順番に比べると、一見とてもラディカルな表現に見えますが、対人援助においてクライアントが「今、自分で言っていて、言いながら初めて自分が何を言いたかったのか気づきました」などと述べるのは珍しいことではありません。ヴィトゲンシュタインは次のように書き記しています。「ひとは、自分の本当に〈言いたかった〉こと、自分の〈思っていた〉ことが、われわれがそれを言ってからこそ実感できるものです。このように、内と外の区別は固定したものではなく、開けば開いたなりの「新たな内側」あるいは「裏」ができる。これは、どこまで行っても本音にたどりつけない無限退行に陥る恐れのある図式であり、空間を前提とした議論のひとつの限界と言えるのではないでしょうか。

閉鎖性ではなく「閉包」

他方、図73の④Communiction as a system は、図として描いているので一見して空間を前提にしているように見えますが、オートポイエーシスには空間を非前提とした「閉じること」についての議論があります。「第13章　諸理論をコラボレティヴに活用する」でお話しした、オートポイエーシスにおけるパーターベイションは、外部からの刺激はどこまでもきっかけにとどまっていて、認識は自律的に構成されるというこ

やる前にもう自分の精神の中に現存していたのだ、という映像を使いたくなってしまう」(Wittgenstein, 1953)。しかし、必ずしもそうとばかりは言えないのが実態である、ということです。

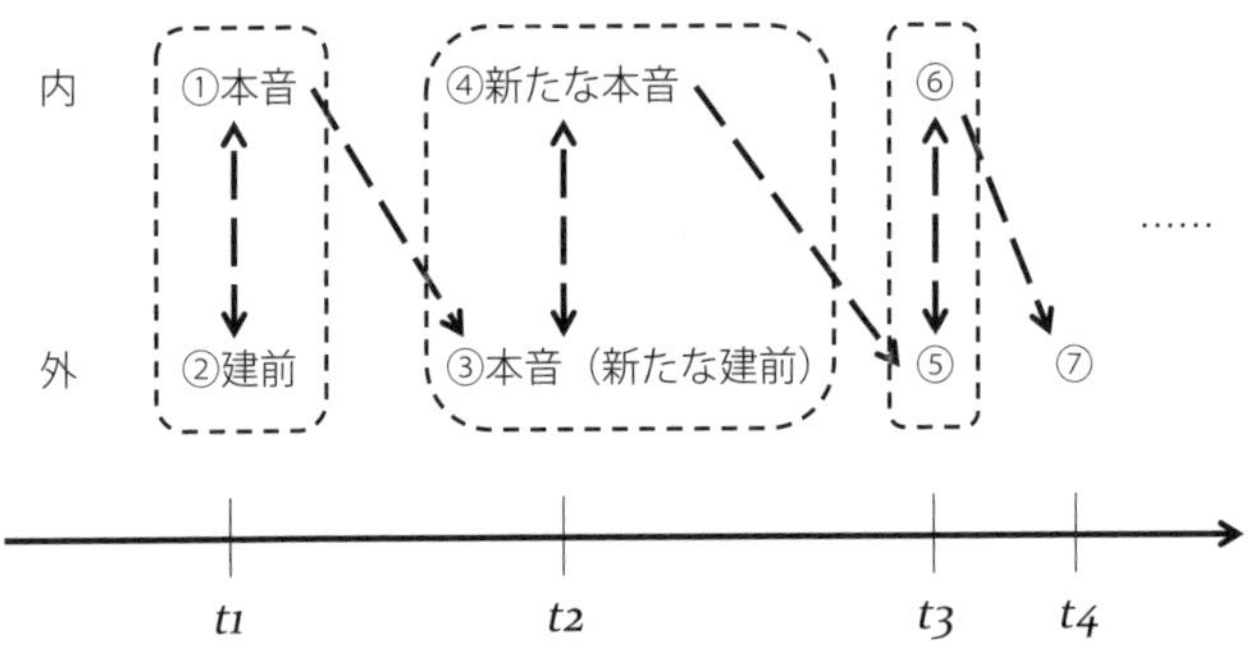

①本音は②建前と区別されるからこそ指示可能となる。①→③の流れが「本音をオープンにすること」だとすると、④「新たな本音」が出現してしまう。すると、④から翻って見た時に、①は本音ではなかったことになる。以後、同じことが繰り返される

図75

とを明らかにする概念でした（Maturana & Varela, 1980）。こうした閉じは、マトゥラーナの弟子フランシスコ・ヴァレラによると、空間的な閉鎖性（closedness）ではなく、数学の集合論における閉包（closure）に由来する、意味的な閉じだと言います（長岡、2006）。

閉包とは、ある集合に対して任意の操作を加えた結果が、元々の集合に含まれる場合、その集合は操作に対して閉じている、とするものです。例えば、1から10までの自然数の集合のうち、2つの数字に足し算という操作を加えます。2＋5＝7、こうして得られた7は、「自然数」という集合内に含まれるので、この集合は閉包である、ということになります。

ルーマンの閉じ

オートポイエーシスは閉包という概念を含んでいる。そして、そのオートポイエーシスを通じて新たなシステム論を構想したルーマンが主張したのは、人間の思考とコミュニケーションはそれぞれ閉じている、ということでした。

思考をコミュニケーションに乗せて相手に伝える、という考え方は、情報伝達モデルによくフィットします（図76）。思考内容が相手の思考へと伝えられる、そこに極力雑音が入らないように制御するということが課題となるモデルです（西垣、2004）。

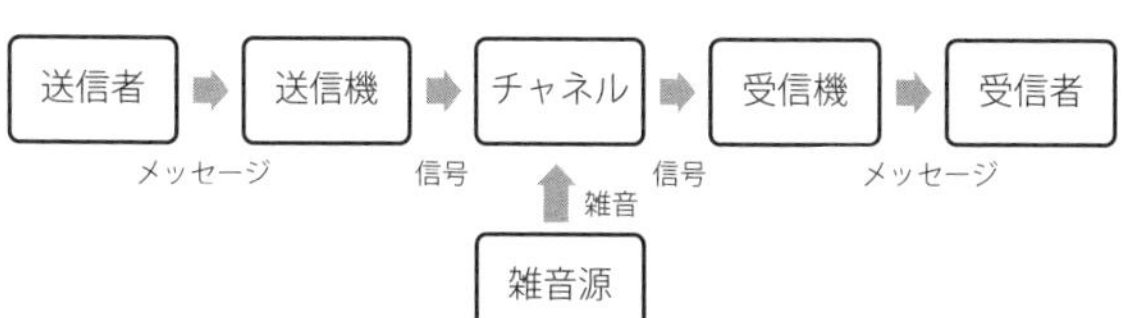

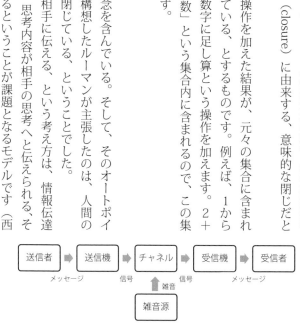

シャノン＆ウィーバーの情報伝達モデル：本モデルは、厳密なコードに依拠すること、意味内容には関知しないことなどから、人間間のコミュニケーション・モデルとしては不十分である

図76

しかし、このモデルは意味内容を度外視している点で、人間間のコミュニケーションになぞらえるには不十分であると言わざるをえません。信号と違って意味は、送り手から受け手にそのまま届くことはないからです。人間のコミュニケーションについて、ルーマンは、「心的システムは思考しか産出しないし、社会システムはコミュニケーションしか産出しない」「コミュニケーションだけがコミュニケートする」という表現をします。心的システムは思考が思考を産み出すシステムで、社会システム（コミュニケーション・システム）はコミュニケーションがコミュニケーションを産み出すシステムです。思考が産み出すのは思考であり、コミュニケーションはコミュニケーションを産出するので、それぞれ「閉包」です。だから、それぞれのシステムで産出される思考とコミュニケーションは、混ざり合わない。すると、私たちの生活や社会において、思いが伝わらない、分かりあえない、というのは当然であることになります。ルーマンはそのことを、むしろコミュニケーションの基礎的な性質と考えました。

ここでは、空間的に閉じているイメージとは異なる、いわば機能的な閉じを想定することができます。送り手の思考はそのまま無媒介的に受け手に伝達されるのではなく、受け手による再構成を必ず受ける、という点で送り手と受け手の思考は「閉じて」いる。

もっと言ってしまうと、そもそも、私たちはすべての思考を明瞭に認識できているわけではありません。心的システムに現れている「緊張していそうだ」といった思考群は、心的システムによって認識されていない思考（図77の思考の吹き出し「…」部分）から顕在化する形で産み出されており、その意味で、認識されている思考と認識されていない思考同士も互いに「閉じて」いる。

こうした多面的な閉じ、すなわち他者性を、本モデルは私たちに突きつけてきます。

他者を追いかける

追いつくはずのない他者を追い続ける、その持続こそがアンデルセンが用いるリフレクティング・プ、ロ、セ、スという語の含意なのだと、いささか大胆に解釈してみましょう。他者は予測可能な安定的な存在にしつらえた途端に、他者ではなくなります。すると、オープンな対話とは、「オープンになりえないからこそ開き続けようとすること」を意味する、と考えることができます。

意味上の閉じを理解することは、コラボレーションの起点になります。柄谷によれば、対話とは「同じ規則を共有しない他者と行うやりとり」を指します（柄谷、1992）。すべてを分かりあっていたら、対話など必要ありません。同じ規則、ルール、前提を持っておらず、分からないことこそが、私たちを次の対話へと駆動するのです。

解決志向ブリーフセラピーとは

解決志向ブリーフセラピー（Kim Berg & Miller, 1992）をナラティヴ・セラピーの範疇に含めるかどうかについて

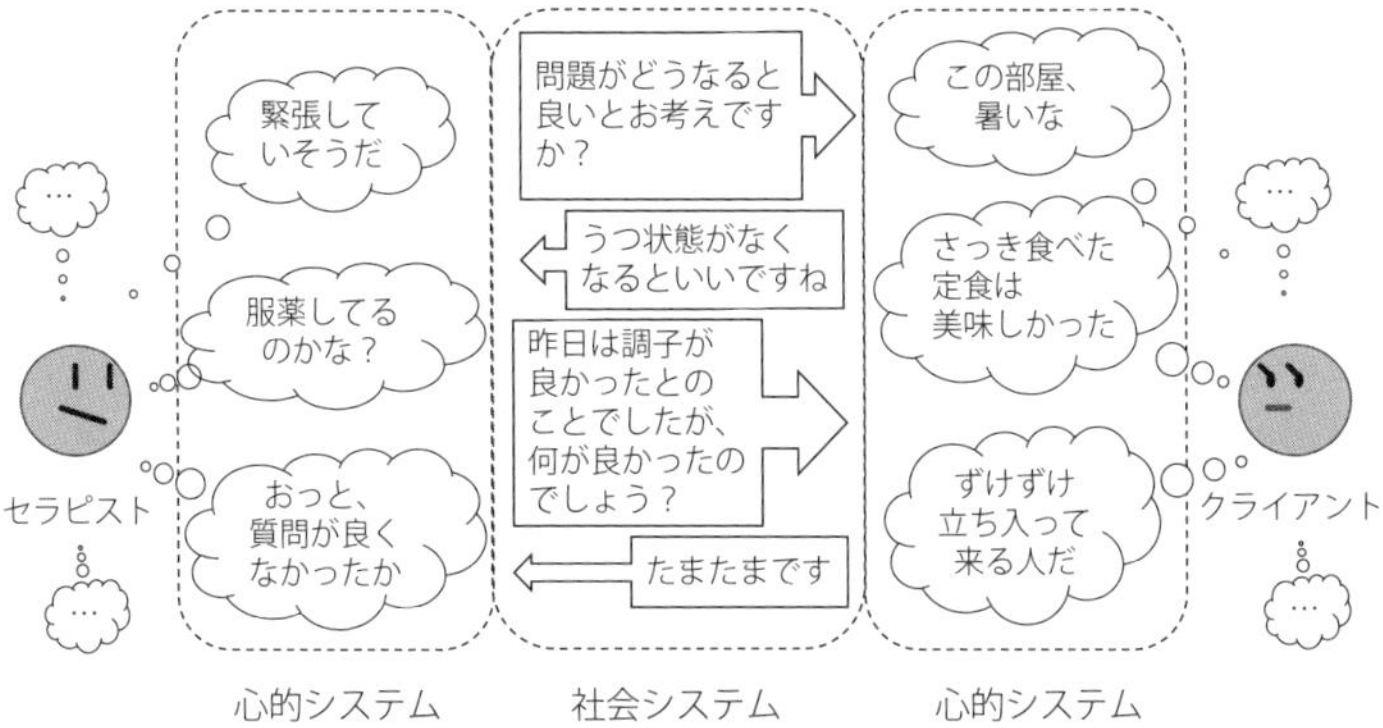

心的システムと社会システム（コミュニケーション・システム）はそれぞれ閉じている。心的システムは思考だけを、社会システムはコミュニケーションだけを産み出す。だから、思考とコミュニケーションは混ざり合わない

図 77

は議論のあるところですが、しばしば同根のアプローチとして取り沙汰されます。

　解決志向ブリーフセラピーもまた、大変魅力的な装置を持っています。解決志向ブリーフセラピーの概略を図に示します。

　解決志向ブリーフセラピーの特色は、きわめて大まかに要約すると、問題の解決後に焦点を当てる未来志向性及びクライアントのリソースへの焦点化にあると言えるでしょう。

　面接のあらましはこうです（図78）。問題についてひとしきり語ってもらった後（①）、奇跡の質問とよばれる質問法を用いて（②）、〈問題が解決したら何が違ってくるでしょうか？〉などと問題解決後の世界を描写し、それも「ご飯を美味しく食べていると思う」というようにできるだけ具体的に記述してもらいます（③）。ソリューション・トークと呼ばれるこうした作業をなぜ行うのかといえば、そのような一見未来の世界に起きているかのように見える出来事が、これまで

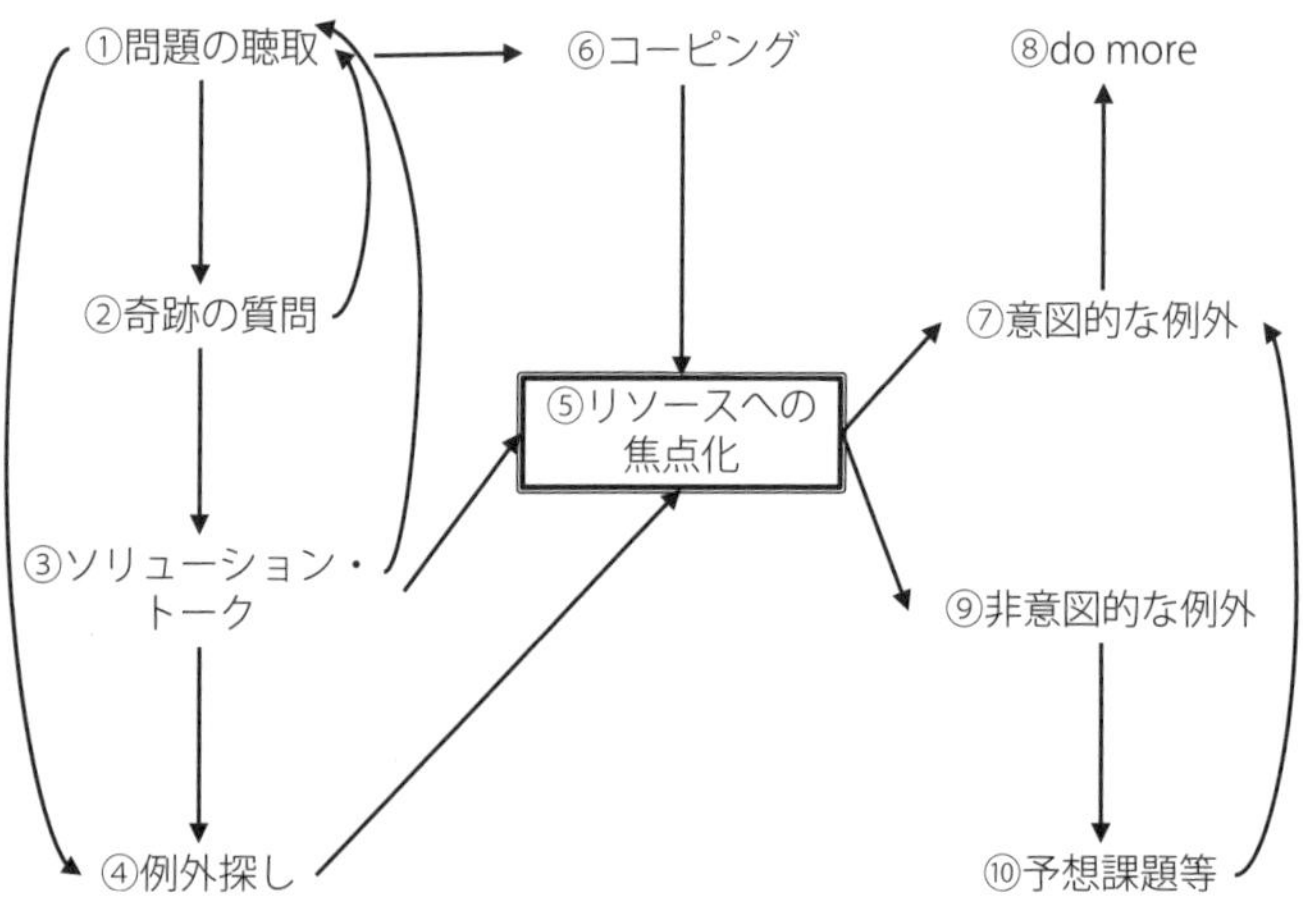

解決志向ブリーフセラピーのあらまし

図78

にも起きていなかったかクライアントと検討したいからです。すると、「そういえば先週、友達と行ったランチは盛り上がった」などと、「例外」的な事象が浮かび上がってくる（④）。この例外を取るに足らないことと流してしまわずに、すでに起きている解決の一部と考えます。大事な解決の一部ですから、なぜ楽しいランチの時間を過ごせたのか、じっくりとその原因を探ります。そうすることで、「日頃から友達と良い関係を築いていたから」「悩みはありつつもランチを楽しもうと切りかえることができたから」、といった、クライアント自身の長所や強みに焦点を当てることができます。こうしたクライアントの長所、強み、資質、資源をリソースと呼びます（⑤）。

例外を引き起こした要因が見つかれば（⑦）、それを繰り返すことが指針となります（⑧）。例外的出来事は偶然の産物だ、というのがクライアントの見解であれば（⑨）、次の日の様子を予想する課題などを通じて、なぜ例外的な出来事が起きるのか、検討します（⑩）。クライアントは、「明日は朝早く起きなければならないから、寝不足で調子が悪いだろう」などと、手探りで翌日の自分の調子を予想します。次の日、「今日は早く起きたが、これが実に気持ちよかった」などと予想が的中したかどうか、答え合わせをします。そうすると、良い結果とそれを引き起こした要因がクライアントの中で結びつくようになる。そうすれば、以後は朝早く起きることを意図的に行うことができるようになるかもしれません（⑧）。

たとえこんなふうに展開せず、問題の語りに終始する場合でも、〈そんな過酷な状況をどんなふうにしのいでいるのですか？〉などとクライアントのコーピングを明らかにすることで（⑥）、やはりリソースに焦点を当てることができる（⑤）。

きわめて図式的ではありますが、解決志向ブリーフセラピーの大枠はこのように記述できます。

解決志向は誰のフレームか

解決志向ブリーフセラピーは、クライアントの短所や欠点、病理に焦点化するのではなく、未来やリソースを志向する、この点で明るい希望が見えてきやすい性質を備えているようです。

しかし、そこで希望を見出しているのはセラピストであり、クライアントにはまだ希望は生まれていません。つまり、解決志向は、セラピストのフレームです。ということは、コラボレーションのためには無条件に持ちこんでいいものではなく、むしろいったん保留する対象となります。

解決志向ブリーフセラピー自体も、強引な解決焦点化を戒めるために「解決志向（solution-focused）」ではなく「解決強制（solution-forced）」にならないよう留意するべきであると警告しています。しかし、解決強制も解決志向も、どちらもセラピストのフレームであることに変わりはありません。【未来に目を向けたい】というフレームを携えたクライアントであれば、未来志向は有用でしょう。【自分の有能さを本当は認めたい】というフレームを携えたクライアントであれば、リソース志向は有用でしょう。そうしたクライアントのフレームを一顧だにせず、ただセラピストの志向性を打ち出すだけでは、コラボレイティヴな仕事はしにくくなるでしょう。

ミルトン・エリクソンも保留する

「人々は、問題を乗り越えるだけの資源を持っている」。ミルトン・エリクソンによる、人間に対する信頼を表した金言です。インターパーソナルなアプローチに通暁した方には耳慣れたフレーズであるはずです。大変肯定的な姿勢に思えますが、この表現もセラピスト側のフレームであることに変わりはありません。

ですから、コラボレーションの観点からはやはりいったん保留にせざるを得ません。もしかすると、こうした希望的なフレームをどこかに携えていたい、というのはむしろセラピスト側の欲望なのかもしれません。

終　章　知りえないこと、を超えて

ポイント
・インターパーソナルなアプローチは、「否定」の思想とともに発展してきた。
・「知りえないこと」、すなわち他者性のみに重点を置くことが有益な臨床実践に直結するとは限らない。
・そこで、想像力と親密性を拠り所として、コミュニケーションが継続可能なようクライアントへの関与を続ける。それが、事後的に振り返った時に有効な支援となっている。コラボレーションに対してそのような実践イメージを持ってみる。

否定というとらえ方

インターパーソナルなアプローチには「否定（negative）」の伝統があります。否定、ネガティヴといっても、暗い、内向的などの傾向性を表すものではありません。ものごとを肯定的、実体的（positive）にとらえるのではなく、他（の可能性）との関係でとらえる考え方を意味しています[1]。

例えば、「机の上のペットボトル」という表現は、ペットボトルを実体的にとらえています。一方、同じ物を「机の上の、ボールペンではなく、パソコンでもなく、消しゴムでもないもの」と描写することもできます。これは「○○でない、△△でない」というように否定性が介在する記述の仕方です。否定的なとらえ方は、他の物があるから可能なのであり、否定は他の物との関係によって成立していることになります。ですから、「関係」に目を向ける時、私たちは、否定的な認識の仕方を自動的に取り入れていることになります。これは構造主義の基本的な考え方でもあります。

実体的なとらえ方をすると、個の性質に目が向きます（例えば「ペットボトルの中身はどんな飲み物なのだろう？」）。否定的なとらえ方をすると、関係に目が向きます（例えば「ペットボトルとボールペンとパソコンと消しゴムは整然と並んでいる」）。

個人の精神内界から家族関係へと目を向ける。家族療法の黎明期に起きた変化です。これは、肯定から否定へのとらえ方の変化、と言い換えることができます。家族の関係性に目を向ける、それは問題とされる個人を他との関係からとらえようとする営みでした。そしてそれは、個人を尊重しない態度をとるということ

1　「サイバネティックな説明はつねに『否定的』である。他にどのようなことが起こりえたかを考え、なぜそれらの代替的な経路を出来事が進んでいくことができなかったか、なぜそれらは断ちきえ、残ったわずかの可能性のうちのひとつが実現したのか、ということが問われる」と、ベイトソンは論文「サイバネティクスの説明法」で述べています（Bateson, 1972）。

なのではなく、むしろ個人の中に「こころ」なるものの実体を無造作に想定し理解したつもりになることに対して、節度を保たせる働きをしていたと考えることができます。

neither-nor

さて、時は流れ、ナラティヴ・セラピー（リフレクティング・プロセス）においても、否定性は取り上げられます（Andersen, 1987）。アンデルセンは、AかBかに囚われているクライアントにとって（either A or B）、AもBもあり得るという姿勢を示すだけでなく（both A and B）、AでもBでもないものへと視線を向けることの重要性に言及しています（neither A nor B）。neither-nor という文法に注目することで、クライアントが束縛されている既存の考え方を越えて発想が展開するよう留意しているのです。AやBによって潜在化したCやDやEは、AやBの否定によって顕在化する、そのような意味論的構造を明らかにしています。かつてとは異なる彩りで、否定表現が再度登場したことになります。

not-knowing

そしてもうひとつ、not-knowing に触れなければなりません。アンデルセンとほぼ同時代、やはり家族や組織といった既存の集団に問題を見出そうとするのではなく、クライアントとよりコラボレイティヴに仕事をしようとする一派が出現します。グーリシャン、アンダーソンをはじめとするヒューストン・ガルベストン・グループです。彼らが提唱した概念の中で、その主張を最も先鋭的に表現しているのは、not-knowing だと見ていいでしょう。それは、「セラピストがそれまで重ねてきた経験と理解がたえず新しい解釈によって更新されてゆくこと」「セラピストがこれから耳にすることについて無知であること」（Anderson & Goolishian, 1992）などと説明されます。

姿勢はすぐに変わる

not-knowing は「無知の姿勢」と訳されてきました。コラボレイティヴ・アプローチが人口に膾炙するのに、この訳語は相当寄与してきたはずで、訳者の仕事に私自身大変お世話になりました。

その一方で、この訳語は意訳であることに注意する必要があります。訳者は原語にないところに「姿勢」という語を当てましたが、姿勢は私たちに可変的なイメージを与えます。正しい姿勢、基本姿勢、姿勢が悪い、などという表現は、姿勢がコロコロ変わることを示唆しています。[2] ですから、「色々なことを知りうる知の姿勢」「無知の姿勢」「その他の姿勢」などがあり、「無知の姿勢」とは、その中からセラピストが選択可能な姿勢の一種である、という前提を含むことになります。

では、いつ、どのように、他の姿勢ではなく他ならぬ無知の姿勢を取るべきなのか？　その選択、意思決定をするのはセラピストに他なりません。not-knowing 概念によってセラピストの知を折角留保しようとしているのに、結局セラピストの意思決定論、技法論という、セラピスト側の専門性に議論が回収されてしま

2　とはいえ、not-knowing は英文ではしばしば、not-knowing position（Levin, 2012）あるいは not-knowing attitude（Anderson, 2012b）という形で使用されるので、一概に訳語の問題に帰責することはできません。しかし、翻って、position や attitude といった単語を付加する必要があるということが、not-knowing 自体には「姿勢」の含意がないことをやはり示しているようにも思えます。

うリスクが、ここにはちらついています。

知りえないこと

近年になって、「非‐知」というような not-knowing のダイレクトな訳語を見かけるようになりました。[3] 試みに、他の訳も考えてみます。「知りえないこと」くらいではいかがでしょうか。自他には避けがたい隔りがある。そのような裂け目の存在を、私たちは薄々感じつつも、直視しないようにしている。気持ちは伝わるものだと思っていたい。他者性にはベールをかけて、そっとしまっておきたい。

not-knowing はそのベールを剝がしにかかる概念です。コラボレイティヴ・アプローチには、「(セラピストはクライアントに対して) 理解の途上にとどまる」というフレーズがありますが、not-knowing の観点からは、「理解の途上にとどまることしかできない」という、より普遍的なことがらとして解釈せざるをえません。

「暗闇の中での跳躍」

どういうことか、「第1章　フレーム」でごく簡単に触れましたが、not-knowing に関連してしばしば言及されるヴィトゲンシュタインの「言語ゲーム」概念から考えてみましょう。

言語ゲームは、粗っぽく一言で表現するなら、言葉の使用こそが言葉の意味を成立させる、とする概念で

3　セイックラ&アーンキル（2007）における高木、岡田による訳語。

す。ある言葉をどのような状況で使用するのか、私たちはそれを幼少期から学んでいます。転んで膝をすりむいて泣く。まわりの大人が「痛かったね！」と声をかける。こうしたコミュニケーションを通じて、「痛い」の使い方を学ぶ。そして、同様の状況に際して「痛い」という言葉を使うようになる。そのように振舞い方のルールを守ると、すなわち転ぶ、泣く、あるいはそれに類する行為や状況に応じて「痛い」という言葉を使うと、意味が通じるという実感が持てるようになる。

私たちは痛いという言葉をめぐって、いつの間にか行為を繰り広げてしまっている。すると、なんとなく言葉の意味が通じているように感じられはしますが、「痛い」が「本当に意味するところ」はずっと保留されたままになる。転んだ時にまず「痛い」という言葉の定義を参照する人はいないでしょう。つまり、私たちは「痛いという言葉を使うゲーム」に参加しているだけなのであって、自分が発した言葉の意味が相手に伝わっているのか、相手が使う言葉の意味が理解できているのか、実のところ定かではないことになります。

このように言語ゲームが掘り下げるコミュニケーションの特色を、ソール・クリプキは命題の対偶を通じて次のように解き明かします。

対偶とは、命題「AならBである」が真である時に、命題「BでないならAではない」も真であるとする論理学の用語です。今しがた「痛い」の使用をひとつの例として、私たちは、「コミュニケーションの規則に従うと、意味は通じる」という実感を持てるようになることを確認しました。この命題の対偶は、「意味が通じないなら、その人はコミュニケーションの規則に従ってはいない（ことに初めてなる）」です。変換前の命題は、規則の存在が前提になっています。それを対偶に変換してみると、規則は誰かに受け入れられなかった後になって初めて言及できるものであり、事前にどこかで確立しているものではない、という視点が明らかになります（柄谷、1992）。

この視点に立脚すると、コミュニケーションにおいて意味は発信者が確定できる性質のものではないことが分かってきます。クリプキは言います。「何らかの語で何らかの事を意味している、といった事はあり得ないのである。語について我々が行なう新しい状況での適用は、全て、正当化とか根拠があっての事ではなく、暗黒の中における跳躍なのである」（Kripke, 1982）。コミュニケーションとは、まるで「暗闇の中での跳躍である」かのように、リスクを賭して行うしかないものである、とするのがクリプキの考え方です。

このように、どこまで行っても、他者のことは知悉できない。つまり、not-knowing である。コミュニケーション、あるいは対話ができているかどうかを知る術はなく、私たちに可能なのは、「対話が成立しているというゲーム」の内で振る舞い続けることでしかない。[4] 人の内面は知りえない、ということだけでなく、何かを伝えること、ルールに従うことは、常にそれができているのかどうか不確定的である。

このことは、not-knowing の基本前提として、ひとまず徹底的に踏まえる必要があるのではないでしょうか。[5]

4　ガーゲン（1994）は相対化や批判精神の重要性について繰り返し述べていますが、「対話」にはそのスタンスは適用されず、批判の対象から除外されているようです。しかし、話せば話すほど袋小路にはまりこむことがむしろ日常的な光景であることを、臨床実践にあたる人ならば誰でもよく知っているはずです。

5　これと同様の他者性について、「第1章　フレーム」では、言語が物語を運ぶものではないこと、「第7章　リフレーミング」では、コミュニケーションはキャッチボールではないこと、そして「第14章　ナラティヴ・セラピーをコラボレイティヴに活用する」では、コミュニケーション・システムが閉じていること等を通じて、本書でも繰り返し触れてきました。

not-knowing による臨床実践

それでは、not-knowing からはどのような臨床実践を導き出すことができるでしょうか。

not-knowing は、何しろ「not」から始まる「否定」的な指針ですから、セラピストが有する既存の知識や経験を留保することの陰影なのであって、そこに実体的な方法がある、と考えるわけにはいきません。言わば、凸ではなく、凹なのであり、何かをすれば not-knowing を実践している、ということには原理的にならないわけです。

not-knowing に実体的な方針があらかじめ定められているとの誤解を以て臨床実践に臨もうとした場合に、not-knowing はセラピストをただの「話の通じない人」にせしめる恐れがあります。

例えば、クライアントが「この病気は治るでしょうか」とセラピストに尋ねた。セラピストは「知りえない」のだから、〈分かりません。あなたはどう思いますか？〉などという対応をする。これでは、クライアントはセラピストに突き放されたと感じ、コラボレーションには至らないでしょう。「何もかも分からない」と投げやりになることなく、ニヒリズムやデタッチメント、際限のない懐疑に陥ることなく、なぜクライアントはそういう文言をセラピストに発したのか、知りえないからこそセラピストは額に汗して考える、他者性は臨床実践上、そのように帰結されなければなりません。

not-knowing からコラボレーションへ

ここで問題となっているのは、not-knowing からコラボレーションへの接続です。アンダーソンらは、両者はつながっていると述べています（アンダーソンら、2013）。両者を媒介するものとして、本書ではリチヤード・ローティの「想像力」概念を候補に挙げておきます。どういうことか、アンダーソンの言う「哲学のスタンス（philosophical stance）」を少しだけほぐしてみましょう。

アンダーソンはコラボレーション実践にとって重要であるとして、複数の哲学者の主張を挙げています。そこには、本書で折々触れてきたベイトソン、ヴィトゲンシュタイン、デリダ、マトゥラーナらも含まれます。他者とのコラボレーションを理解する上で、ここではその中からデリダとローティに着目してみます。デリダは他者との断絶を、ローティは他者との連帯を主張するからです。[6] つまり、

デリダ―他者との断絶―not-knowing
↑ ↓
想像力
↑
ローティ―他者との連帯―コラボレーション

という、この二つの系列が共存していると考えれば、知りえぬ他者とのコラボレーション実践を基礎づけ

6 「他者とはむしろわかりあえない存在のことなのだと主張するのがデリダ（ポストモダニスト）であり、そもそも他者の定義なんて深めても意味がないので局面によって使い分けようと主張するのがローティ（プラグマティスト）である」（東、2017）。

る理路ができます。「想像力」は前者と後者を架橋する場所に位置づけられます。[7]

ローティによれば、他者と連帯する上で必要になるのが想像力です。そして、他者が蒙っている苦痛や辱めに想像力が及んでいないのではないか、という懐疑を持てるかどうかが重要であるとしています。この時、想像力は単なる空想と異なり、関係者に受け入れられるものを生み出す能力でなければなりません（Rorty, 2007）。クライアントにとって得心のいく、コラボレーションを可能にするフレームこそ、セラピストが想像力を発揮して思い描く対象でなければならない、ということです（とはいえ、想像はあくまでも想像、下部右向きの矢印にはその限界の意を込めています）。

こうして、他者に対する連帯がコラボレーションの持ち場になります。「分かったつもりになるな、しかし諦めることなく想像せよ」と、コラボレーションは呼びかけてきます。このように、「知りえないこと」と、コラボレーションはセットで語られなければ、あまりにも救いがありません。対人援助において気持ちが分かる、伝わるなんて、幻想なのかもしれない。しかし、そんな現実を突破したいという思いもある。その矛盾を引き受けているのがセラピストの想像力です。

想像力を働かせると

コラボレイティヴ・アプローチでは好奇心（curiosity）という言葉がしばしば用いられます。想像するこ

7　アンダーソンあるいはガーゲンのローティへの言及は主にローティ（1979）についてですが、ここではローティ（1989）を参照しています。

と、好奇心を持つことが何をもたらすのか、ベイトソンとルーマン、2人のフレーズを補助線としてみます。

まず、ベイトソンは、「情報とは差異を生む差異である」と言っています（Bateson, 1972）。抽象的な表現ですが、クリプキに倣って、この命題の対偶「差異を生まない差異は情報ではない」を参考にしてみましょう。

例えば、イルカに無関心な人に「バンドウイルカとカマイルカの差異」について詳細に語っても、「どうでもいい」と言われることでしょう。イルカの話をする前と比べて、新しい何かを生んではいないので、バンドウイルカとカマイルカという「差異を生まない差異」はこの時、この人にとって情報になっていないのです。

ということは、クライアントがどうでもいいと思って放置したままにしている話だったとしても、セラピストがそれに好奇心を持ち問いかけることでクライアントが何かに気づけば、すなわち差異が生じれば、「どうでもいい話」だったものは、（価値のある）情報としてクライアントに受けとめられる可能性が出てくるということです。

次にルーマンですが、ルーマンはコミュニケーションについて考える時に、情報の発信者と受信者を起点とした属人的なとらえ方をせず、コミュニケーションを「情報・伝達・理解それぞれの選択からなる総合」とします（Luhmann, 1984）。そして、『情報』を『伝達』する意図があるものとして『理解』することがコミュニケーションである」、と述べています。

臨床場面に即して考えてみます。セラピストはクライアントの有り様を情報として受け取ることもできるし、流そうと思えばいくらでも流せてしまいます。例えば、面接室に入ってきたクライアントのカバンがいつもと違うことに気づいたセラピストが、〈カバンを変えたんですね〉と言う。この時、カバンを変えたという情報を伝達する意図がクライアントにあるかどうか、その真意への関心は保留します。【折角新しいカバンを買ったから関心を持って欲しい】というように、情報を伝達する意図がクライアントにあるものとして、セラピストが先んじて受け取り理解できるか、そこがコミュニケーションが発生するかどうかの瀬戸際です。これは、ルーマンが「コミュニケーションは（送り手による情報の発信からではなく受け手の）理解から始まる」とレトリカルに呼ぶ事態です。

下衆の勘繰りと言われればそれまでなのですが、クライアントの言動から豊かに仮説を思い描くことは、対話の出発点となりうるのです。

知りえないこととクライアントのフレーム

本書では、クライアントのフレームという概念を導きの糸として、「セラピストのフレームを保留し、クライアントのフレームを想像し活用する」という方針を採用してきました。それがどういう支援なのか、事前に描くことはできません。それぞれのセラピストが自身の歴史に目を向け、セラピストのフレームを保留する作業を行うことでクライアントのフレームをとらえようとする。そのようにして、かけがえのない個と向き合う。クライアントのフレーム次第で、面接は賑やかな雰囲気にもなれば、沈黙が支配的にもなる、というように全く異なる様相を呈するでしょう。そして、知識と経験が豊富なセラピストであればあるほど、面接に与えるインパクトは大きくなることでしょう。

「家族」がもたらすコラボレーションの可能性

最後に、「家族」に改めて触れたいと思います。家族療法は、インターパーソナルなアプローチにとって小さくない源流のひとつです。本書では家族という視点をさほど強調してきませんでしたが、よくよく考えてみれば、家族こそ私たちにとって最も身近な他者です。親も子も互いを選べないですし、よく吟味したはずの配偶者にしても偶然の出会いから関係は始まっています。[8] そういえば、フロイト（1910）は受精の偶然性に触れておりました。[9] 他者としての家族、しかしその他者の場で、親は子を大切に育て、親密さを育む。

そのことは私たちに、オートポイエーシスのシステム観を思い起こさせます。すなわち、「システムは偶発性を含みながら、作動し続けることでその都度システムとなり続けていく」。家族は目的を決め、それに向かって邁進する集団ではありません。かといって、偶さか出会った他人と何も共有することなく、長期に渡って関与を続ける関係性というのも、少々思い浮かべにくいものがあります。家族には、家族が抱えこんでいる偶然性、他者性、非目的性を繋ぎ止める蝶番が必要で、その役割を果たしているのが「親密性」なのだと仮定してみます。つまり、家族とは、思いがけずめぐりあった他者と親密さを拠り所としてつながりを維持する人たちのことである、と。

そうだとすると、想像力を発揮することに加え、親密性こそが、コラボレーションにおける他者とのつながり方を、私たちに教えるのではないでしょうか。「第6章　ジョイニング」で触れた通り、家族療法はセラ

8　家族の他者性については芦田（2013）、偶然性については東（2017）の論考を下地にしています。
9　「われわれは、自分たちの人生における一切が、精子と卵子の遭遇によるわれわれの発生以来、本来、偶然であることをつい忘れがちである」（Frued, 1910）。

ピストが家族という他者に溶けこみ、「家族になる」親密さを胚胎していました。ですから、親密性は家族療法とコラボレーションを橋渡しする通路でもあったことになります。

臨床実践において親密性という視点をどう活かせばよいか、キャシー・ヴァインガルテンは、親密さは、「分かってもらえた」という経験を通じて得られるものだと言います（Weingarten, 1992）。親密というその語感からつい想起しがちな温かさや近しさといった情感は、目指すものというより相互理解を心がけた結果、むしろ二次的に発生する副産物であると指摘することを忘れていません。[10]

クライアントが「分かってもらえた」と思えたかどうか、セラピストが行うその判断が、セラピストの仮説の範域を超えることはありません。とはいえ、「分かってもらえた」に少しでも近づくには、セラピストはクライアントとの協力関係が続けられるようなフレームを想像力をフル回転させて思い描きつつ、セラピストの行為を検証し続けることが必要でした。後から振り返った時に、それが有益な支援となっている、コラボレーションをそのような実践だと考えてみませんか、というのが本書からのお誘いです。

10　臨床実践におけるコラボレーションと親密性の関連についてはヤング（2009）を、また、ヴァイガルテンの親密性概念については小森（2003）を参照のこと。

あとがき

遠見書房の山内さんから、「本を書こう」という話をいただいた時のことはよく覚えている。２０１５年夏の北海道、学会の年次大会からの帰り道。空港で2人、ビールを片手にジンギスカンを頬張っていた時だった。私が学会仕事で忙しく、彼の地の名産をろくすっぽ口にできなかったとこぼしていたら、せめて最後に、と誘ってくれたのだ。

とはいえ、それからしばらくの間、執筆の時間を捻出できずにいた。状況が落ち着き始めたのは２０１７年の半ばを過ぎてからで、ジンギスカンの夏からは早2年が経過していた。

ようやくとりかかり書きあげてはみたものの、読み返してみるとどうもしっくりこない。日々の臨床実践で実行していることと、書いている内容が一致している気がしない。「変化の導入」といった表現が実践感覚とずれていて、特に目につく。臨床の諸作法を身につける段階では確実に梯子になっていたはずの語彙なのに、それでは経験を表し切れない。

どのように書いたらいいものか考えあぐねているうちに、セラピストとしての私が「クライアントのフレーム」に誘われるかのように動くようになっていたことに気づいた。以前の私はもっとセラピスト側の働きかけを重視していたと思う。今から思えば、「セラピストのフレーム」の内に閉じていた。

それが、オートポイエーシスと格闘するうちに、次第に観察者の見方を保留するというスタンスに馴染んでいった。しかしそれではまだ、頭でっかちだ。

そんな折、執筆前後の数年間、公私に渡っていくつかの諦めごとがあった（正直に言うと、「諦め続けることを始めた」）。遅蒔きながら自分の有限性を受容したということなのか。すると不思議なことに、この時期を境に、まるで空いたスペースに流れこむかのように、「クライアントのフレーム」がすっと入ってくるようになった。

そして、クライアントのフレームから受動的に展開する実践を一言で表すと「コラボレーション」と呼ばれる事態に近いのではないかと、少し経ってからまた気がついた。

コラボレーションは師匠が死の床にあって取り組んでいたテーマである（高橋＆吉川、2001：高橋＆八巻、2011：高橋＆小森、2012：高橋＆吉川、2013）。かつての私にとっては禁漁区であり、近づこうともしなかったエリアだ。なのに、いつの間にかその方向にむけて舵を切っていた。コラボレーションといっても師のそれとは随分と内実は異なるものの、そうは言っても自分が臨床実践を同じ名称で括っていることに気づいた時、とても驚いた。

こうして、執筆開始前の2年間が本書におけるコラボレーション一元化を準備したことになる。こんな私的な事情を厚顔無恥にも開陳するのは、それが本書の内容と密接にリンクしていると思うからだ。インターパーソナルなセラピーのパラダイムが制御から協働へと変化したことと私個人の変化が結びついて、コラボレーションという舶来のカタカナ言葉に血が通ったように感じ、本文冒頭からほぼすべての内容に手を入れた。遅筆の言い訳にするつもりはないし、山内さんには5年の歳月を費やしてしまったことを申し訳なく思っている。しかし、もしすぐに執筆にとりかかっていたら、本書の内容はもっとずっとぼんやりとしたものになっていたと思う。

＊　＊　＊

本書はこれまでお世話になった方々抜きには、存在しえなかった。

まず学部時代の指導教授、慶應義塾大学の濱田庸子先生。濱田ゼミに所属させていただいたことが今日に至るすべての起点になった。大学院時代の指導教授、故山本和郎先生。コミュニティ心理学の唱道者というだけでなく、広くインターパーソナルなアプローチに精通していらして、勝手な私を温かく見守ってくださった。システムズアプローチの師匠、故高橋規子先生には臨床実践の基礎を叩きこんでいただいた。当時はメタファーではなく、あまりの厳しさに泣いてばかりの日々だったが、先生の指導がもしなかったなら、私は仕事のできない割にはプライドだけは高い不遜な臨床家になっていたはずだ。KPCLの児島達美先生、龍谷大学の東豊先生、吉川悟先生、広島ファミリールームの村上雅彦先生の教えはすべてがショッキングだった。20代の頃に受けた先生方のタックルは、いまだにその衝撃で私を吹き飛ばし続けている。神戸松蔭女子学院大学の坂本真佐哉先生には、いつも力づけていただいたし、故和田憲明先生に「パンチパーマにせい(=しっかりしろ)」と激励していただいたことは忘れられない思い出である。

それから、関内カウンセリングオフィスのシステムズアプローチ研修会、慶應義塾大学病院精神・神経科家族療法システムズアプローチ勉強会の参加者のみなさん、東京大学大学院教育学研究科のスーパーヴァイジーのみなさん、非常勤で勤務する大学の講義、その他の研修や講演にいらしていただいたみなさん。毎回の説明で足りなかった部分を追加・修正する作業を通じて、私自身対人援助の理解を深めることができた。大変感謝している。

最後に、関内カウンセリングオフィスで机を並べる安江高子先生には、ひとかたならぬ恩義がある。本書は、先生との日々のディスカッション抜きにはとても成立しなかった。なお、村上先生、坂本先生、安江先生には草稿をチェックしていただいた。重ねて御礼を申し上げたい。もちろん、本書の内容について、その責はすべて私が負うものである。

ここには書き切れないが、これまで本当に多くの方に支えていただいた。感謝を申し上げるとともに、ご叱正を乞う次第である。

二〇二〇年十月　秋晴れの横浜にて

田中　究

山下和也（2009）オートポイエーシス論入門．ミネルヴァ書房．
安江高子，田中究（2009）リフレクティング・チームの実践から学ぶ　その1—チーム・スタッフの視点から．家族療法研究，26(1); 29.
吉川悟（1993）家族療法—システムズアプローチのものの見方．ミネルヴァ書房．
吉川悟（1997）「治療者にいじめられてきた」と訴える患者とどう会話したのか．ブリーフサイコセラピー研究，6; 61-81.
吉川悟，東豊（2001）システムズアプローチによる家族療法のすすめ方．ミネルヴァ書房．
Young, K.（2009）Intimacy and Collaboration: An Interview with Kaethe Weingarten. *Journal of Systemic Therapies*, 28(3); 36-48.
遊佐安一郎（1984）家族療法入門—システムズ・アプローチの理論と実際．星和書店．
Zeig, J. (Ed.)（1985）A *Teaching Seminar with Milton H. Erickson*. Routledge, London.（成瀬悟策監訳，宮田敬一訳（1995）ミルトン・エリクソンの心理療法セミナー．星和書店．）

丹野義彦（2013）Lambert（1992）心理療法の効果の割合 批判．http://park.itc. u-tokyo. ac. jp/tanno/lambertcritic. pdf （参照 2021-2-21）

戸田山和久（2005）科学哲学の冒険．NHK ブックス．

十島雍蔵（2001）家族システム援助論．ナカニシヤ出版．

von Foerster, H.（1973）On Constructing Reality. Environmental Design Research, Vol.2. In: F. E. Preiser (Ed.), *Dowden, Hutchinson & Ross, Stroudsburg*, pp.35-46.

von Glasersfeld, E.（1995）*Radical constructivism: a way of knowing and learning*. Falmer Press, London.（西垣通監修，橋本渉訳（2010）ラディカル構成主義．NTT 出版．）

Watzlawick, P., Bevelas, J. B. & Jackson, D. D.（1967）*Pragmatics of Human Communication: A Study of Interactional Patterns, Pathologies, and Paradoxes*. W. W. Norton, New York.（山本和郎監訳（1998）人間コミュニケーションの語用論―相互作用パターン，病理とパラドックスの研究．二瓶社．）

Weakland, J.（1993）*The Development and Significance of the Double-bind Theory*.（佐藤悦子，長谷川啓三訳（1993）二重拘束理論の意義と展開．家族心理学研究，7(1); 1-14.）

Weingarten, K.（1992）A Consideration of Intimate and Non-Intimate Interactions in Therapy. *Family Process*, 31(1); 45-59.

White, M. & Epston, D.（1990）*Narrative Means to therapeutic Ends*. W. W. Norton, New York.（小森康永訳（1992）物語としての家族．金剛出版．）

Wiener, N.（1948）*Cybernetics or control and communication in the animal and the machine*. Second ed. MIT Press, Cambridge.（池原止戈夫，彌永昌吉，室賀三郎他訳（1962）サイバネティックス―動物と機械における制御と通信　第２版．岩波書店．）

Wittgenstein, L.（1953）*Philosophische Untersuchungen*. Basil Blackwell, Oxford.（藤本隆志訳（1976）ウィトゲンシュタイン全集８哲学探究．大修館書店．）

矢原隆行，田代順，三澤文紀，花田里欧子，足立智昭，田中究，安江高子（2011）リフレクティング・プロセス再考．家族療法研究，28(1); 56.

山本和郎（1986）コミュニティ心理学―地域臨床の理論と実践．東京大学出版会．

山下和也（2007）オートポイエーシスの教育―新しい教育のあり方．近代文芸社．

論集：「紫の言葉たち」今問われるアメリカの知性．勁草書房）

Seikkula, J. & Arnkil, T. E.（2007）*Dialogical Meetings in Social Networks.* Routledge, London.（高木俊介, 岡田愛訳（2016）オープン・ダイアローグ．日本評論社.）

Selvini Palazzoli, M., Boscolo, L., Cecchin, G. & Prata, G.（1975）*Paradox and Counterparadox: A New Model in the Therapy of the Family in Schizophrenic Transaction.* Jason Aronson, Maryland.（鈴木浩二監訳，鈴木浩二，志村宗生, 志村由美子, 三浦敏子, 篠木満訳（1989）逆説と対抗逆説．星和書店.）

Selvini Palazzoli, M., Boscolo, L., Cecchin, G. & Prata, G.（1980）Hypothesizing-circularity-neutrality: three guidelines for the conductor of the session. *Family Process*, 19(1); 3-12.

Spencer-Brown, G.（1969）*Laws of Form.* George Allen and Unwin, London.（山口昌哉監修，大澤真幸，宮台真司訳（1987）形式の法則．朝日出版社）

高橋規子，小森康永（2012）終末期と言葉．金剛出版.

高橋規子，田中究，安江高子，市橋香代，八巻秀（2007）リフレクティング・チームをやってみよう！　社会構成主義を体験しよう！．家族療法研究, 24(1); 56.

高橋規子，八巻秀（2011）ナラティヴ，あるいはコラボレイティヴな臨床実践をめざすセラピストのために．遠見書房.

高橋規子，吉川悟（2001）ナラティヴ・セラピー入門．金剛出版.

高橋規子，吉川悟（2013）高橋規子論文集：ナラティヴ・プラクティス―セラピストとして能く生きるということ．遠見書房.

田中究（2013）オートポイエーシス・システムによる学校臨床へのアプローチ．ブリーフサイコセラピー研究，21(2); 56-69.

田中究（2015）書評：家族相互作用―ドン・D. ジャクソン臨床選集．家族療法研究，32(3); 326-327.

田中究（2019）みんなのシステム実践入門―15 のポイント．In：赤津玲子，田中究，木場律志（編著）みんなのシステム論―対人援助のためのコラボレーション入門．日本評論社，pp.33-55.

田中究，安江高子，高橋規子，市橋香代，八巻秀（2008）リフレクティング・チームの一員として家族面接を体験しよう！．家族療法研究，25(1); 59.

田中究，安江高子（2009）リフレクティング・チームの実践から学ぶ　その２―面接者の視点から．家族療法研究，26(1); 30.

田中究，坂本真佐哉（2014）システムズアプローチ入門―初学者向け．家族療法研究，31(1); 14.

Monk, G. Winslade, J., Crocket, K. & Epston, D.（1997）*Narrative Therapy in Practice: The Archaeology of Hope*. John Wiley & Sons, New York.（国重浩一，バーナード紫訳（2008）ナラティヴ・アプローチの理論から実践まで―希望を掘りあてる考古学．北大路書房．）

Morgan, A.（2000）*What is narrative therapy?: An easy-to-introduction*. Dulwich Centre Publications, Adelaide.（小森康永，上田牧子訳（2003）ナラティヴ・セラピーって何？．金剛出版．）

長岡克行（2006）ルーマン / 社会の理論の革命．勁草書房．

中釜洋子（2010）個人療法と家族療法をつなぐ―関係系志向の実践的統合．東京大学出版会．

中村伸一，牧原浩（2013）家族療法の黎明期／欧米：統合失調症の家族研究からシステム論登場まで．In：日本家族研究・家族療法学会（編）家族療法テキストブック．金剛出版．

中野真也，吉川悟（2017）システムズアプローチ入門―人間関係を扱うアプローチのコミュニケーションの読み解き方．ナカニシヤ出版．

中野葉子，田中究（2004）スタッフ同士が会話することの効用に関する一考察―アダルト・チルドレンのグループ・カウンセリングにおいて．日本心理臨床学会第 23 回大会発表論文集，p. 112.

西垣通（2004）基礎情報学―生命から社会へ．NTT 出版．

O'Hanlon, W. H.（1987）*Taproots: Underlying Principles of Milton Erickson's Therapy and Hypnosis*. W. W. Norton, New York.（森俊夫，菊池安希子訳（1995）ミルトン・エリクソン入門．金剛出版．）

Ray, W. A. (Ed.)（2005, 2009）*Don D. Jackson: Selected Essays at the Dawn of an Era: Selected Papers*, Volume 1. Zeig, Tucker & Theisen, Arizona, 2005. & *Don D. Jackson: Interactional Theory in the Practice of Therapy: Selected Papers*, Volume 2. Zeig, Tucker & Theisen, Arizona, 2009.（小森康永，山田勝編訳（2015）家族相互作用―ドン・D・ジャクソン臨床選集．金剛出版．）

Rorty, R.（1979）*Philosophy and the Mirror of Nature*. Princeton University Press, New Jersey.（野家啓一監訳（1993）哲学と自然の鏡．産業図書．）

Rorty, R.（1989）*Contingency, Irony, and Solidarity*. Cambridge University Press, Cambridge.（齋藤純一，山岡龍一，大川正彦訳（2000）偶然性・アイロニー・連帯―リベラル・ユートピアの可能性．岩波書店．）

Rorty, R.（2007）*Pragmatism and Romanticism*. Philosophy as Cultural Politics: Philosophical Papers, Vol.4. Cambridge University Press, Cambridge.（富田恭彦訳（2018）プラグマティズムとロマン主義．富田恭彦（編訳）ローティ

子，田中ひな子訳（1995）飲酒問題とその解決．金剛出版．）

児島達美（1990）心理療法における「問題の外在化」および治療関係の「三項構造化」について．上智大学心理学年報，14; 119-127.

小森康永（2003）親密さとナラティヴ・セラピー．In：小森康永，野村直樹（編）現代のエスプリ 433　ナラティヴ・プラクティス．至文堂，pp.148-153.

Kripke, S. A.（1982）*Wittgenstein on Rules and Private Language: An Elementary Exposition*. Basil Blackwell, Oxford.（黒崎宏訳（1983）ウィトゲンシュタインのパラドックス―規則・私的言語・他人の心．産業図書．）

Levin, S. B.（2012）Hearing the Unheard: Advice to Professionals from Women Who Have Been Battered. In: Anderson, H. & Gehart, D. (Eds.) *Collaborative Therapy: Relationships And Conversations That Make a Difference*. Routledge, pp.109-128.

Linehan, M. M.（1993）*Cognitive-Behavioral Treatment of Borderline Personality Disorder*. Guilford Press, New York.（大野裕監訳（2007）境界性パーソナリティ障害の弁証法的行動療法―DBT による BPO の治療．誠信書房．）

Luhmann, N.（1984）*Soziale systeme*. Suhrkamp, Frankfurt am Main.（佐藤勉監訳（1993）社会システム論（上・下）．恒星社厚生閣．）

松本雅彦（1996）精神病理学とは何だろうか．星和書店．

Maturana, H. R. & Varela, F. G.（1980）*Autopoiesis and cognition: the realization of the living*. D. Reidel Publishing, Dordrecht.（河本英夫訳（1991）オートポイエーシス―生命システムとはなにか．国文社．）

Maturana, H. R. & Varela, F. G.（1984）*Der Ba Um Der Erkenntnis-El Arbol Del Conocimento*. Editorial Universitari, Santiago.（管啓次郎訳（1997）知恵の樹―生きている世界はどのようにして生まれるのか．ちくま学芸文庫．）

McNamee, S., & Gergen, K. J. (Eds.)（1992）*Therapy as social construction*. Sage Publication, London.（野口裕二，野村直樹訳（1997）ナラティヴ・セラピー―社会構成主義の実践．金剛出版．）

Miller, S. D., Duncan, B. L. & Hubble, M. A.（1997）*Escape from Babel: Toward a Unifying Language for Psychotherapy Practice*. W. W. Norton, New York.（曽我昌祺監訳，内田郁，黒丸尊治，市橋香代，濱田恭子，舟木順子，沖美代子，内田由可里，前田泰宏，曽我昌祺訳（2000）心理療法・その基礎なるもの―混迷から抜け出すための有効要因．金剛出版．）

Minuchin, S.（1974）*Families and Family Therapy*. Harvard University Press, London.（山根常男監訳（1984）家族と家族療法．誠信書房）

宮田敬一編（1994）ブリーフセラピー入門．金剛出版．

Gergen, K. J. & Gergen, M.（2004）*Social Construction: Entering the Dialogue.* Taos Institute Publications, Ohio.（伊藤守監訳（2018）現実はいつも対話から生まれる―社会構成主義入門．ディスカバー 21.）

橋本渉（2010）ハインツ・フォン・フェルスターの思想とその周辺―ネオ・サイバネティクスの黎明期を中心に．思想，1035; 98-114.

Haley, J.（1963）*Strategies of Psychotherapy.* Grune & Stratton, Florida.（高石昇訳（1986）戦略的心理療法―ミルトン・エリクソン心理療法のエッセンス．黎明書房.）

Haley, J.（1976）*Problem-Solving Therapy.* Jossey-Bass, San Francisco.（佐藤悦子訳（1985）家族療法．川島書店.）

長谷正人（1991）悪循環の現象学―行為の意図せざる結果．ハーベスト社.

東豊（1992）行動療法．In：大塚義孝（編）臨床心理士入門．日本評論社，pp.146-147.

東豊（1993）セラピスト入門―システムズアプローチへの招待．日本評論社.

東豊（1997）セラピストの技法．日本評論社.

東豊（2010）セラピスト誕生―面接上手になる方法．日本評論社.

東豊（2013）戦略モデル．日本家族研究・家族療法学会（編）家族療法テキストブック．金剛出版.

Hoffman, L.（1981）*Foundations of Family Therapy.* Basic Books, New York.（亀口憲治訳（1986）システムと進化―家族療法の基礎理論．朝日出版社.）

Hoffman, L.（1985）Beyond power and control: Toward a "Second Order" Family Systems Therapy. *Family Systems Medicine*, 3(4); 381-396.

井庭崇（2011）社会をシステムとして捉える―社会システム理論入門．In：井庭崇（編）社会システム理論―不透明な社会を捉える知の技法．慶應義塾大学出版会，pp.1-36.

市橋香代，田中究，川崎万生，遠山宜哉，花屋道子（2013）復興関連シンポジウム「支援にまつわる対話と会話～支援／被支援を越えて」. 日本ブリーフサイコセラピー学会第 23 回大会プログラム・抄録集，8.

柄谷行人（1992）探求Ⅰ．講談社学術文庫.

河本英夫（1995）オートポイエーシス―第三世代システム．青土社.

河本英夫（2000）オートポイエーシス 2001―日々新たに目覚めるために．新曜社.

Keeney, B. P.（1983）*Aesthetic of change.* Guilford Press, New York.

Kim Berg, I. & Miller, S. D.（1992）*Working with the Problem Drinker: A Solution-Focused Approach.* W. W. Norton, New York.（白木孝二，信田さよ

Essays on Second-Order Systems theory. Duke University Press, Durham.

Clarke, B.（2009）Interview with Heinz von Foerster. In: Clarke, B. & Hansen, M. B. N. (Eds.): *Emergence and Embodiment: New Essays on Second-Order Systems theory*. Duke University Press, Durham. pp.26-33.

Derrida, J.（2005）*Apprendre a vivre enfin: Entretien avec Jean Birnbaum*. Editions Galilée, Paris.（鵜飼哲訳（2005）生きることを学ぶ，終に．みすず書房．）

Derrida, J.（2012）*Pardonner: L'impardonnable et l'imprescriptible*. Editions Galilée, Paris.（守中高明訳（2015）赦すこと―赦し得ぬものと時効にかかり得ぬもの．未來社．）

Duncan, B. L. & Miller, S. D.（2000）The Client's Theory of Change: Consulting the Client in the Integrative Process. *Journal of Psychotherapy Integration*, 10(2); 169-187.

Dym, B.（1998）Ecological Perspectives on Change in Families. In: Weiss, H. B. & Jacobs, F. H. (Eds.) *Evaluating Family Programs: Current Issues in Theory and Policy*. Routledge, New York. pp.477-496.

Ellenberger, H. F.（1970）*The Discovery of The Unconscious: The History and Evolution of Dynamic Psychiatry*. Basic Books, New York.（木村敏，中井久夫監訳（1980）無意識の発見（上・下）―力動精神医学発達史．弘文堂．）

Fisch, R., Weakland, J. H. & Segal, L.（1982）*The Tactics of Change: Doing Therapy Briefly*. Jossey-Bass, San Francisco.（鈴木浩二，鈴木和子監修，岩村由美子，渋沢田鶴子，鈴木和子，鈴木浩二訳（1986）変化の技法．金剛出版．）

Fromm-Reichmann, F.（1950）*Principles of Intensive Psychotherapy*. The University of Chicago Press, Chicago.（阪本健二訳（1964）積極的心理療法．誠信書房．）

Freud, S.（1910）Eine Kindheitserinnerung des Leonardo da Vinci. *Gessamelte Werke*, VIII, 128-211.（高田珠樹，甲田純生，新宮一成，渡辺哲夫訳（2009）レオナルド・ダ・ヴィンチの幼年期の思い出．フロイト全集〈11〉1910-11年―ダ・ヴィンチの想い出　症例「シュレーバー」．岩波書店．）

Gergen, K. J.（1994）*Realities and Relationships Soundings in social construction*. Harvard University Press, London.（永田素彦，深尾誠訳（2004）社会構成主義の理論と実践―関係性が現実をつくる．ナカニシヤ出版．）

Gergen, K. J.（1999）*An Invitation to Social Construction*. Sage Publications, London.（東村知子訳（2004）あなたへの社会構成主義．ナカニシヤ出版．）

Anderson, H. & Goolishian, H. A.（1990）Beyond Cybernetics: Comments on Atkinson and Heath's Further Thoughts on Second-Order Family Therapy. *Family Process*, 29(2); 157-163.

Anderson, H. & Goolishian, H. A.（1992）The Client is the Expert: A Not-Knowing Approach to Therapy. In: McNamee, S. & Gergen, K. J. (Eds.) *Therapy as social construction*. Sage Publication, London.（野口裕二，野村直樹訳（1997）クライエントこそ専門家である―セラピーにおける無知のアプローチ．In：ナラティヴ・セラピー：社会構成主義の実践．金剛出版，pp.59-88）

ハーレーン・アンダーソン，ハロルド・グーリシャン，野村直樹（2013）協働するナラティヴ―グーリシャン&アンダーソンによる論文「言語システムとしてのヒューマンシステム」．遠見書房．

Anderson, H., Goolishian, H. A. & Windermand, L.（1986）Problem Determined Systems: Towards Transformation in Family Therapy. *Journal of Strategic and Systemic Therapies*, 5; 1-13.

Andrews, J.（2012）Honoring Elders through Conversations about Their Lives. In: Anderson, H. & Gehart, D. (Eds.) *Collaborative Therapy: Relationships And Conversations That Make a Difference*. Routledge, London, pp.149-166.

浅田彰（1985）ダブル・バインドを超えて．南想社．

芦田宏直（2013）努力する人間になってはいけない―学校と仕事と社会の新人論．ロゼッタストーン．

東浩紀（2017）ゲンロン0 観光客の哲学．ゲンロン．

Bateson, G.（1972）*Step to an ecology of mind*. University of Chicago Press, Chicago.（佐藤良明訳（1990）精神の生態学．思索社．）

Bateson, G.（1979）*Mind and nature: A necessary unity*. E. P. Dutton, New York.（佐藤良明訳（2001）精神と自然：生きた世界の認識論改訂版．新思索社．）

Berman, M.（1981）*The reenchantment of the world*. Cornell University Press, New York.（柴田元幸訳（1989）デカルトからベイトソンへ―世界の再魔術化．国文社．）

Borch, C.（2011）*Niklas Luhmann*. Routledge, London.（庄司信訳（2014）ニクラス・ルーマン入門―社会システム理論とは何か．新泉社．）

Burr, V.（2015）*Social Constructionism* (Third Edition). Routledge, London.（田中一彦，大橋靖史訳（2018）ソーシャル・コンストラクショニズム：ディスコース　主体性　身体性．川島書店．）

Clarke, B. & Hansen, M. B. N. (Eds.)（2009）*Emergence and Embodiment: New*

文献一覧

芥川龍之介（1990）蜘蛛の糸・杜子春・トロッコ　他十七篇．岩波文庫．

Andersen, T.（1987）The Reflecting Team: Dialogue and Meta-Dialogue in Clinical Work. Family Process, 26(4); 415-428.

Andersen, T.（1991）*Reflecting Processes: Dialogues and Dialogues About the Dialogues.* W. W. Norton, New York.（鈴木浩二監訳（2001）リフレクティング・プロセス―会話における会話と会話．金剛出版.）

Andersen, T.（1992）Reflections on Reflecting with Families. In: McNamee, S. & Gargen, K. J. (Eds.) *Therapy As Social Construction.* Sage publications, London.（野口裕二，野村直樹訳（1997）「リフレクティング手法」をふりかえって．In：ナラティヴ・セラピー：社会構成主義の実践．金剛出版，pp.89-118）

Andersen, T.（2012）Human Participating: Human "Being" Is the Step for Human "Becoming" in the Next Step. In: Anderson, H. & Gehart, D. (Eds.) *Collaborative Therapy: Relationships And Conversations That Make a Difference.* Routledge, London, pp.81-94.

Anderson, H.（1997）*Conversation, Language, and Possibilities: A postmodern approach to therapy.* Basic Books.（野村直樹，青木義子，吉川悟訳（2001）会話・言語・そして可能性　コラボレイティヴとは？　セラピーとは？．金剛出版.）

Anderson, H.（2003）A Collaborative Approach to Therapy: Narrative and Dialogue.（ワークショップ配付資料）

Anderson, H.（2012a）A Postmodern Umbrella: Language and Knowledge as Relational and Generative, and Inherently Transforming. In: Anderson, H. & Gehart, D. (Eds.) *Collaborative Therapy: Relationships And Conversations That Make a Difference.* Routledge, pp.7-20.

Anderson, H.（2012b）Dialogue: People Creating Meaning with Each Other and Finding Ways to Go On. In: Anderson, H. & Gehart, D. (Eds.) *Collaborative Therapy: Relationships And Conversations That Make a Difference.* Routledge, pp.33-42.

Anderson, H. & Goolishian, H. A.（1988）Human systems as linguistic systems: Preliminary and evolving ideas about the implications for clinical theory. *Family Process*, 27(4); 371-393.

ま行

ら行

な行

は行

た行

さ行

か行

項目索引

数字・アルファベット

あ行

索　引

人名索引

著者紹介
田中　究（たなか きわむ）
1974 年、東京都生まれ。
慶應義塾大学大学院社会学研究科修士課程修了。修士（社会学）。公認心理師、臨床心理士。
現在、関内カウンセリングオフィス代表。慶應義塾大学保健管理センター非常勤カウンセラー。跡見学園女子大学大学院、大妻女子大学、東京大学大学院等非常勤講師。日本家族療法学会認定スーパーヴァイザー、同認定ファミリー・セラピスト、日本ブリーフサイコセラピー学会常任理事。

著　書
『不登校・ひきこもりに効くブリーフセラピー』（分担執筆、日本評論社、2016）
『ワークで学ぶ学校カウンセリング』（分担執筆、ナカニシヤ出版、2019）
『みんなのシステム論―対人援助におけるコラボレーション入門』（共編著、日本評論社、2019）
『ブリーフセラピー入門―柔軟で効果的なアプローチに向けて』（分担執筆、遠見書房、2020）

心理支援のための臨床コラボレーション入門
システムズアプローチ、ナラティヴ・セラピー、ブリーフセラピーの基礎

2021年 5月20日 第1刷
2021年11月 5日 第2刷

著 者 田中 究
発行人 山内俊介
発行所 遠見書房

遠見書房
〒181-0002 東京都三鷹市牟礼 6-24-12
三鷹ナショナルコート 004 号
TEL 0422-26-6711 FAX 050-3488-3894
tomi@tomishobo.com https://tomishobo.com
遠見書房の書店 https://tomishobo.stores.jp/

印刷・製本 太平印刷社

ISBN978-4-86616-121-1 C3011